少年世界史·古代

上册

陆大鹏/著

张兴/绘

漓江出版社·桂林

《少年世界史》增值好礼

扫描二维码，可以免费获得2门精选课程，
满足孩子的历史大胃口！

给孩子的二战历史课

著名世界史学者陆大鹏，带孩子全方位解析第二次世界大战！

★6集比电影更精彩的战争故事

★影响世界格局的历史规律

★军事、武器、政治、地理多学科的知识

★明辨是非、善恶的价值观

二战历史课

少年世界史·古代篇＆近代篇

著名世界史学者陆大鹏，带孩子畅游世界文明5000年！

★20集故事，好听得放不下来

★把握大脉络，里程碑事件一一讲透

★增长大格局，理解今日世界势势的由来

★严谨考证＋前沿新知，带来史学界的一手猛料

近代历史课

每个月，都会有数百万家长和孩子打开少年得到APP，挑选满足孩子成长需求的音视频产品。少年得到"集合天下名师、服务一个孩子"，立志成为中国家庭素养教育的首选平台。主要产品包括：

①独立人格成长

邀请国内顶级名师开设"四大名著"和国内外文学经典精讲课程，带给孩子受用一生的人生智慧；原创侦探、科幻类广播剧，给孩子插上想象的翅膀。

②知识面成长

天文、地理、历史、物理、艺术……全方位的优质原创课程，以持之以恒的高标准，帮助孩子开拓视野、汲取海量知识。有趣、严谨，是我们的基本要求。

③家庭教育

前央视著名记者张泉灵主导开发的表达素养课，双师教学、全程陪伴，教会孩子180个阅读写作方法。另有家长教育课堂，阅读营等多项产品，让孩子的成长看得见。

欢迎你加入少年得到，扫码领取价值240元新人礼包，多门好课1折抢！

(仅限未注册过少年得到的用户可领取新人礼包)

新人福利

目录·上册

三　中世纪并不黑暗　　　　175

穿越五千年世界历史的神奇旅行

少年朋友们，我是陆大鹏，欢迎你阅读《少年世界史·古代》篇，和我一起踏上这场穿越五千年世界历史的神奇旅行。

听到"世界历史"这四个字，我猜你的心情会有点儿复杂：你可能一边觉得很感兴趣，很想来看个究竟，一边呢，又有些忐忑不安。

感兴趣，是因为世界历史确实有意思，里面有太多精彩的故事了。而且，世界历史真的很重要，它不仅是学校里的必修课，更是我们理解今天这个世界必需的工具。

忐忑不安呢，是因为，你可能会认为世界历史这门课有点儿难。那么多国家、人名、年代，那么多大事要记，想一想都头大。

我想说，你对世界历史的这些感受，我都赞同。

先说说历史的精彩。我一直觉得，真实的历史比虚构的小说有意思得多。

举个例子吧，你可能看过《射雕英雄传》，对男主角大侠郭靖也很熟悉。但你也许不知道，郭靖这个人其实是有历史原型的；准确地说，郭靖身上有好几个历史人物的影子。其中一位原型人物也姓郭，他的名字叫郭侃，是个元朝人。郭侃这个人很特别，他是汉族出身，却在蒙古大汗手下当了大将军。他曾经骑着高头大马，率领手下的蒙古兵，南征北战，一直打到了今天伊拉克的首都巴格达，立下了赫赫的战功。

怎么样，是不是很神奇？我当年第一次听到这个故事，发现中国人居然和伊拉克有这样的联系时，仿佛一道"次元壁"被打通了，世界历史竟然这么有意思！我们学历史，最兴奋的时刻，就是这种打通"次元壁"的时刻。

那再说世界历史的重要性。

前两年有一部电影，叫《至暗时刻》。它讲述的是第二次世界大战前期英国的故事。如果你看过这部电影，或者对当时的历史有了解，你可能就知道，其实当时有不少英国人是不想跟德国打仗的，他们认为应当与希特勒议和。可是，你会不会觉得奇怪：一贯以为大英帝国骄傲的英国人怎么就要议和呢？而时任英国首相丘吉尔又为什么坚决不议和、要打到底呢？英国人的抉择对我们今天的世界又造成了哪些深刻的影响呢？可以说，只有学过世界历史，你才能彻底看懂这些精彩的影视作品。只有学过世界历史，你才能真正睁开眼睛来看世界。

最后，要说世界史难学，我也同意，它确实有难度。但是请你不必紧张，因为我在本书中给你讲历史课，就是希望能让你用最轻松、最好玩的方式，来学世界历史，感受其中的乐趣。

不是吹牛，要讲好世界史，我有三个法宝。

首先，我知道怎么讲历史才好听。我曾在南京大学学习英美文学，精通英语和德语，熟悉西方文学作品和历史经典。我知道什么样的故事才是好故事、怎么讲才能让你觉得有意思。在这本书中，我的课里，你会看听到各种精彩的传奇、认识很多厉害的大英雄，让你一读就舍不得放下。

其次，我知道很多别人不知道的历史故事。

我从事世界历史图书翻译工作十多年了，如果你跟爸爸妈妈去书店，说不定就能看到我翻译的《金雀花王朝：缔造英格兰的武士国王与王后们》和《阿拉伯的劳伦斯：战争、谎言、帝国愚行与现代中东的形成》等作品。因为这份工作，我能接触到世界范围内关于历史的最新研究，特别新鲜好玩，这在平时可是许多大人们才能看到的，现在，我把它们讲给你听。

最后呢，你肯定知道，一门历史课，最重要的就是严谨，一字一句都应该有出处。因为熟悉两门外语，在给你写这本书的时候，我都会先去查阅那些比较有权威性的外文资料。比方说吧，恺撒这一课，我参考的是英国历史学家戈兹沃西写的经典传记《恺撒：巨人的一生》，厚厚一大本；写到雅典和斯巴达的战争的时候，我参考了耶鲁大学的古典历史权威唐纳德·卡根的著作《伯罗奔尼撒战争》。其实，这两本书的中文版就是我翻译的。我自己也对世界历史（尤其是德国历史）小有研究，写了一本历史书《德意志贵族：一个群体的生活、历史与命运》。

所以，你在我这里听到的故事准确、正宗、可靠、原汁原味。我会尽最大努力，让你学到既有趣，又靠谱的世界历史知识。

看到这里，相信你们对本书的质量已经没有疑问了；但是，我知道，目前学习是你们的主业，因此在这门课里，我会给你带来一些特别的收获。

第一个收获，也是最现实的收获，是我给你讲的很多重要的历史人物和事件，都是课本里的重点。

不过，除了课本里已经写到的部分，我会为你更仔细、深入、全面地讲解它背后的来龙去脉。比方说，课本里讲到德国统一的历史时，重点介绍的是"铁血首相"俾斯麦；而我呢，就会给你讲讲德国统一过程中的普奥战争是怎么回事。这样一来，你不仅会对历史有更多的了解，记忆也会更深刻。相信你不用死记硬背，就能把世界历史的关键点牢牢记在心里。

我给你的另一个特别收获，就是我会讲很多因为篇幅限制，课本里少写或者没写的内容。这些内容在历史上其实同样重要。举个例子吧。奥地利这个国家，课本上谈得不多；可能一直要学到第一次世界大战的部分，它才会出来露脸。对大多数人而言，它在音乐史上的地位似乎要高得多。可是，在欧洲历史上，奥地利实在太重要了。在长达700多年的时间里，它孕育出的哈布斯堡家族，将大半个欧洲握在手中，说它是欧洲的核心也不为过。因此，在这门课里，我就会浓墨重彩地向你介绍奥地利哈布斯堡王朝的传奇故事。

最后，我也想和你说说，我对"如何看待历史"这个问题的一些想法。

首先，历史没有终点。历史的轨迹不是固定的，每个文明、每个群体的经验是不一样的，历史充满偶然性和多样性，所以它才好玩。

第二，在看待历史时，并没有唯一的、超越时空的绝对真理。对待同一件事情、同一个人，不同时期、不同身份的人有不同看法，这是很正常的。如果别人的看法和你不一样，也不必要急于否定他们；不妨锻炼自己，多试着换个角度看问题。所以，要更深刻地了解历史，只看一套书是不够的，只迷信某一种说法更是不可取的。要更全面地了解某一个话题，可以看看不同的书，甚至是意见相反的书。不要迷信任何人。读历史就是不断发展和更新自己思维的过程。所以我也欢迎大家来挑战和质疑我。

少年朋友们，我希望能够为你们搭建一架通往世界历史的桥梁，带你们一起享受学历史的乐趣，享受这场穿越五千年的神奇旅行。

一

上古英杰

汉谟拉比法典：古巴比伦王国

在正式踏上这场穿越五千年的神奇旅行之前，我想先问你一个问题：你知道咱们中国人的"母亲河"是哪条河吗？

对了，是黄河。华夏文明就是在黄河边诞生的。

你可不要觉得我这个问题问得没头没脑。在人类历史上，河流可太重要了。有了水源，人们才能种植粮食、发展农业，才有可能创造出灿烂的文明。很多民族都有属于自己的母亲河，我们讲历史的时候，也往往要从这些大河讲起。

那么人类最古老的文明，又诞生于哪条河呢？

今天，人们普遍认为，人类文明诞生于流经亚洲西南边（也就是现今的伊拉克等地）的两条大河——幼发拉底河与底格里斯河。据说，在六千多年前，已经有很多人在这两条河附近的土地上生活。这块地方，也就被称作"两河流域"。

人们在两河流域种植庄稼，繁衍生息；过了很多很多年，又发明了文字。因为它的形状像三角形的楔子，人们给它起名叫"楔形文字"。楔形文字是世界上最古老的文字之一，而我们这段历史之旅首先要讲的故事，也出自一段楔形文字。这段文字太重要了，所以被刻在了一块巨大的石碑上，一直流传到今天。

是什么文字这么重要呢？原来，它是一部伟大的法律，名字叫作《汉谟拉比法典》。

关于《汉谟拉比法典》到底讲了什么，我先不说。我想请你先和我一起玩个穿越小游戏。玩过这个游戏之后，我相信你一定会对这部法典有特别深刻的了解。

好，现在游戏开始。请你想象一下，你已经穿越回3700多年前的两河流域，而且还变成了一个大人、一位法官，你今天的工作就是审理一起案件。

先别紧张，在你手边，有一部《汉谟拉比法典》可以帮到你。我也会作为你的助手，把《法典》的内容讲给你听。有了《法典》，我相信你一定能完成好这份工作。

好，现在你坐在法官的位置上，马上就要开庭。你抬头一看，今天的被告已经站在被告席上了，他的名字叫穆巴里特，我们就叫他阿穆吧。

那接下来，是不是就该听听阿穆犯了什么罪？还真不是。

你必须要弄清的第一个问题是，阿穆是个什么人。

他是贵族、平民，还是奴隶？搞清楚这一点很重要。因为，在三千多年前，法律面前并不是人人平等的。一个人的社会地位和身份，会决定他在法庭上受到什么样的待遇。地位不同的人，哪怕犯了同一种罪，受到的惩罚也不同。

好了，你的助手，也就是我，向你报告：阿穆是一位平民出身的医生。很不幸，他治死了一个病人。

你要注意了，这个病人是什么身份，也很关键。如果病人是贵族，也就是说阿穆害死了地位比自己高的人，那他就惨啦！根据《法典》，你要重重地判。

如果病人是奴隶，也就是说地位比阿穆低，那么他就可以长舒一口气，你判他赔点钱就行。在《汉谟拉比法典》面前，人们的地位和命运就是如此悬殊。

现在，经过一番调查，你知道病人和阿穆一样也是平民。接下来，你就要查看案情了。一位病人死在阿穆医生手里。那么，死因是什么？是因为病情太重，仅靠当时的医疗水平无能为力？还是因为医生粗心大意，出了差错？又或是医生蓄意谋害病人？

当时的科学技术水平还不太高，暂时查不出死因。在这种情形下，你能判阿穆坐牢或者赔钱吗？

答案是，不行。

因为根据《法典》，你目前必须认为他是无罪的。并且，哪怕有人亲眼看见阿穆给病人下毒，只要法庭还没有宣判，我们都必须认为阿穆无罪。

注意了，这里有一条非常重要的法律原则，就是"无罪推定"原则，也叫"疑罪从无"原则。意思就是说，只要还没宣判，所有人就必须先认为被告是无罪的。并不是说一个人受到了怀疑，他就是罪犯；你需要拿出合理合法的证据，在法庭上证明他有罪。只有证明成立，他才是有罪的。

也就是说，阿穆不需要证明自己的清白，法庭却需要花费很大力气去证明他有罪。

你看，"无罪推定"的原则可以说是尽可能地保护了被告，从而尽量避免冤假错案。直到今天，绝大多数国家的法律仍然奉行这一原则。你在看新闻节目的时候，可能听过一个词，叫"犯罪嫌疑人"。意思就是说，在法官做出判决之前，只能说一个人有犯罪的嫌疑，他可能犯了罪，但你不能说他就是罪犯。

三千多年前的《汉谟拉比法典》就已经主张"无罪推定"，可以说，这是它非常文明、先进的一面。

好了，现在助手终于调查完毕，你手里已经有了足够的证据，证明阿穆确实是故意杀害了病人。下一步该怎么办呢？

根据《法典》，你应当惩罚犯罪的人。有句俗话叫"杀人偿命"，不过在当时，这句话只在某些情况下适用。根据法律，平民医生阿穆杀了平民病人，你要判他死刑；如果病人是贵族，更不用说，平民阿穆必须偿命。但是，我刚才也说了，如果病人只是奴隶，那么阿穆只要赔偿一点钱给死者的家人就可以。

总而言之，这几种判决都是对阿穆杀人的惩罚。也许你用今天的眼光来看，会觉得，《汉谟拉比法典》除了对奴隶很不公平，好像也没有什么特殊的。不过我要告诉你，在这部法典之前，其实还有好几部法律。如果根据那些法律来处理医生阿穆杀人案，那你这个法官的主要工作，就不是研究如何惩罚阿穆，而是如何赔偿受害者了。如果受害者是贵族或平民，阿穆就应该赔偿死者的亲人；如果受害者是奴隶，阿穆就要赔偿他的主人。受害者的地位越高，赔偿的金额就越高。

可以看出，除了"无罪推定"，《汉谟拉比法典》与之前的法律还有一个根本的不同：那就是不再强调赔偿受害者，而是强调惩罚罪犯。

《法典》关于惩罚的规定还特别细致。假如阿穆没有杀人，只是偷了病人的东西，你该如何判决呢？可能罚他被鞭子抽，可能罚他交很多罚款，但是，你不会判他死刑。换句话说，《法典》支持对犯罪的人进行惩罚，但是惩罚也要有限度，不能过分。

事实上，《法典》在惩罚罪犯时，遵循的是"以牙还牙，以眼还眼"的原则。比方说，如果这个病人看病的时候不讲理、不愿意排队，还跟阿穆医生吵架，阿穆一生气，就打瞎了他的眼睛，那么法庭对阿穆的惩罚就是，也打瞎他的眼睛。如果阿穆打断了病人的骨头，那么法庭对他的惩罚就是，也打断他的骨头。

好了，这就是一个上古时代法官的工作。怎么样，是不是觉得责任重大呢？

《汉谟拉比法典》如此重要，人人都应该了解它的内容。所以，当时的国王就命令工匠把法典的全文用楔形文字刻在了一块巨大的玄武岩石碑上，放在公共场所，让所有国民都看得见。不过，当时识字的人很少，所以国王这么做虽然是好意，但恐怕大多数国民都只能心领了。1901年，考古学家发现了这部法典，今天它就保存在法国巴黎的卢浮宫博物馆。如果你有机会去巴黎旅行的话，不妨去见识一下。

《汉谟拉比法典》这么了不起，那颁布它的人是谁呢？这个人可不是一般人。他是一位伟大的国王，名字叫作汉谟拉比。你一听就知道了，《法典》就是用他的名字命名的。

在公元前1894年左右，两河流域出现了一个新的王国，叫作古巴比伦王国，汉谟拉比是那里的第六代君主。他刚登上王位的时候，古巴比伦还只是一个不太起眼的国家。但是，汉谟拉比有着过人的军事才华，在他的带领下，古巴比伦越来越强盛，不断打败其他更强的大国，又吞并了很多小国，统一了当时四分五裂的两河流域，汉谟拉比国王也成了名震四方的霸主。

古巴比伦国王汉谟拉比接受太阳神沙玛什授予的《法典》，他们在使用楔形文字交流

虽然汉谟拉比国王在位时，古巴比伦王国成为两河流域最强大的国家，但在他去世之后，因为继承人缺乏才干，没过多少年，古巴比伦就四分五裂、彻底灭亡了。

如今，古老的王国早已灰飞烟灭，汉谟拉比国王的很多成就我们也都看不到了。但是，作为一位伟大的立法者，汉谟拉比国王到今天依然受到人们的纪念。比如，美国国会众议院内有23位立法者的大理石浅浮雕，其中就有汉谟拉比。美国最高法院的墙上有一幅精美的雕塑，上面刻着汉谟拉比从巴比伦太阳神的手中接受《法典》的形象。《汉谟拉比法典》中的很多原则和规定被后世法律继承，有一些甚至沿用到今天。

好了，两河文明的故事就先说到这里。在几千年前，还有一个文明古国也常常被人们提起，你可能已经猜到了——这就是古希腊。

02

寻找特洛伊：军火商与希腊神话

古希腊对我们来说并不陌生。那里的人民修建了宏伟的建筑，创作出美丽的雕塑，还留下了很多精彩的神话故事，几千年来让无数人着迷。你们中的很多人小时候都读过希腊神话。

不过呢，神话再好听，在大多数人看来，它们也只是一些虚构的故事。直到19世纪，西方很多历史学家都坚持认为，希腊神话完全是想象的产物，都是虚构的。可是，就在这个时候，一个奇怪的德国人突然站了出来。在他看来，希腊神话记录的就是真实的历史；他还下定决心，要找到证据向所有人证明这一点。这个人的名字叫海因里希·施利曼，他不是什么神话专家，只是一个做军火生意的商人。

施利曼能找到证据吗？今天我就来给你讲一讲他和希腊神话的故事。

1822年，施利曼出生在今天德国北部的一个小镇上。在施利曼很小的时候，他的爸爸就去世了。因为家境贫寒，他小小年纪就要出去打工、当学徒，赚钱养家，因此他没有读完中学，更没有机会读大学。这样一个穷孩子，看起来和希腊神话根本不搭界。

但事实上，施利曼从小就对希腊神话充满了兴趣，简直可以说是痴迷到了极点。他的兴趣从何而来呢？有两种说法。一种是说，在施利曼六岁那年的圣诞节，他的爸爸送给他一本《儿童世界历史》，还把其中关于希腊的故事读给他听。从这一天起，施利曼就开始憧憬和向往古希腊的世界。

另一种说法是，施利曼十几岁的时候，曾经在一家杂货店打工。有一次，他遇到一个喝醉酒的大学生，大学生用古希腊语背诵了《荷马史诗》中的神话故事。虽然施利曼一个字也听不懂，但是，这种充满古典味道、神秘莫测的语言让他对古希腊文明产生了浓厚的兴趣。

总而言之，从很早的时候，希腊神话就在施利曼的心里播下了种子，只不过，当时的他还没有能力去追逐梦想。

幸运的是，施利曼很有做生意的天分。他在俄国做过奢侈品生意；去美国开办银行，投资铁路；还曾经给俄国供应生产军火的原材料。到了36岁，施利曼已经很有钱了，也就是在这个时候，他做了一个惊人的决定：放弃生意，用全部财富和接下来的所有时间，去寻找希腊神话中特洛伊城的踪迹。他要圆自己的少年梦。

特洛伊是个什么地方呢？它是希腊神话中一座非常有名的城市。根据《荷马史诗》的记载，那里爆发过一场著名的战争，就叫作特洛伊战争。虽然特洛伊归在希腊神话里，但古时候，希腊和特洛伊是两个地方；当时，希腊也不是一个统一的国家，而是由很多小的王国组成。神话里是这么说的：在古希腊，曾经有一位著名的美女，名叫海伦。她原本嫁给了一位希腊国王，但是，特洛伊的王子在拜访希腊的时候，和海伦相爱，他们私奔了。

为了夺回海伦，希腊和特洛伊爆发了一场长达10年的大战，天上的众神、人间的英雄都加入了这场战争，发生了许多精彩的故事。

在施利曼那个时代的欧洲，特洛伊战争是家喻户晓的故事。人们喜欢希腊神话，热爱里面的故事，还有很多画家、艺术家以希腊神话为题材进行创作。但是，大部分人，特别是历史学家，都觉得它只是一个传说而已，并不认为特洛伊城和那些英雄真的存在过。只有施利曼坚定不移地相信，特洛伊是真实存在的，特洛伊战争也确实发生过。所以，当他要放弃生意、去寻找特洛伊的时候，大家都吓了一跳。更何况，即便特洛伊在历史上真的存在过，到今天它肯定早就消失了。现在要找，又是怎么个找法呢？

施利曼的计划是，去传说中特洛伊最有可能存在的地方，也就是今天的土耳其；他要在那里发掘各种文物古迹，寻找特洛伊存在过的证据。

在出门之前，施利曼还有一项很重要的准备工作要做，那就是学习语言。你可不要觉得考古发掘只要有钱、有体力就够了；不懂古希腊人的语言，当然找不到古希腊文明的遗迹。

为了梦想，施利曼开始拼命学习拉丁文、古希腊文，研读各种文学作品。虽然他学历不高，没有受过系统的大学教育，但是他有很高的语言天分，学起来特别快。据说，他一生当中，一共掌握了十几门语言。

做好准备之后，雄心勃勃的施利曼就全身心投入到了发掘文物的活动中。头几年，他几乎都泡在土耳其。到了1873年5月，施利曼终于发掘出一些精美的黄金工艺品。他相信，这就是传说中特洛伊的国王留下来的遗产，而挖出黄金的地方，就是特洛伊城的遗址。

不管施利曼挖到的是不是特洛伊宝藏，我想先问问你，这些宝贝应该归谁所有呢？

按道理来说，它们是从土耳其的土地中发掘出来的文物，应该归土耳其政府所有。但是，当时的土耳其和咱们中国晚清的时候很像，都是被列强欺负的对象，土耳其甚至还有一个绰号，叫作"欧洲病夫"。列强国家的人在土耳其可以说是为所欲为，偷窃土耳其文物宝藏的事情经常发生。施利曼也不例外，他把挖到的"特洛伊宝藏"偷偷运回了德国。可以说，这是一种赤裸裸的强盗行为。

当时的土耳其政府既贫穷又弱小，没有能力保护本国的文物，最后只是向施利曼索取了金钱赔偿。施利曼交了5万金法郎——这点钱对他来说根本不算什么——就合法地把这样一大批无价之宝运出了土耳其。这批宝藏先是被带到德国，后来又被苏联抢走，现在，它们收藏在俄罗斯首都莫斯科的普希金博物馆。如果你有机会，可以去看一看。

咱们说回施利曼。在找到特洛伊的"遗址"之后，他的注意力又转向了希腊。这一回，他的目标也和特洛伊有关：他想要找到特洛伊战争期间希腊一方的统领、迈锡尼国王阿伽门农的坟墓。

三年之后，也就是1876年，施利曼真的在希腊挖出了一系列远古时代的王室陵墓，其中还藏着惊人的宝藏。在他发掘出的所有文物中，最著名的是一张精美的黄金死亡面具。施利曼相信，这张面具就是阿伽门农的财产。

尽管收获很丰富，但施利曼的发掘同样没有得到当时希腊王国的许可。严格来说，他的做法就是盗墓。后来，他在希腊的挖掘也被政府禁止了。

在土耳其和希腊收获了大量文物宝藏之后，施利曼出版了好几部著作，向全世界宣告他找到了传说中的特洛伊。事实果真如此吗？

施利曼挖掘出的黄金面具，他认为该面具属于迈锡尼国王阿伽门农

当今的历史学家经过研究发现，施利曼在土耳其找到的那片遗址，其实是很多座古代城市的遗迹一层一层摞起来形成的。至于特洛伊战争是不是真的发生过、特洛伊城的位置到底在哪里，仍然是学术界的争议话题。不过，今天大多数学者已经相信，特洛伊传说不完全是虚构的故事，它很可能是以公元前12世纪一场真实的战争为基础，再加上艺术加工，创作出来的。不过那场战

争之所以爆发，应当不是为了争夺美女，更有可能是为了争夺土地和资源。

至于施利曼在古希腊发掘出的面具和其他宝藏，后来也有研究者证明，它们的年代应该比特洛伊战争的时间还要早几个世纪。这些宝藏很珍贵，但可能跟神话没什么关系。

看到这里，你可能会觉得有点上当：这么一看，施利曼的研究结论都是错的呀！好像就是一个外行人在瞎胡闹嘛。但我想告诉你，虽然施利曼的结论不准确，但他的贡献是实实在在的。

在施利曼的年代，考古学还处于萌芽状态，远远不能算是一门成熟的学科。所以施利曼并不算是非常"外行"，因为真正的"内行"还没发展起来。当时很多自诩内行的大学者对特洛伊传说非常看不上，认为它就是编造的。结果，发现特洛伊遗迹、为特洛伊传说寻找证据的使命，最后主要是由施利曼这样一位业余爱好者完成的。

对于施利曼这个人，我们其实很难简单地用"好"或"坏"来评价他。一方面，他作为一个发达国家的大富翁，来到土耳其和希腊这样的弱小国家，从事非法发掘，甚至对一些古迹造成了破坏，还把文物偷运出境，这对当地人和他们的文化遗产不够尊重。说白了，这就是偷窃和盗墓。此外，他在学术上也不够诚实和严谨，经常喜欢自吹自擂。但另一方面，施利曼的工作和宝贵经验的确为考古科学做出了重要的贡献，后来他还被人们誉为"田野考古学之父"。他一生痴迷于希腊神话，努力向全世界宣传和普及希腊文明，激起了更多人对古希腊的好奇与想象，这也是他身上值得肯定的一面。

今天，更多更专业的神话学家和考古学家，用更先进的方法来研究希腊神话。不管传说故事有多少是真、多少是假，有一点毫无疑问：希腊神话是我们人类文明的宝藏。

好了，施利曼和古希腊的故事就讲到这里。下一站，我们到另一个文明古国古埃及去看一看。

03

拉美西斯二世：

古埃及的传奇法老

　　走过了古巴比伦，又见识过古希腊的灿烂文明，现在我要带你到另一个文明古国——古埃及去看一看。

　　说到古埃及，我猜你马上会想到金字塔、狮身人面像，还有神秘的法老。"法老"就是人们对古埃及君主的称呼。几十年前发生过一件很有意思的事情：有一位法老的遗体竟然上了飞机，从埃及飞到法国，还受到了法国人的热烈欢迎，简直就像欢迎在世的君主一样。他就是古埃及最著名的帝王之一，拉美西斯二世。

在上古时代，衡量一个君主的成功一般有两个标准：第一，在战场上打败敌人，扩大自己国家的疆域；第二，留下举世瞩目的宏伟建筑，把自己的名字刻在石头上，流传后世。可以说，拉美西斯二世在这两方面都非常成功。根据历史记载，一方面他取得了许多辉煌的军事胜利，扩大了埃及的版图；另一方面，古埃及，甚至古代世界的很多最雄伟壮观的建筑，都是在他的主持之下建造的。所以很多人认为，他是古埃及最强大的一位法老。但是，这两方面的成就也让埃及付出了沉重的代价，甚至有人说，他直接导致了古埃及的衰败。这是怎么一回事呢？

拉美西斯二世

拉美西斯二世出生于大约公元前1303年，24岁登基。他初登上王位时，埃及的日子并不太平。因为他的爸爸、上一位法老在位期间，埃及已经和赫梯帝国打了很久的仗。

赫梯帝国的位置大约就在今天的土耳其，赫梯人以能征善战出名。我们前面提到的古巴比伦王国，后来就是被赫梯人消灭了。拉美西斯二世的父亲在位时，赫梯帝国正以土耳其为起点，一路向南进军，正好与向北推进的埃及军队狭路相逢。两个强大的国家为了争抢地盘，打得不可开交。

到了拉美西斯二世登基那年，正好赶上赫梯人大举扩张，一路打到了卡迭石城，这座城市在今天的叙利亚。

年轻的法老刚刚登上王位，又遇上这么一个强大的对手，所以他热切地希望以一场伟大的胜利来给自己的统治开个好头。他下定决心，要不惜一切代价打败赫梯人，把埃及的领土一路扩张到卡迭石！

于是，拉美西斯二世非常积极地为战争做准备，下令建造了规模很大的兵工厂。据说，在他的兵工厂里，每一周能生产1000件兵器，每两周能生产250辆战车，每三周能生产2000只盾牌。可以说，他想集合埃及全国上下的人力物力，一定要打个大胜仗。

在他的命令下，埃及军队一路向北推进。可到了卡迭石城附近，他们中了赫梯人的埋伏，被打了个措手不及。好在埃及人的经验很丰富，他们很快稳住阵脚，打败了赫梯的野战军，反败为胜。

但拉美西斯二世的目标可不只是打赢一场战役，而是把埃及的版图直接扩张到那里。而赫梯军队在吃了败仗之后，干脆躲进固若金汤的卡迭石城不出来。城外，缺少攻城器械的埃及人束手无策。这个时候，埃及军队离大本营已经很远了，后勤供应不上，战士们的吃喝都成了问题。没有办法，失望的法老不得不下令撤军。

好了，这就是历史上著名的卡迭石战役。我想问问你，你觉得对埃及人来说，这算是打了胜仗还是败仗呢？

如果单看这场战斗的结果，可以说，埃及人确实占了上风；但是，法老前前后后投入了那么多金钱和人力，最后却没能征服卡迭石城，几乎无功而返。从这个角度来说，卡迭石战役对埃及人其实是赔本买卖；也可以说是战术的胜利，战略的失败。

然而，拉美西斯二世不肯善罢甘休。卡迭石战役之后，埃及军队一次又一次回到卡迭石，和赫梯人交战。这个过程当中，埃及人赢得了一些战斗，也夺取了一些地盘，但是总的来说，并没有取得决定性的优势；反而每一次出兵都消耗了大量人力和财力。

就这样反反复复打了十六年，埃及和赫梯两败俱伤，都没有力量再打下去了。于是，在公元前1258年，双方终于在卡迭石城里坐下来谈判，缔结了和约。

这份《卡迭石和约》是人类历史上第一份有记载的国际和约。在《卡迭石和约》中，埃及人和赫梯人不仅同意停战，还结为了盟友。双方约定，如果一方遭到其他国家的攻击，另一方就有义务支援。

《卡迭石和约》签在什么上面呢？当时古埃及人已经发明了莎草纸，贵族们平时都在这种莎草纸上写字、画画。但是，《卡迭石和约》并没有写在纸上，而是镌刻在白银做成的板子上，而且用埃及的象形文字和赫梯的楔形文字各写了一份。有意思的是，这两个版本的说法还有些不一样。比如，赫梯文字版的和约里说，是埃及人主动来求和，赫梯人慷慨大方地恩准了；埃及人的版本则恰恰相反。尽管事实上这两个强国都被漫长的战争给拖惨了，但无论是赫梯人还是埃及法老，在对本国民众宣传的时候，都号称是自己战胜了对方。

所以，如果你生活在当时的埃及，可能你每天听到的都是法老如何打败了敌人、他有多么了不起；但你现在看了我讲的世界历史故事，我想，你对拉美西斯二世法老和这场战争的评价可能就是另一种样子了。

在《卡迭石和约》之后，虽然埃及与赫梯还是发生过一些冲突，但总的来讲，埃及获得了比较长久的和平与稳定。除了与北边的赫梯争霸，拉美西斯二世也向埃及西边、南边的其他国家发动过战争。在埃及遭遇海盗袭击时，他还组织战舰和军队战胜了海盗。据说，在他统治期间，埃及曾经拥有10万大军，这在上古时期可是一个非常惊人的数字了。

刚才我们也提到，除了军事成就，拉美西斯二世法老还有一项突出的成绩，那就是他曾经主持修建过很多大型建筑。古代帝王要大兴土木，有的是出于宗教信仰原因，还有一些是为了记载和宣传自己的丰功伟绩。拉美西斯二世法老主持修建的许多建筑保存至今，绝大多数建筑上都带着他的印迹。

奇怪了，这些建筑都是他在位的时候兴建的吗？那当然是不可能的。这些建筑中有一部分确实是他主持建造的，比如著名的拉美西姆神庙。这是一个庞大的建筑群，法老登上王位后不久就下令开始修建它，最终花了20年才建好。神庙里面有许多纪念法老胜利的石柱与雕刻，现存的一幅壁画上还描绘着法老在卡迭石取得胜利的景象，如果你不了解真实的历史，可能就被骗过去啦。另一座著名的建筑是阿布辛贝勒神庙，里面有四座雄伟的法老雕像，每座都超过20米高；神庙里还有其他一些雕像，描绘了埃及众神、其他法老，以及拉美西斯二世的家人。

拉美西姆神庙和阿布辛贝勒神庙的确是拉美西斯二世的成就，而另外一些关于他的印迹就没这么光彩了。原来，在他之前的历代法老留下的浮雕虽然美观，但是雕刻的印痕比较浅，容易被风吹日晒损坏，也容易被后人窜改。拉美西斯二世就窜改了很多前人的浮雕。比方说，一块浮雕本来是歌颂某位古代法老的，他就命令工匠在上面加上他的名字，改成歌颂他自己。为了防止他自己的浮雕被后人窜改，他还命令工匠修改浮雕的风格，要求他们凿刻得更深一些。

今天，拉美西斯二世的遗体，也就是木乃伊，还保存在埃及的博物馆里，人们甚至能从木乃伊上看出来他长着一个明显的鹰钩鼻。1975年，埃及博物馆里一位研究木乃伊的法国医生发现其保存状态不好，于是就由法国总统说服了埃及政府，将木乃伊送到法国去修复。当时，埃及政府给法老发放了一份护照。有人猜测，这是为了赋予法老埃及公民身份，防止法国人把他给扣留不还了。这就是本篇开头讲的那个故事。

无论如何，拉美西斯二世都是古埃及最传奇的君主之一。不过呢，虽然他用尽千方百计想要留下美名，但是在关于他的古代传说中，也有一些不那么好的记载。比方说，很多人相信，在《圣经》的《出埃及记》中，那位迫害以色列人的埃及法老，就是拉美西斯二世。

这又是什么故事呢？下一篇，我们再说吧。

04

出埃及记：摩西与以色列人

上一篇中，我们讲到，埃及法老拉美西斯二世在位时，曾经主持修建了许多宏伟的建筑。其实，不止是拉美西斯二世，其他很多法老都会大兴土木。当然了，他们只用发号施令，真正干活的是奴隶。一座伟大的建筑，前前后后可能需要几万甚至几十万名奴隶艰苦劳作几十年才能建成。所以，这些宏伟的建筑背后，都有无数奴隶的血汗。

那么，这些奴隶是从哪里来的呢？在当时的埃及，很多奴隶是以色列人。我这里说的以色列人，是指以色列民族，也叫犹太人或希伯来人。他们当然与今天的以色列国有着千丝万缕的联系，但这都是后话了。有历史学家认为，在公元前1600多年前后，有不少以色列人来到埃及生活，后来他们逐渐沦为奴隶，受到了残酷的对待。直到公元前13世纪，这些以色列人才逃离埃及，重获自由。

在《圣经》传说里，以色列人之所以能够逃脱，多亏了他们的领袖摩西。

根据《圣经》里的说法，摩西的身世非常曲折。他出生的时候，恰逢埃及法老下了一道命令，要接生婆杀死所有刚出生的以色列男婴。

奇怪，法老为什么要这么做呢？这是因为埃及人和以色列人之间存在复杂的"新仇旧恨"。有历史学家认为，在公元前1600多年，一支外来民族侵略了埃及，并控制了埃及的大片区域。当时，不少以色列人跟着这群外族侵略者一起来到埃及，也享受了不少的好处。120多年之后，埃及人发动战争，赶走了外族人，重新建立了一个强大的王朝。这样一来，以色列人在埃及的日子就不好过了。一方面是他们受到了报复；另一方面，法老担心越来越多的以色列人会抢夺埃及的土地和资源，于是规定以色列人只能做下等奴隶，每天都要做苦工。杀死新生的以色列男婴也是报复的一部分。

以色列人当然不肯老老实实听法老的话。他们想尽办法反抗，保护自己的孩子。我们今天的主角摩西，就是在这个时候出生的。

摩西出生之后，父母将他藏起来，偷偷地养了3个月。后来实在藏不住了，摩西的母亲只好把他装进箱子，放到了尼罗河边。当时，法老的女儿正好路过，听到婴儿的哭声，产生了怜悯之心，就决定把他带回去抚养。这位善良的埃及公主对待摩西就像对自己的亲生孩子一样，"摩西"这个名字也是她起的，意思是"从水里拉上来"。更幸运的是，摩西的家人用计成功地让公主选中他的亲生母亲来当奶娘，陪在他身边。母子俩虽然不能公开相认，但也避免了骨肉分离的命运。

摩西在埃及宫廷中享受着荣华富贵，慢慢长大；他的以色列同胞却做着永远都做不完的苦工，忍受着法老越来越残酷的迫害。终于有一天，摩西的母亲把他的身世告诉了他。

埃及公主发现摩西

你可以想象一下摩西的心情。如果他只是一个普通的埃及王子，他可能会像其他很多埃及人一样，把以色列人当作敌人和仇人，对法老残忍的命令习以为常。但是，现在他知道了自己的身世，再看到同胞受难，就不可能无动于衷了。

摩西40岁那年，失手杀死了一个殴打以色列人的埃及人。法老听说这件事之后，勃然大怒。为了躲避法老的惩罚，摩西只得逃到了很远的地方，每天放牧牛羊度日，过了几十年非常清苦的日子。

后面的故事就充满神话色彩了。传说，有一天摩西正在放羊，突然来了一位天使，对他说："上帝知道自己的子民正在埃及受折磨，现在他选中了你，摩西，作为代言人。你要带着以色列人离开埃及，去一个'美好，宽阔，流着奶与蜜之地'，那才是属于你们的地方。"

世界上当然不可能真有哪个地方满地流淌着牛奶和蜂蜜，"流着奶与蜜"是说那片土地非常肥沃、物产丰富。这个地方的名字叫"迦南"，在更古老的传说里，迦南其实就是以色列人来到埃及之前最早的故乡。有时候，它也被称为"应许之地"，因为它是上帝许诺给以色列人的土地。历史学家们认为，迦南这块"应许之地"应该在地中海东岸一带，大致相当于今天的以色列、约旦河西岸和加沙地带，再加上黎巴嫩和叙利亚的一些地方。今天如果你去看以色列这个国家的资料，还能看到"流着奶与蜜"的描述。

好，咱们说回摩西。听到天使的话，摩西吓了一大跳。当时的他已经80岁了，还能带着同胞离开埃及吗？不过，上帝已经下定决心，还承诺会用神力来帮助他。吃了这颗定心丸，摩西回到了埃及。

先礼后兵，摩西先去找到法老，请求他释放以色列人。有一些人认为，这位法老就是拉美西斯二世。法老当然不肯放人。放了以色列奴隶，就没人来干活了。你看，先前以色列人自由的时候，法老很忌惮他们，担心他们抢地盘。现在以色列人成了奴隶，法老当然舍不得了。

遭到拒绝之后，摩西就按照上帝的吩咐，开始展示神力。可他没想到，法老一点都不怕，甚至还派来了巫师与他斗法。比方说，摩西用拐杖变出一条蛇，巫师就会变出更大的蛇，把摩西那一条吞掉。

为了让法老服气，上帝通过摩西降下了十大灾难，比如瘟疫、蝗虫等等，令埃及人民苦不堪言。一直到了第十场灾难，愤怒的上帝让所有埃及人家里的长子和第一胎的牲畜都死去了，整个埃及都笼罩在痛苦和恐惧之中，法老才终于让步，允许摩西带着以色列人离开。

以色列人高高兴兴地上路了，可法老还是不甘心，又派出军队去追杀他们。摩西只能带着大家拼命赶路。

跑着跑着，摩西一抬头，眼前居然是一片大海！前有大海，后有追兵，难道以色列人真的到了绝路吗？只见摩西向着大海伸出了自己的手杖，大家惊讶地看到，大海居然从中间自动分开了！这是上帝为以色列人开了一条道路，让他们平安通过。当埃及追兵赶上来，海水涌了回来，淹没了这支军队。

根据《圣经》的说法，这片大海就是红海，在今天的非洲东北部与阿拉伯半岛之间。今天西方很多国家都有"摩西分海"这个典故，说的就是这件事。

在以色列人穿过红海之后，上帝又通过摩西降下了《十诫》，要求以色列人必须尊崇上帝、不可杀人、不可贪恋他人的财物，等等。可以说，十诫就是以色列人的根本法则。除了《十诫》，摩西又写下了好几部犹太人后来遵奉的法律。所以你看，摩西和我们开头讲到的汉谟拉比国王一样，也是一位伟大的立法者。

以色列人历经千辛万苦，终于在四十年后到达应许之地迦南；就在他们即将抵达之时，摩西去世了。据说，当时他已经能看得见应许之地，离目的地非常接近了。

这就是《圣经》里关于摩西的故事。不过，这个故事完全是从以色列人的视角来讲述的。如果用埃及人的眼光来看，那它很可能就会变成，一群曾经欺凌过埃及的外族人，被法老一路追杀、赶出埃及的故事。

今天，在世界范围内，摩西常常被视为自由的象征。很多为了自由而奋斗的人们，仍然被他的故事鼓舞着。那么，历史上是不是真的有摩西这个人呢？考古学家没有发现任何能够证明摩西确实存在过的证据，埃及的史料里也没有关于他的记载。今天的大多数历史学家认为，他应该是一个神话人物。

不过，正如前面所说，在历史上，以色列人确实曾去往埃及，又离开埃及；当时可能也确实有一位或者几位领袖，带领以色列人摆脱了埃及人的奴役。虽然摩西不一定是真的，但《十诫》和其他几部以色列法律都是确实存在的。更重要的是，在离开埃及的过程中，以色列人信仰的宗教"犹太教"发展得更加成熟了。

可不要小看这件事，犹太教的发展和今天的世界息息相关。在犹太教兴起之前，世界上大部分的宗教是"多神教"，意思就是大家都要供奉很多位神明；而犹太教只信仰唯一的真神上帝，是一种"一神教"。后来的基督教和伊斯兰教都是以犹太教为基础的，所以也是"一神教"。关于这些宗教的故事，在本书后面的章节我们还会讲到。

以色列人来到"应许之地"迦南之后，又经过许多波折，建立了一个小小的国家。这个犹太人国家的第三任国王——所罗门王也留下了传奇的故事，"所罗门王宝藏"的传说更是在西方流传至今。

05

大卫与所罗门：以色列联合王国

在上一篇我们说到，以色列人在摩西的带领下来到了迦南。经过一番波折，他们在公元前10世纪终于建立了一个属于自己的王国，今天我们一般称它为"以色列联合王国"，有时候也叫它"希伯来王国"。根据《圣经》里的说法，这个王国曾经非常强盛、富有，它的几位国王也都是了不起的人物。

以色列联合王国的开国国王名叫扫罗。他年轻的时候非常有作为，率领军队和外族人作战，打了好多胜仗，为后来强大的以色列王国创下基业。但是，很不幸，扫罗晚年开始受到恶魔的折磨。根据《圣经》里的说法，这是因为他不听上帝的话。

今天，你肯定知道这个世界上没有恶魔；但是，我们在一些特别古老的历史材料中经常会读到这一类描述。这是怎么回事呢？历史学家们推测，这些人可能是患上了某种精神病，处在幻觉和痛苦之中，但古人无法解释这种现象，就认为是恶魔在作祟。

扫罗王每天被痛苦折磨着。有一天，有人听说有一位少年特别擅长弹琴，就把他召入宫廷，让他用音乐来安抚狂躁的扫罗。这个少年就是大卫，很快他就得到了扫罗的器重和栽培。

过了一阵子，以色列人的敌人来侵略以色列王国，还派出了一位特别强大的巨人——歌利亚——来打头阵，吓得以色列军中没有一个人敢应战。这个时候，大卫站了出来。他原本是来给当兵的哥哥送饭的，但是看到强敌当前，同胞们惊慌失措，大卫就勇敢地用弹弓打倒巨人歌利亚，杀死了他。这个故事非常有名，后来"大卫对战歌利亚"就成了一个西方成语，意思是不畏强权、奋起反抗、以弱胜强。你可能知道，大艺术家米开朗琪罗有一座非常著名的雕塑作品《大卫》，这座雕像刻画的正是英俊的大卫用弹弓瞄准歌利亚的那一瞬间。

　　杀死巨人之后，大卫成了民族英雄，广受爱戴。但是，扫罗王非常嫉妒他，生怕他篡夺王位，于是三番五次下令，让人迫害和追杀大卫。为了保住性命，大卫不得不装疯卖傻，东躲西藏。

　　没过多久，敌人再次大举进攻以色列，扫罗和他的儿子都在这场战争中死去了，失去国王的以色列人推举大卫来当新的国王。大卫也不负众望，成为非常了不起

大卫王

的君主。他在位时统一了以色列的十二个支派，确立耶路撒冷为首都，开创了以色列王国的盛世。

但是，这样一位盖世英雄晚年却犯了一桩大罪。据说，大卫偶然见到了一位美女拔示巴，对她一见钟情。可对方是有夫之妇，丈夫还是一名军官。于是，大卫故意派她丈夫到前线最危险的地段去作战，害死了他。随后，大卫如愿以偿，娶到了拔示巴。

大卫很快为自己的罪行付出了惨重的代价：上帝降下先知来责备他，先知还预言他的家族会充满混乱。很快，大卫和拔示巴的第一个儿子出生几天就生病夭折了。后来，大卫最宠爱的儿子押沙龙又发动了一场叛乱，甚至一度把父亲逐出了首都耶路撒冷。最终大卫平定了叛乱，但他心爱的儿子押沙龙也死去了，这让大卫非常悲痛。

大卫做国王将近40年，在他死后，王位传给了他和拔示巴的儿子所罗门。这是以色列王国的又一位传奇国王。

据说，所罗门聪明绝顶。关于他的智慧，曾经有一个非常著名的故事。两名女子争夺一个孩子的抚养权，都说自己是孩子的母亲。所罗门就说，把孩子分成两半，每人一半吧。他知道真正的母亲宁愿放弃孩子，也不希望孩子死去，所以选择放弃的人才是孩子的亲生母亲。

聪明的所罗门登基之后，果然成为了贤明的君主。他迅速打败王国周围的敌人，扩张领土；他还运用军队和商人，建立了一个庞大的贸易网络。据说，在他的统治之下，以色列王国既富庶，又强大。在国力鼎盛时期，所罗门在首都耶路撒冷大兴土木，建造了"第一圣殿"，也就是后世所谓的"所罗门圣殿"，专门用来供奉以色列人的上帝。

传奇国王所罗门后来还成了很多神话传说的主角。有人说他通晓一切生灵的语言，还有人说他拥有魔毯和魔法戒指，死后更留下了神秘的"所罗门王宝藏"等待人们去发掘。

看到这里，我想你对大卫和所罗门父子都有了一定的了解。不过，我想问你，你觉得他们的故事是真是假呢？

《圣经》中有大量的历史细节，它是我们学习古代历史的珍贵材料；但是，《圣经》里也有不少神话传说。我们判断一个历史故事的真实性，一方面要看考古学家能不能找到证据，另一方面，也可以看故事本身是不是合理。

比方说，如果一段历史记载中只有一边倒的说法和套路，对一个人要么全是夸奖，要么尽是批评，缺少细节，也没有相关的证据，那我们就不能轻易地认为它是真的。如果故事中有丰富的细节，人物既有优点又有缺点，再加上考古证据，那么，我们就可以认为它是更可信的。

《圣经》中对大卫王的描写就非常详细、生动和立体，既写了他的功绩，也写了他的错误，而且有很多细节。你在读的时候，能够体会到大卫是一个有血有肉的人。而《圣经》对所罗门的描绘就比较"套路"，只是把他写成了一个理想化的好国王。从这个角度来说，不完美的大卫王的故事，可能比完美的所罗门的故事更可信。

1993年，考古学家在以色列发现了一块可以上溯到公元前9世纪至前8世纪的石碑残片，将它命名为"但丘石碑"。石碑上的古文字很难解读，直到今天也没有统一的结论。不过有一些专家认为，石碑上提到了"大卫王室"。2005年，又有考古学家在耶路撒冷发现了一座宫殿的遗迹。有人认为，这可能就是大卫王的宫殿，但是，这一点到今天也没有定论。

　　大卫和所罗门的故事到底是真是假，还有待考古学家的进一步研究。而在传说中，所罗门去世之后，他的以色列联合王国就逐渐走向衰败，分裂成了北边的以色列王国和南边的犹大王国两个国家。按照《圣经》的说法，这是因为以色列人不尊重上帝，违背上帝的律法，遭到了惩罚。公元前722年，北边的以色列王国被亚述人毁灭，王国里的十个以色列人支派也从此消失，几乎没有关于他们的记载流传下来，他们被称为"失踪的以色列十支派"。

　　又过了一百多年，南边的犹大王国也遭遇了不幸的命运。《圣经》里说，上帝派下了一位强大而残暴的外国君主来惩罚他们。他就是新巴比伦王国的国王，尼布甲尼撒二世。从此，犹太人开始了他们漫长的苦难和流浪。

06

空中花园与巴比伦之囚：
尼布甲尼撒二世

在上一站的以色列联合王国之旅中，我们已经知道，这个王国最终分裂成南北两个国家，南方的犹大王国被新巴比伦的国王、强大的尼布甲尼撒二世消灭了。或许，你会有疑问：这个新巴比伦王国，跟我们历史之旅的第一站——古巴比伦有什么关系吗？

其实，这两个巴比伦王国是不同时期由不同的民族建立的，只不过它们的位置都在两河流域。古巴比伦王国是公元前1700多年建立起来的，著名的汉谟拉比国王和他的《法典》都出自古巴比伦；而新巴比伦王国是另一个叫作"迦勒底人"的民族在公元前600多年建立的。

前面我们讲到的摩西、大卫和所罗门，他们的故事或多或少都有些神话色彩，但关于新巴比伦这位尼布甲尼撒二世国王，我们就拥有比较可靠的历史记录了。

前面讲过，衡量一位古代君主是不是伟大，主要看两方面：一个是有没有军事成就；另一个是有没有建造的宏伟建筑，让自己的名字流传后世。尼布甲尼撒二世完全符合这两个标准。

尼布甲尼撒二世

首先，他是一位杰出的军事家和雄心勃勃的征服者。他的父亲是新巴比伦的开国君主，他从小就跟着父亲一起南征北战。29岁那年，他带领军队打败了当时同样雄心勃勃的埃及人，控制了叙利亚地区。

老国王死后，尼布甲尼撒二世继位，成为新的国王。很快，他开始大举扩张，到处兴兵作战，不计其数的小国纷纷臣服于他，新巴比伦西边苟延残喘的犹大王国也不例外。用尼布甲尼撒二世自己的话来说："从地平线到天空，我没有对手。"

此时的尼布甲尼撒二世志得意满，他决定攻打宿敌埃及。然而，这一次他受了挫折。这让一些臣服于巴比伦的小国以为有了反抗的机会，于是他们掀起了一场叛乱，想要摆脱新巴比伦的控制。犹大王国也是其中之一。

这些在他危难之际造反的小国没想到的是，尼布甲尼撒二世很快就重整旗鼓，带着大军前来镇压他们，首当其冲的就是犹大王国。尼布甲尼撒二世攻克了犹大王国的首都耶路撒冷，把他们的国王和大批工匠都掳回了巴比伦。

遭遇外族入侵对任何一个民族来说，都是奇耻大辱。所以不久之后，犹大王国就重新发起了反抗。但是很不幸，尼布甲尼撒二世又带着他的大军来了，这次他围困耶路撒冷整整18个月，再次攻破了这座城市。他带着军队屠杀居民，摧毁了所罗门王建造的圣殿，将耶路撒冷夷为平地。幸存的以色列人全都被流放到了巴比伦。

我们之前讲过，以色列人在公元前13世纪走出埃及，好不容易建立了自己的国度；如今只过了700多年，他们就被迫离开了上帝赐予他们的"应许之地"迦南。这起事件后来被称为"巴比伦之囚"，它是以色列人——也就是今天的犹太人——历史上非常惨痛的记忆。之后的两千多年里，弱小的犹太民族还会不断地遭到欺凌和镇压，被迫流浪。然而，苦难不仅没有动摇他们对上帝的信仰，反而让他们更加坚定。他们把《圣经·旧约》写下来，小心翼翼地坚守最严格、最刻板的法律和风俗，遵守祖先立下的规矩。他们就这样在没有自己的国家、四处流浪的岁月中，依靠信仰凝聚在一起，熬过了无数风风雨雨，一直顽强地走到今天。

1930年，考古学家在耶路撒冷西南边发现了一些写满文字的古老陶片。历史学家研究发现，其中一些陶片就是当年犹大王国遭遇巴比伦大军进攻的时候以色列军官的通信，里面提到了城池被攻破的情景，和《圣经》里的描述也能一一对应上。这些陶片是非常珍贵的资料，现在大部分收藏在大英博物馆。如果你有机会，可以去看一看。

说回尼布甲尼撒二世。在平定了小国的叛乱之后，尼布甲尼撒二世成为地中海东岸的霸主。于是他也大兴土木，修建了很多宏伟建筑。和埃及法老一样，他奴役了其他许多民族，驱使奴隶为他建造了众多神庙和宫殿，其中最有名的就是"空中花园"。

传说中，尼布甲尼撒二世有一位心爱的王妃，但是她进宫之后就思乡成疾。为了安慰她，尼布甲尼撒二世下令修建了一座特别的花园。据说，这座花园是工人用沥青和砖块在一座四层平台上建造的，平台由高耸的柱子支撑。花园里装有灌溉系统，园中种植了各种花草树木，非常美丽。人们远远看去，这座花园就好像是悬浮在半空中一样，因此得名"空中花园"。

虽然"空中花园"是古代世界七大奇迹之一，但是它也是七大奇迹中唯一至今还没找到确切地点的。因此，人们对"空中花园"到底是否曾经存在，仍然持有争议。还有一种常见的错误说法，说空中花园是古巴比伦王国的建筑。你现在肯定知道这句话错在哪儿了：古巴比伦是汉谟拉比国王的，空中花园则是新巴比伦的国王尼布甲尼撒二世建造的。

除了上述功绩，尼布甲尼撒二世还曾经改革司法体系，严惩贪官污吏，而且他在位时反复强调，绝不容忍欺压贫弱的行为。虽然尼布甲尼撒二世不是一位仁慈的君主，但他确实非常有作为。遗憾的是，他的继承人尽是无能之辈。新巴比伦连着换了好几位国王，他们都没能坐稳王位，登基过不了几年就被人杀死了。尼布甲尼撒二世去世短短二十多年后，新巴比伦王国就被一个更强大的新帝国征服了，这就是波斯帝国。

公元前539年，波斯帝国征服新巴比伦之后，波斯的居鲁士大帝善待那些被巴比伦奴役的民族，允许他们修复被尼布甲尼撒二世摧毁的神庙，并放他们回归家园，犹太人也因此得到了一个喘息的机会。

07

居鲁士大帝：波斯帝国的崛起

虽然新巴比伦国王尼布甲尼撒二世功业彪炳，但他死后不久，新巴比伦王国就走向衰败，最终被更强大的波斯帝国毁灭。

"波斯"这个词你可能听说过，它源于古希腊语和拉丁语中对古代伊朗地区的称呼。从公元前2000多年到20世纪早期，波斯一共经历过十多个王朝。我们这里所说的波斯帝国，是公元前553年由居鲁士大帝建立的阿契美尼德王朝。

这位居鲁士大帝为人很特别。虽然，他像我们前面看到的拉美西斯二世和尼布甲尼撒二世等古代君主一样，是能征善战的英雄，可他对待弱小民族却不像他们那样残暴，而是非常宽厚、仁慈，堪称一位不折不扣的仁君。

传说中，居鲁士大帝的身世很不一般。在他出生之前，他的外公就梦见他了。这是怎么一回事呢？咱们从头说起。

公元前600多年，在今天伊朗的西部有一个米底王国，国王很残暴，还很迷信。有一天，他做了一个奇怪的梦，梦见他女儿生的孩子摧毁了他的王国。他觉得这

居鲁士大帝

是一个预言，是老天爷在提前警告他。于是，他就把女儿嫁给了南边波斯国的国王，波斯当时还是一个依附于米底的小国，对米底不会造成威胁。

可是，女儿嫁人生子之后，老国王又做了怪梦。他又急又怕，干脆一不做二不休，叫来一个将军，命令他去杀死自己的小外孙。你看，这位国王真是太残暴了。好在将军为人很正直，不忍心伤害一个无辜的小婴儿。他把孩子交给一个牧羊人抚养，回去跟国王撒了个谎，说孩子已经死了。

又过了十年，国王突然得到消息：这个危险的外孙居然还活在世上。他当场大发雷霆，要派人再去杀死男孩。这个时候，王国的祭司劝住了他。在古代，祭司被当成能与神交流的人，所以说话很有分量。祭司劝老国王说："他还是个小孩子，没什么威胁，再怎么说也是您的亲外孙。您啊，还是把孩子交给他的亲生父母吧。"

老国王虽然心不甘情不愿，但还是听了祭司的话，把外孙送回波斯国亲生父母的身边。说到这里，你可能还记得，十年前杀死婴儿任务是交给那位好心的将军完成的。现在孩子还活着，这不就说明将军撒谎了吗？国王正有满腔怒火发不出去，于是就拿将军出气，残忍地杀害了他的儿子。遭此厄运的将军不动声色，默默地把孩子埋葬了。

看到这里，我想你肯定猜到了，那个大难不死的外孙，就是我们要说的主角居鲁士。这段故事出自古希腊历史学家希罗多德的记载，我们目前还不清楚，里面有多少内容是真实的历史，又有多少是传说。不过，很多人一看这个故事就觉得，这个小居鲁士注定会有不凡的命运。

长大后，居鲁士继承父亲的王位，当上了波斯的君主。当时，波斯还只是一个小国。不过年轻的居鲁士很有想法，他秘密地与对他有救命之恩的米底将军取得了联系。原来，这么多年来，将军一直忍辱负重，表面上对老国王保持忠诚，私底下则一直偷偷结交各路英雄豪杰，等待时机报仇。于是，将军将一封密信藏在野兔的肚子里，送给了居鲁士。信上说："如果您进攻米底王国，我会在战场上临阵倒戈，站到您这边。"

公元前553年，居鲁士果真向残酷的外公发动了战争，而米底军队在那位将军的率领之下，果然在战场上倒戈。居鲁士用三年时间彻底征服了米底王国，他的称号也变成了"米底诸国国王"。

讲到这里，我想请你猜猜，那位残暴的外公下场怎么样呢？他当年对居鲁士是赶尽杀绝，但居鲁士并没有以牙还牙。据说，老外公下台之后，仍然享受了不错的待遇，而且一直到死，他都住在居鲁士的宫廷里。从这件事上，不难看到居鲁士仁慈的一面。

征服米底之后，居鲁士继续向西开拓，又征服了吕底亚王国。吕底亚在今天的土耳其境内。这里还有一个小典故。吕底亚的末代国王名叫克罗伊斯，据说他非常富有，以至于后来在西方文化里，"克罗伊斯"成了有钱人的代名词。说一个人"像克罗伊斯一样有钱"，意思就是，他是个超级大富翁。

征服吕底亚王国后，居鲁士的步伐没有停下。他接着又征服了整个小亚细亚，也就是今天土耳其的大部分领土，之后还征服了沿海的一些希腊人城邦。然后，他就将目光转向了另一个超级大国，新巴比伦。

当时，尼布甲尼撒二世已经去世二十多年了，统治新巴比伦的是一对父子，他们以奢侈和残暴著称，非常不得民心。居鲁士带领大军入侵时，新巴比伦的祭司竟然打开城门，直接放波斯军队入城。可以说，新巴比伦的很多民族都把居鲁士大帝看作解放者，而不是侵略者。所以，新巴比伦王国是不战而亡。当时甚至还有一些弱小的民族主动来依附居鲁士，自愿成为波斯帝国的一分子。

二十年间，居鲁士就建立了一个史无前例的大帝国，西面到今天的以色列和亚美尼亚，东面一直延伸到今天的哈萨克斯坦和南亚次大陆的边缘。

居鲁士不仅是伟大的军事征服者，还是一位充满智慧的贤君。他明白，光靠暴力和镇压，不可能统治一个拥有这么多民族和文化的庞大帝国。所以，他没有将波斯的法律和风俗习惯强加给其他各个民族，而是给了他们高度的自治权，让他们能够按照自己的传统来生活。他还积极地吸纳各个民族的人才为帝国服务，聘用其他民族的谋士来给自己出谋划策，效仿其他民族的服饰和文化，甚至还赋予各族人民宗教信仰的自由。

这是一种全新的统治理念：兼容并包、包罗万象。它和之前新巴比伦王国的残暴形成了鲜明对比。在波斯帝国统治下，亚洲西部这一块地方，出现了国泰民安、欣欣向荣的景象。

咱们之前也说到了，居鲁士对待犹太人也很友善。他释放了被新巴比伦奴役的犹太人，资助他们回归故乡，还赞助他们重建耶路撒冷圣殿。在犹太人眼中，居鲁士大帝是一位解放者，所以《圣经》里对居鲁士大帝的描绘非常正面。

1879年，有人在伊拉克发掘出一个写满楔形文字的陶土圆筒，这就是著名的"居鲁士圆筒"。今天学者们一般认为，它是居鲁士大帝颁布政策让犹太人重返"应许之地"的证据。有的人还将"居鲁士圆筒"视为世界上最早的人权宣言。这个圆筒今天收藏在大英博物馆，如果你有机会，一定要去看一看。

公元前530年，居鲁士大帝去世。他的儿子继承了王位，虽然在位时间不长，但他在位时征服了埃及，进一步扩大了波斯帝国的版图。在他死后，波斯帝国差点儿就分崩离析，所幸有一位新的英雄夺得了王位。这位英雄不仅重建了波斯帝国，还继续对外扩张。他的名字叫作大流士大帝。

大流士大帝晚年曾经入侵希腊，但在马拉松这个地方被希腊人打败。今天的马拉松赛跑就得名于此。大流士的儿子继承父亲的遗志，再次大举入侵希腊。在这场战争中，东西方的两种文明将会发生前所未有的激烈碰撞。

08

菩提树下的顿悟：佛教诞生

　　我们的历史旅行走过两河流域，一路上已经听了不少古老的故事。现在，我要带你再往东方走一走，看看另一个文明古国——古印度的历史。

　　印度所在的这片土地，有个专门的名字，叫"南亚次大陆"。它是喜马拉雅山脉南边的一片半岛形的陆地，除了印度之外，巴基斯坦、孟加拉、尼泊尔等国家也都位于南亚次大陆。

　　在南亚次大陆上，有一条大河，叫作印度河。公元前2500年左右，也就是两河流域发展出高度文明的那段时间，印度河流域也出现了一个发达的古文明。你看，就像我们之前说的，大河是人类文明的摇篮。

虽然古印度河文明的历史很悠久，但人们很晚才知道它的存在。1922年，有考古学家在印度河流域、今巴基斯坦境内发现了一座古代城市的遗址，在里面找到了水渠、神庙、房屋和商店的遗迹。专家们经过研究，发现它们的历史可以上溯到公元前2500多年前；人们才知道，原来早在那个时候，印度河流域就已经形成了发达的古文明。不过，到目前为止，人们对印度这些最早期的文明了解还不多。

在上古时代，印度经历过多次外敌入侵和大规模的人口流动与融合。过去，很多历史学家认为，在公元前1500年左右，曾经有一个叫雅利安人的民族入侵了印度，他们的后代征服了南亚次大陆的大部分地区。这些征服者为了稳固自己的统治，制定了一系列的政策，将本族人与被征服的土著居民严格区分开来。渐渐地，这种分隔变成了一种根深蒂固的"种姓制度"，印度人就这样被分成了三六九等。不过，这种认为雅利安人入侵印度的传统理论在今天已经受到了质疑，历史学家们暂时还没有就这个问题达成一致。不管怎么说，种姓制度在印度一直延续到了今天。

具体来说，印度人一般分为四个种姓，分别是婆罗门、刹帝利、吠舍和首陀罗。其中，婆罗门的地位最高，他们是神职人员，负责主持祭祀，大部分知识分子也是婆罗门。排在第二位的是刹帝利，他们是武士和贵族。第三位的吠舍是农民、畜牧者和商人。首陀罗则是底层的劳动者。

这些种姓之间贵贱分明，法律地位不平等，而且各个种姓的职业都是世袭的。换句话说，婆罗门祭司的孩子还是祭司，刹帝利武士的孩子还是武士。不同种姓之间一般不能通婚。除了这四个种姓以外，还有所谓的"不可接触者"，也就是贱民，是社会的最底层。

你发现了吗？在这种严格的种制度下，一个人过什么样的生活几乎完全取决于他的出身，靠后天的努力很难改变命运。那么，对低种姓的人来说，生活是不是一点儿希望都没有呢？

也不是。种姓制度和一种名叫"印度教"的宗教有紧密的联系。印度教的观点是，如果一个人多做善事，那他下辈子就可能会成为刹帝利或者婆罗门；如果他专做坏事，那他下辈子就可能会降级为首陀罗、贱民，甚至是牲畜。所以，低种姓的人就应该多行善事，期待下辈子的福报。

当时大部分人都信仰印度教，不过，在这样等级森严的印度教社会里，慢慢地又出现了一种对生命轮回的全新理解，一种新的宗教——佛教，诞生了。

关于佛教起源的故事，要从一位叫作净饭王的刹帝利说起。净饭王是南亚次大陆上的一个小国王，他的国家在今天的尼泊尔境内。传说中，这位净饭王的王后在怀孕的时候，曾经梦见一头白色大象走进她的肚子里。这是一个吉祥的预兆。

这个孩子出生后，取名为乔达摩·悉达多。一些德高望重的婆罗门对他的命运做出了预言，说这位悉达多王子将来要么成为一统世界的君王；要么会出家修行，成为得道的圣人。根据一些学者的研究，这可能是在公元前563年或前480年发生的事。

净饭王当然更希望孩子成为了不起的君主，不希望他出家。所以，为了阻止悉达多产生修行的念头，净饭王无微不至地呵护他长大，让他享受最高等级的服务，一点儿人间疾苦都不让他看见。净饭王根据不同的季节为悉达多修了三座宫殿，让他无论春夏秋冬都能舒舒服服地享受生活，连门都不用出。如果悉达多离开王宫，净饭王也会提前做好安排，确保大街上只有健康快乐的年轻人，在悉达多面前呈现出一派太平祥和的景象。

不过，假的终归是假的。悉达多29岁那年，有一天他偶然离开了王城。于是，这位养尊处优的王子终于见识到了真实的世界。

他在王城东门，第一次见到了白发苍苍的驼背老人；在西门，第一次见到了饱受痛苦的病人；在北门，第一次见到了死人的尸体。这些陌生的景象让悉达多大受震撼，他意识到人生无常，原来所有人都要经历生老病死。最后，他又在南门看到了一位身穿黄袍的出家人。

这天过后，悉达多就陷入了深深的思考。他想知道，人到底应该如何摆脱生老病死的痛苦。最后他决定抛弃荣华富贵，离开王城，出家修行，寻找答案。

悉达多先是跟随两位著名的圣人修道，结果他的学识很快就超过了他们。随后他又在五位苦修者的陪伴下，一起在苦行林中忍饥挨饿，苦修了六年。

但是，这种艰苦的修行仍然不能让他找到内心的安宁。在一次苦行中，悉达多昏倒了，碰巧一位牧羊女经过，用羊奶救活了他。这让悉达多意识到，苦行也不能给人带来解脱，修行应当采取"中道"，也就是说，修行要避免极端，既不能沉溺于世俗享乐，也不要用残酷的苦修来折磨自己。

35岁那年，悉达多在一棵菩提树下冥思。他发誓，如果不能悟道，就绝不起身。到了第七个夜晚，他凝视着星辰，终于觉悟。

证道成佛

那么，他领悟的"道"究竟是什么呢？悉达多认为，人最大的幸福是无欲无求，脱离"生命轮回"，进入"空"的境界，那里没有欲望也没有痛苦。佛教把这种状态叫作"涅槃"。悉达多相信经过长年的修行，人是可以达到这个境界的。他还主张众生平等，不赞成贵贱分明的种姓制度，这也是佛教和印度教非常不同的地方。

悟道之后，悉达多就开始传播他的信仰。为了度化众生，他走遍了印度各地，赢得了大批信众，一直到他八十岁时，在一棵娑罗树下去世。后来，悉达多就被称为释迦牟尼或者佛陀，也就是中国人常说的如来佛祖。

上面这段故事是佛经里面的记载。历史上究竟有没有过悉达多这样一个人，现代学者大多拒绝给出确定的回答。有意思的是，悉达多活跃的时代大致跟波斯帝国扩张到印度河流域的时间差不多，有学者认为，佛教说不定受到了波斯拜火教的一些影响。

最后，我想跟你说一说佛教进入中国的历史。

根据我国史书的记载，在东汉永平十年，也就是公元67年，当时的皇帝汉明帝梦见了一个金人，便派人去西域迎来了两位高僧，还用白马运回了许多佛像和佛经。

汉明帝让人在首都洛阳修建房屋给两位高僧居住，请他们翻译《四十二章经》。高僧生活和工作的地方就是今天的洛阳白马寺。所以，我们今天一般认为，永平十年是佛教传入中国的时间，白马寺是中国第一座佛寺，《四十二章经》是中国第一部汉译佛经。

　　我们的印度之旅到此就告一段落了，下一站我们回到地中海世界，我要给你讲一讲希波战争的故事。

二

希腊光荣，罗马伟大

09

温泉关三百勇士：希波战争

相信你还记得波斯帝国居鲁士大帝的传奇故事。他在位时，不仅先后征服了亚洲西部的好几个大国，还征服了一些希腊城邦。在这场战争中，东西方的两大文明将会发生前所未有的激烈碰撞。

你可以将"城邦"理解成和城市差不多大小的国家，当时的希腊地区全都是大大小小的城邦。不过，波斯人征服的城邦有点儿特别：它们位于小亚细亚，也就是今天的土耳其境内，远离希腊本土，中间甚至隔着爱琴海。你也许想问，怎么希腊之外还有希腊城邦？原来，古希腊的范围比今天的希腊要大得多。古希腊人擅长航海，又富有冒险精神，一些大胆的希腊人就跨过爱琴海，在小亚细亚建立了城邦。

虽然这些城邦对波斯帝国俯首称臣。但是他们其实并不甘心。公元前499年，他们发动了一场大起义，想要摆脱波斯人的统治。我们的故事就从这里讲起。

当时的波斯国王大流士大帝，也是一位出色的军事家。面对强大的波斯，这些城邦要想起义成功，单靠自己的力量肯定不够，于是他们自然而然地向爱琴海另一边的希腊同胞求助，强大的雅典城邦果然向他们伸出了援手。

这场起义声势非常浩大，希腊人打了不少胜仗，但是大流士大帝最终还是将起义镇压了下去。大流士大帝没有就此罢休。他的目光长远，知道爱琴海两岸的希腊人是同一个民族，关系紧密，小亚细亚的那些小城邦随时可能再次得到同胞的支持，所以，要想彻底解决隐患，必须征服整个希腊地区。

公元前492年，大流士派遣波斯大军向希腊发动进攻。一开始，波斯军队势如破竹，迅速占领并血洗了希腊的大片土地。取得阶段性胜利后，波斯人就向剩下的城邦索要"土和水"，意思就是让希腊人自己投降，不要费力抵抗了。当时，大多数城邦都选择了屈服，但是雅典和斯巴达这两个最强大的城邦坚决拒绝投降。传说，斯巴达人把波斯使者直接扔进了水井，让他们自己去拿"土和水"。

愤怒的波斯人向他们发动进攻，斯巴达却因为宗教节日的原因暂时不能出兵，雅典只得孤军奋战。很多人都不抱希望了，结果雅典人在一个叫作"马拉松"的地方出人意料地打败了波斯军队。为了尽快报告这个激动人心的好消息，一位雅典士兵狂奔了大约40公里，一路跑回雅典城报信。因为体力耗尽，他刚说出捷报就倒地身亡。今天的马拉松长跑就是为了纪念这件事。

马拉松的胜利成了战争的转折点。波斯对希腊的首次入侵宣告失败。但是，对强大的波斯帝国来说，这点儿损失不算什么。波斯人对希腊仍然是充满野心。

果然，过了十多年，新的波斯国王、大流士的儿子薛西斯发动了第二次战争。他亲自带兵，率领30万大军和1000艘战舰，发誓要征服希腊。波斯帝国的很多民族纷纷出兵，为他效力。面对生死存亡的重大危机，希腊各个城邦也史无前例地团结起来。

波斯大军用战船在赫勒斯滂海峡上搭建了一座浮桥，士兵通过浮桥从亚洲来到欧洲。他们一路推进，势不可挡，希腊看来似乎必败无疑。

就在这个时候，斯巴达城邦的君主李奥尼达一世领兵来到一条狭窄的通道，他想利用这里的地形优势挡住波斯大军。这个地方就是著名的"温泉关"。

斯巴达人相信，只要牢牢守住温泉关，波斯人的大军就没办法通过。他们能不能成功呢？我先卖个关子。在这里，我要先给你介绍一下斯巴达和它的文化，这样你才能更好地理解接下来的故事。

在希腊的所有城邦当中，斯巴达是非常与众不同的。那里的人民分为三个阶层：斯巴达人、黑劳士和庇里阿西人。

其中斯巴达人地位最高，是统治集团。黑劳士的人数最多，地位却最低，他们相当于奴隶，每天要在田里辛苦地耕作，专门负责为斯巴达人提供粮食。庇里阿西人则属于中间阶层，他们有人身自由，但也要服从斯巴达人的控制。他们大部分是手工业者或商人，为斯巴达

温泉关战役

人提供各种商品物资。这三个阶层中，只有斯巴达人不需要工作，他们的任务是全身心地投入军事训练。

说到这里，我想问问你，你觉得斯巴达这种社会结构可靠吗？

我想你已经发现了，它很不可靠。斯巴达人的生活完全建立在对黑劳士的残酷剥削之上，但黑劳士的人数大约是斯巴达人的七倍。事实上，黑劳士对斯巴达人极其痛恨，时不时就会发动起义，反抗压迫。

斯巴达人如何应对这种挑战呢？他们设立了一种非常特殊的体制：只允许健康状况完美的婴儿生存下去。男孩长到七岁就会被带走，离开家人，去军事学校接受训练和磨砺，一直到二十岁毕业。从二十岁到三十岁，他们生活在兵营里，帮忙教育年轻的新兵。他们可以结婚，但不能有正常的家庭生活，只能偷偷溜去见自己的妻子。到了三十岁，斯巴达男子就成了真正的公民，要一直服兵役到六十岁。这些男性公民平时一起在公共食堂吃饭，饮食非常简单。

在这种体制下，斯巴达人无论是个人还是家庭，都要完全服从于国家的需要。他们这么做，就是为了培养出最优秀的战士。斯巴达战士的体能、接受的训练，还有他们的纪律性，都是最顶尖的。

好，认识了斯巴达的战士，咱们再回到温泉关。

根据现代历史学家的估算，当时波斯军队的兵力可能在7万到30万人之间。而在很多传说和影视作品中，斯巴达国王李奥尼达一世手下只有300名斯巴达士兵，也就是所谓"三百勇士"。实际情况比这个要稍微好一些，历史学家们认为，他手下还有一些其他城邦的士兵，总兵力大概在7000人的样子。

但不管怎么说，双方的兵力悬殊。斯巴达人要在温泉关挡住波斯人，几乎没有胜算，这场战斗简直相当于英雄主义的集体自杀。李奥尼达一世出发之前，确信自己必死无疑，就对妻子说："嫁个好男人，生几个孩子吧。"

在温泉关，两军对阵。得意洋洋的波斯国王薛西斯派人来劝降，让斯巴达人交出武器。李奥尼达一世说出了他那句著名的回答："你们自己来拿。"波斯人又恐吓对方："我们兵多将广，放出的箭雨能够遮蔽太阳！"斯巴达人答道："那太好了，我们就在阴凉地里战斗。"

事实证明，斯巴达人果然有强大的战斗力，温泉关战役打了整整两天，波斯人拿他们毫无办法，伤亡惨重。可是到了第三天，希腊人里面出了一个叛徒，因为他的告密，波斯大军通过一条秘密小路绕过温泉关，包抄了斯巴达军队的后路，艰难地赢下了这场战役。李奥尼达一世和他的斯巴达战士全部壮烈牺牲。

根据古希腊历史学家希罗多德的估算，温泉关战役中，希腊军队损失了大约4000人，而波斯损失了大约2万人。波斯人虽然打赢了，但他们损失惨重，而且浪费了大量时间。国王薛西斯狂怒之下命令手下将李奥尼达一世尸体的头砍了下来，以此来羞辱他。

虽然斯巴达的勇士失败了，但是他们的英勇战斗拖慢了波斯人入侵的脚步，为希腊人争取了大量时间。等到波斯人抵达雅典时，雅典人已经全部撤走，给敌人留下了一座空城。

在接下来的几场决定性战役中，希腊军队都战胜了波斯人。随后，希腊人发动反攻，一路打到小亚细亚，帮助那里的城邦摆脱波斯的统治。

公元前449年，双方签订停战和约。波斯帝国从此承认小亚细亚的那些希腊城邦拥有独立地位，不再属于波斯。这场战争后来被称为"希波战争"，也有人叫它"波希战争"。

希腊人挽救了自己的独立与自由。希波战争结束后，雅典进入黄金时代，发展出了一个海洋帝国。你今天知道的众多古希腊哲学、科学、建筑和艺术成就，都诞生于这个时代。苏格拉底、柏拉图、亚里士多德，这些了不起的人也都生活在这一时期。我们无法想象，如果没有李奥尼达一世和斯巴达勇士的自我牺牲，历史将会走上什么样的轨道。

10

雅典与斯巴达：伯罗奔尼撒战争

在危机面前，希腊各个城邦团结起来打败了波斯人。但是，击退敌人之后，他们的联盟就没那么牢靠了。

希波战争结束之后，斯巴达人很快就退出了联军，他们觉得该做的事情都做完了。但是，其他很多城邦想继续开展反对波斯的战争，向波斯复仇。这些城邦建立了一个联盟，叫"提洛同盟"，雅典是领导者。为了实现共同的目标，同盟的成员都要提供战船和人力，或者向集体金库支付金钱。

渐渐地，几乎所有成员都放弃维持自己的舰队，选择了付钱。毕竟这样比较省事嘛。作为领头羊的雅典人，则利用这些资金来扩充它自己的舰队。到最后，雅典建立了古希腊有史以来规模最大、战斗力最强的海军。这支海军保护着雅典商人，让他们在整个地中海世界乃至更远的地方经商致富。海军还保障着雅典的食品供应，让雅典人能吃到产自今天乌克兰的小麦和黑海的鱼。

几十年后，雅典变得越来越富裕和强大，逐渐显露出了它的帝国主义野心。提洛同盟也不再像一个反对波斯的同盟了，它逐渐演变成一个受雅典人控制的殖民帝国，主要是为了雅典的利益而运转。

你发现了没有？在当时的希腊，斯巴达是老牌盟主，雅典是后起之秀，雅典崛起必然要挑战斯巴达的地位，摩擦也就不可避免了。事实上，这两个超级城邦在很多事情上本来就是对立的。

首先，制度就截然不同。斯巴达是个不折不扣的军国主义城邦，崇尚强大的军事力量；雅典则恰恰相反。雅典是一个民主制城邦，它的大政方针全都由公民大会投票决定。不过，并非所有雅典居民都是"公民"，女性、奴隶，以及生活在雅典的外邦人都不算公民，没有投票权，只有雅典男性公民才能参加大会。另外，公民们参与政治的热情也不高，虽然有几万人享有参加公民大会的资格，但实际参会的人数很少超过6000。所以你看，雅典的"民主"和今天还不是一回事。

雅典的文化和制度与斯巴达截然不同，雅典崛起又严重威胁了斯巴达的利益，所以大家心里都清楚：两强之间，必有一战。

公元前431年，一个小城邦发生了内乱，对立的两派分别向雅典和斯巴达求援，雅典和斯巴达就这样卷入了纷争，并把各自的盟友都拖了进去。战火越演越烈，最终演变成了长达几十年的伯罗奔尼撒战争。因为斯巴达领导的联盟叫"伯罗奔尼撒联盟"，所以战争就由此得名了。

伯罗奔尼撒战争持续了几十年，参战的城邦很多，战局也极其复杂，但其中有一个人与战争期间好几件惊心动魄的大事都有关系。

当时的雅典有一位风云人物，名叫亚西比德。他出身高贵，家境富裕，长相非常英俊，还是运动健将。他也很有才华，擅长演说，聪明才智更是受到很多人的仰慕。另外，他与大哲学家苏格拉底结下了深厚的友谊，

亚西比德

这一点越发增加了他的名气。当时很多人都觉得亚西比德是难得的人才，甚至可以说是一位理想的领袖。但是，在光鲜的外表下，亚西比德有着严重的人格缺陷。

他为人虚荣、不择手段、极端自私。他的性格任性骄纵，行为举止变化无常，谁也不知道他能干出什么事。这些性格上的弱点为他制造了不少的敌人，也为后来的悲剧埋下了隐患。

亚西比德29岁时，已经在雅典政坛有了一定的号召力。当时斯巴达和雅典打了十年，双方互有胜负，僵持不下，就准备坐下来谈判，签订和约。

亚西比德太年轻了，所以没有被允许参加这场和谈。可因为虚荣心作怪，他居然故意破坏谈判。他私下里与斯巴达大使见面，对他们做出承诺，却在公共场合羞辱他们。这些恶劣行为引发了一系列的麻烦，也让一些人开始对他侧目而视。

一年后，亚西比德当选为将军，这是雅典最重要的职位之一。随后，他就组建了一个反对斯巴达的新同盟，准备再次开战。他在公民大会上提议发动一次远征，让海军去攻打西西里岛上的城邦，以此来加强雅典的实力。

远征的建议获得了公民大会的批准，亚西比德被任命为三名总指挥之一，看样子，他是前程一片大好。

然而，就在出征前夜，出了一件怪事：雅典全城的赫耳墨斯神像都被人损毁了。在希腊神话里，赫耳墨斯是一位很重要的神灵，损坏赫耳墨斯神像是非常严重的罪行；更何况他还是旅行者的守护神，这简直就是预示着这次西西里远征得不到神的保佑，肯定出师不利。

雅典人既愤怒，又惊慌。一些人断定这件事是亚西比德干的，认为他平时胆大包天，一点都不虔诚，这种坏事只有他能干出来。很多人相信了这套说法，但这其实是一场阴谋。破坏神像的是亚西比德的敌人，他们要陷害他，然后把他推翻。

果然，在亚西比德率领舰队到达西西里之后，雅典人要传唤他回国，审判他亵渎神灵的罪行。

如果你是亚西比德，你会怎么做呢？是老老实实回去受审、洗清冤屈，还是想办法留下来指挥作战？刚才咱们说过，亚西比德为人骄纵任性，他两个都没有选，干脆逃跑了！雅典法庭在他没有到场的情况下，缺席判处了他死刑。

愤怒的亚西比德认为雅典背叛了自己。在绝望和狂怒之下，他做出了一个疯狂的举动：投奔敌人斯巴达！他利用自己对雅典的了解，为斯巴达人出谋划策，不但给他们提供作战建议，还指点他们破坏雅典的经济。雅典辜负了他，他就要报复回去。两年后，雅典远征军在西西里全军覆没，很多人认为，这场悲剧从亚西比德叛逃的那一刻就已经注定了。

尽管亚西比德为斯巴达人提供了不小的帮助，但他作为一个叛国者始终无法赢得斯巴达人的信任。没过多久，斯巴达人就秘密下令，要将他处死。

这一回，亚西比德又侥幸逃脱了。可是，雅典回不去了，斯巴达也容不下他，还能去哪儿呢？说出来你肯定大吃一惊，亚西比德跑去投奔了雅典的另一个敌人，也是咱们的老熟人——波斯帝国。此时的波斯正企图在雅典和斯巴达之间挑拨离间，想要渔翁得利。亚西比德顺势成了波斯人的顾问，为他们出主意。

到了公元前411年，雅典经历了几十年的战乱和瘟疫，人才凋零。这时，雅典人就又想起了亚西比德："要不……干脆把这个叛徒召回来，让他来带兵打仗？"不得不说，这真是没有办法的办法了。

于是亚西比德重返故乡，恢复了将军一职。这一次，他没有再让雅典人失望。在极其不利的形势下，他仍然率领雅典海军取得了一连串辉煌的胜利。只可惜，此时的雅典早已病入膏肓。

公元前406年的一场海战中，雅典舰队战败。尽管指挥官并非亚西比德本人，而是他的副将，但他还是遭到免职。在公元前405年的另一场关键战役中，雅典人又不顾亚西比德的劝告，一意孤行，结果以惨败收场。

不久之后，雅典就输掉了整个战争，从此衰落。雅典的民主制结束了，群星璀璨的黄金时代也结束了。

那么，亚西比德的下场如何呢？据说他后来又逃到了波斯，最后被波斯人和斯巴达人联手杀害。

亚西比德的一生充满了矛盾。他虽然才华横溢，但始终得不到任何一方的信任——包括他自己的祖国在内。他本人的悲剧、雅典的悲剧，以及整个伯罗奔尼撒战争的悲剧交织在一起。

雅典的将军和历史学家修昔底德，写了一本著名的《伯罗奔尼撒战争史》，记录了战争的大部分阶段。修昔底德曾经尖刻地评论说，战争"是一个凶暴的教师，让大多数人的品格都堕落到当前的这种可悲状态"。这句话用来形容亚西比德的命运，再贴切不过了。这本《伯罗奔尼撒战争史》不仅是历史学的千古名著，也是很多学者研究政治和国际关系的必读书。

雅典衰落之后，斯巴达在一段时间内称霸希腊世界。但好景不长，希腊的北方有一支新的力量在迅速崛起，那就是亚历山大大帝和他的马其顿帝国。

11

亚历山大大帝：
马其顿与波斯帝国

伯罗奔尼撒战争结束后，斯巴达成了希腊的霸主，但它的日子并不好过。希腊各城邦不久就再次陷入混战之中，直到出现了一个新的霸权：马其顿。马其顿王国的君主、著名的亚历山大大帝更是终结了不可一世的波斯帝国。

亚历山大出生于公元前356年，是马其顿国王腓力二世的儿子。当时的马其顿还是希腊北部一个文明程度比较低的城邦，像雅典这种高度文明的城邦很看不起它，觉得它是野蛮人的国度。

事实证明，雅典人看错了。这位腓力二世可不是普通角色，他开展军事改革，不断增强国力，到处开疆拓土。到他去世之前，马其顿已经征服了希腊的大部分地区。古希腊的城邦时代就是这样在腓力二世手上终结的。

称霸希腊之后，腓力二世就想要进军波斯。可是公元前336年，他突然遇刺身亡，他的儿子、刚刚20岁出头的亚历山大继位。亚历山大继承了父亲的遗志，立刻就开始着手实现希腊人数百年来的梦想：向波斯帝国开战，报仇雪恨。

亚历山大虽然年轻，却是个不折不扣的军事奇才。他率领军队向东进发，一上来就接二连三地打败波斯人，夺走了一块又一块土地。没过几年，他已经征服了波斯帝国的半壁江山。

在公元前332年，亚历山大又一次打败了波斯国王大流士三世，还俘虏了他的母亲、妻子和两个女儿。打了败仗的大流士三世不得不退回波斯东部，一边重整旗鼓，一边试着向亚历山大求和："亚历山大，波斯帝国我可以和你分享。我还可以把女儿嫁给你，再给你大笔的黄金。咱们……不打了吧？"

　　大流士三世开的这些条件算是很慷慨了。据说，听到这个消息，亚历山大手下的大将帕曼纽就说："如果我是亚历山大，我就接受条件，与波斯人议和。"

亚历山大大帝与波斯王大流士三世战斗

亚历山大的回答很有意思，他说："如果我是帕曼纽，我也会接受。"这意思就是说，大流士三世的条件可以诱惑一位将军，但是绝不可能让亚历山大这样雄心勃勃的帝王满意。他拒绝了和谈，带着军队继续推进，一步步进逼波斯的残余部分。

与此同时，大流士三世也再次集结了庞大的军队。他决定在一个叫作高加米拉的地方与亚历山大决战。

高加米拉位于今天伊拉克的北部。历史学家估计，当时波斯军队的兵力可能超过10万人，甚至可能有20万人，其中包括十几个民族的士兵，还有200辆战车和15头战象。可以说，这次波斯人是以逸待劳，准备充分。

相比之下，亚历山大的兵力少得可怜，大概只有7千名骑兵和4万名步兵。人们议论纷纷：亚历山大不是从来没打过败仗吗？这次在高加米拉，他输定了！

亚历山大真的没有机会了吗？恰恰相反，作为一名军事天才，亚历山大对这种以寡敌众的局面，一点儿也不陌生。他还有一招杀手锏，就是著名的马其顿方阵。

马其顿方阵是一种重步兵方阵。重步兵，就是装备了重型盔甲和武器的步兵，他们的灵活性差但攻击力强，在战场上扮演着很重要的角色。在古希腊，重步兵方阵本来是很常见的战术。不过，亚历山大的父亲腓力二世对普通方阵做了改革，采用了一种新的武器——萨里沙长矛，大大增强了重步兵的战斗力。

萨里沙长矛最长可达6米，竖起来差不多有两层楼那么高，比当时的普通长枪足足长了一倍。这么笨重的长矛不适合近距离作战，但是只要操作得当，它根本都不会给敌人近身的机会。

马其顿方阵横16行、纵16列，一共由256个人组成。前5排的士兵要将长矛指向前方，后面几排的士兵则将长矛向上倾斜。敌人如果想正面对抗这个方阵，首先就要面对80根长矛。方阵的第一排通常是指挥官和其他军官。其他各行各列的排头和末尾也很关键，所以这些位置上会部署经验丰富、战斗力强的老兵。他们享受的待遇也比方阵中间的士兵更好。战斗时，整个方阵常常以巩固的密集队形跑步向前推进，猛烈地冲击敌人的队伍，威力非常强大。

这个方阵这么厉害，是不是有了它就一定能打胜仗呢？其实不是的。马其顿方阵也有缺点。比方说，方阵只有保持阵型完整才能发挥作用，被冲散就不行了；长矛太长，不够灵活；方阵的两侧比较脆弱，需要其他部队掩护，而且遇到弓箭、标枪这种远距离武器，方阵也束手无策。所以，光靠马其顿方阵也并不容易取胜。

亚历山大天才的地方就在于，特别擅长使用马其顿方阵和重骑兵互相配合的战术。他通常会把方阵排成一条斜线，右半边靠前，重点突破，让敌人不得不先与这边作战。同时，他还会运用所谓的"锤砧战术"。锤是锤子，砧是砧板。顾名思义，这个战术的要点就是马其顿方阵从正面把敌人死死缠住，像一块砧板一样；而亚历山大亲自率领重装骑兵同时从侧面包抄，像锤子一样从背后狠狠敲击敌人。看起来，就像是砧板和锤子把敌人夹在中间，两面夹攻。

我放了一张图片，你可以看一看，深色的是亚历山大阵营，右边五个斜着排列的小方块是马其顿方阵，也就是砧板。深色的大箭头是亚历山大的骑兵，也就是锤子。

在高加米拉战役中，亚历山大将这套战术发挥得淋

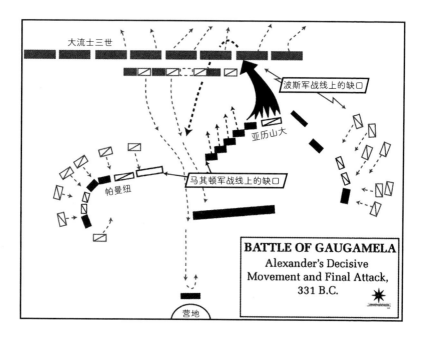

大流士三世

波斯军战线上的缺口

亚历山大

帕曼纽

马其顿军战线上的缺口

BATTLE OF GAUGAMELA
Alexander's Decisive
Movement and Final Attack,
331 B.C.

营地

高加米拉战役

亚历山大的决定性运动与最后进攻

公元前331年

漓尽致。波斯人的战车本可以凭借强大的冲击力冲垮方阵，但训练有素的马其顿方阵一见战车冲过来，就主动把阵型分开，留出缺口（如图），让战车通过，交给后面的部队去解决。波斯战车没了用武之地，步兵更不是马其顿方阵的对手，亚历山大很快就占据了优势。

他亲自率领重骑兵从右边冲击敌人，差一点就能抓住大流士三世本人了。就在这时，另一边他手下帕曼纽将军指挥的人马遇到了危险。

亚历山大必须立刻做出选择：要么继续向前追击，抓住或者杀死大流士三世，直接结束整个战争，不过这么一来，帕曼纽就可能会牺牲；要么回身去救帕曼纽，这就意味着大流士三世多半能趁机逃走。

亚历山大选了第二个选项，救回自己的将军。

所以，高加米拉战役的结局就是马其顿赢得了胜利，波斯军队几乎全军覆没，但是大流士三世带着金银财宝成功逃脱。不过，不久之后，他便遭到自己手下大臣的背叛，被杀害了。

后来，亚历山大抓住了这个波斯大臣，将他处死，并为曾经的敌人大流士三世举行了盛大的葬礼。在亚历山大这样的英雄眼中，背叛君主是非常丑恶的行为，而大流士三世是一位值得尊重的对手。就这样，由居鲁士大帝开创的波斯帝国，随着最后一位君主的惨死，在公元前330年灭亡了。

征服波斯，只是亚历山大无数军事成就中的一部分。短短十多年间，他就建立了一个空前辽阔、跨越欧亚非三大洲的大帝国。传说亚历山大还曾经因为没有更多土地可以让他征服而哭泣。

可惜的是，这样一位旷世奇才33岁就病死了。虽然英年早逝，亚历山大还是彻底改变了世界的面貌。甚至东西方之间很多从来没有联系的民族和文明，都因为他而连接了起来。

举个小例子吧。几年前，我去北京故宫参观了阿富汗出土文物展。在展览上，我看到了很多和古希腊相关的艺术品，比如天神宙斯的神像、拿着三叉戟的海神波塞冬等等。阿富汗在亚洲，和中国是邻居；希腊在欧洲，两地相隔万里，阿富汗文物里怎么会有古希腊神像呢？这就是亚历山大大帝带来的改变。他的南征北战不只是简单的军事征服，还把希腊文明也传播到了天南海北。

再比如，他在埃及建立过一座"亚历山大城"，这座城市后来数百年里一直是地中海世界的经济和文化名城，也是传播希腊文化的中心。那里的图书馆以藏有70万卷图书而闻名。像这样的"亚历山大城"还有不少。因为他的缘故，亚洲西部和中部很多地区的语言、文字、风俗和政治制度都深受古希腊的影响。所以，这个时期也被称作"希腊化时代"。

说完亚历山大大帝的传奇故事，我们在地中海世界的历史旅行还远远没有结束。下一站，我们要去罗马去看一看。

12

狼孩：罗马城的建立

　　我们的历史之旅终于来到了名城罗马，在继续旅行之前，我们先要说说它神奇的创设故事。

　　我们之前说过，要了解一个民族的历史，通常要先从它的神话开始。在这些神话当中，有一种叫作"创设神话"，也叫"建国神话"，它主要讲的就是一个民族的文明是如何诞生、国家是如何建立起来的。在世界历史上，有一个民族的创设神话非常独特，那就是罗马人建立罗马城的传说。在这段神话里，罗马是由两个狼孩建立的。这是怎么一回事呢？

　　还记得之前特洛伊战争的故事吗？希腊人取得了战争的胜利，特洛伊城被烧成了一片灰烬，大多数特洛伊男性都死在了这场灾难中。不过，也有少数人成功逃了出去，著名的特洛伊英雄埃涅阿斯就是其中之一。他率领一小群部下，历经千辛万苦，逃到了西方的意大利半岛，在那里开始了新的生活。神话里罗马城的起源，最早就可以追溯到这个时候。

　　埃涅阿斯在意大利半岛上成家立业，家族不断繁衍。几百年过去了，他的后人里面有一对兄弟，哥哥叫努米特，是一个小国的君主，弟弟叫阿穆利乌斯，为人特别残暴。结果，弟弟发动政变推翻了哥哥，把他流放到别的地方，自己篡位当了国王。

　　努米特没有儿子作继承人，只有一个独生女，名叫西尔维亚。按理说，这种情况对弟弟来说已经不会构成什么威胁了；但是他篡位之后，还是觉得不踏实："西尔维亚将来如果结婚生子，她的儿子，也就是我大哥的外孙，肯定会回来找我报仇！"于是，为了彻底铲除后患，坐稳王位，他下了一道命令，强迫西尔维亚出家去当女祭司，这样她就不能结婚生孩子了。

　　但是，他千算万算是怎么也没想到，有一天，战神玛尔斯来到女祭司的神庙，结果就和西尔维亚相爱了。玛尔斯是罗马神话里的战神，相当于希腊神话里的战神阿瑞斯。西尔维亚和神仙谈恋爱，凡人可没法干涉。后来，西尔维亚生下了一对非常健壮可爱的双胞胎男孩，给他们分别取名叫罗慕路斯和雷穆斯。

　　篡位的国王听说了这件事，大发雷霆，他叫来仆人，给他下命令："你，去给我杀了那对双胞胎！"但是，这位正直的仆人不愿意做这么伤天害理的事情，他把孩子的摇篮放在了附近的台伯河边，河水上涨，就把摇篮带走了。

　　看到这里，你是不是觉得有点眼熟？我们之前讲过摩西的传说，还有居鲁士大帝的身世，与这个故事都有点儿像。其实，很多民族的神话传说都有相通之处，在这些故事里，小婴儿如果遭人刺杀，多半能化险为夷，而且等他长大后，肯定会做出一番大事业。

　　罗慕路斯和雷穆斯这对双胞胎也不例外。他们的摇篮顺着河水漂啊漂啊，漂到了一座名叫帕拉丁的山峰附近，被一头母狼发现了。神奇的是，母狼没有吃掉这两个小婴儿，反而把他们当成了小狼崽，给他们喂奶，照顾他们。据说，就是因为喝了狼奶，罗慕路斯和雷穆斯长大之后特别勇敢和强壮。

后来，一名好心的牧羊人发现了这对兄弟，就把他们带回家，抚养长大。

光阴似箭，双胞胎长成了聪明勇敢的英俊少年。他们为人正直，经常打抱不平，与贪官污吏作对，保护穷

母狼喂养罗慕路斯与雷穆斯

人。双胞胎长到18岁，由于牧羊人之间发生的一次冲突，阴差阳错之下，弟弟雷穆斯落到了努米特手中。努米特就是被流放的老国王、双胞胎的外公。

努米特见到雷穆斯之后，对这个强壮英俊的青年很有好感，就跟他聊天，询问他的身世："你多大啦？是谁家的孩子呀？"听到雷穆斯的回答之后，努米特很快产生了怀疑，赶紧叫来抚养双胞胎的牧羊人仔细询问，最后终于确定：这对双胞胎就是自己的外孙。

与外公团圆之后，双胞胎就发动起义，推翻了篡位者，将他处死了。人们很希望这对出色的兄弟来做新国王，但是他们拒绝了，因为老国王、他们的外公还在世。于是，努米特重新登上王位。双胞胎则带着一些牧羊人、农民、流浪者、难民和奴隶，准备建立属于自己的新城市。

不过，当他们走到帕拉丁山，也就是当初母狼给他们哺乳的地方时，兄弟俩爆发了激烈的争吵。哥哥罗慕路斯想在帕拉丁山建新城；弟弟雷穆斯却认为，附近的另一座山更合适，兄弟俩谁也说服不了谁。

怎么办呢？他们决定，通过观鸟来解决这场争论。两个人分别选择一个位置坐下，然后数一数看到几只鹰，鹰的数量就代表神的意志。

据说，弟弟雷穆斯最后看到六只鹰，而哥哥罗慕路斯看到十二只，所以大家一致认为，罗慕路斯选中的帕拉丁山更好。于是，罗慕路斯就带着大伙儿开工了。根据传统的说法，这一年是公元前753年。这就是罗马建城的年份。

观鸟时输给哥哥的雷穆斯非但没有愿赌服输，心里还感到非常恼火和嫉妒，就故意跑去破坏哥哥的工程。更过分的是，他跳过了新城墙前面的壕沟，还嘲笑说："哎呀，这城墙这么矮，这壕沟这么浅，这到底靠不靠得住啊？"

跳过壕沟是一个非常不吉利的预兆，因为它表示这座城市的城墙容易被攻破。罗慕路斯气得火冒三丈，愤怒之下，他杀死了雷穆斯，然后高声叫道："越过城墙的人就是这样的下场！"

随后，罗慕路斯埋葬了弟弟，用自己的名字给这座城市命名为"罗马"，成为罗马的第一任国王。你也许也想到了，罗马城其实诞生于一场兄弟谋杀，所以有人就说，这个故事从侧面预示了罗马人后来自相残杀的政治斗争和流血冲突。

不管怎么说，新城市罗马吸引了很多渴望新生活的人，很快，城市规模就大大扩张了。但与此同时，罗马也面临着一个严重的问题：城里人口虽然越来越多，可几乎都是男人，很少有女性，这可不利于发展；因为只有男女比例比较平衡，才能组建更多家庭，繁衍更多人口，城市才能兴旺繁荣。

因此，罗慕路斯设下计谋，举办了一次盛大的宴会，邀请邻近的萨宾部落来做客。在宴会上，罗慕路斯带人绑架了萨宾人的女儿，安排她们嫁给了罗马人。哎，这是赤裸裸的抢夺人口了。

不过，英勇善战的萨宾人也不是好惹的。为了夺回女儿，他们一路杀进了罗马城。眼看罗马人就要招架不住了，就在这时，那些被抢走的萨宾女孩突然冲了出来。她们冲过军队和尸体，站在两军阵前，恳求她们的罗马丈夫和萨宾亲人停止杀戮，言归于好。

大家都被感动了，于是罗马人和萨宾人达成协议，从此就在一起生活。萨宾人开始使用罗马的年历，罗马人则用上了萨宾人的盔甲和长盾，他们最终融合成一个民族。

上面这段故事，就是罗马城建立的传说。不过，和之前你听过的很多故事一样，目前历史学家和考古学家也没有充分的证据来证明罗慕路斯和雷穆斯这两个人确实存在过。

事实上，根据目前的考古发现，早在一万多年前的旧石器时代，罗马就已经有了原始人类活动的痕迹。今天学者们普遍认为，罗马城应该是由一些村庄慢慢聚合而成的，其中最大、最核心的一座村庄就位于帕拉丁山。

帕拉丁山有什么特别之处呢？它邻近台伯河，可以控制这条水上交通要道。这可是得天独厚的优势。要知道，台伯河是意大利半岛上的第三长河，在两千多年以前，人们就可以乘船顺着台伯河到达上游100公里的地方，利用它来运送粮食、石头和木材。事实上，有些人认为，罗马也好，罗慕路斯也好，这些名字其实最早就是从台伯河的古代称呼演变而来的。

在上面的故事里，双胞胎的摇篮也正是在台伯河中漂流时被母狼发现的。罗慕路斯最终选定的帕拉丁山，也是早期最核心的村庄所在地。所以，关于罗马建城的神话当中虽然有大量虚构的成分，但它也反映出不少真实的历史。

经历了几百年的发展，罗慕路斯建立的罗马城已经变成了罗马共和国，成为意大利半岛的主宰，雄心勃勃地向意大利之外扩张。但是，罗马要当地中海西部的霸主，还要扫除一个障碍，那就是迦太基。

13

汉尼拔：迦太基大战罗马

从小村庄聚合发展而来的罗马早已成为罗马共和国，虎视眈眈地想要称霸地中海西部。在扩张过程中，他们与正在西西里岛一带活动的迦太基人相遇了。

迦太基人又是从哪里来的呢？两千多年前，差不多在今天的叙利亚和黎巴嫩一带，生活着一个叫作腓尼基人的民族。他们擅长航海和经商，在地中海沿岸建立了许多城市，今天西班牙的巴塞罗那就是他们建立的。不过，腓尼基人建立的最有名的一座城市位于今天非洲北部的突尼斯，古代的名字叫作迦太基。

迦太基城大约诞生于公元前9世纪，拥有强大的海军，一度主宰了地中海西部。它也是地中海上繁华的贸易中心，人们可以在那里买卖奴隶、金属、奢侈品、酒和橄榄油等各种商品。

但是，罗马共和国企图称霸地中海西部，迦太基人也在那里活动。两强相遇，肯定得决出一个胜负才行。

从公元前264年到公元前146年，罗马和迦太基打了三次战争。因为罗马人把迦太基人称为"布匿人"，所以这三场战争就叫"布匿战争"。

第一次布匿战争打了23年，罗马获胜，原本大体上由迦太基控制的西西里岛归了罗马。不过，罗马也损失了500艘战船和至少10万人。

有意思的是，这场战争体现了罗马与迦太基在文化上的巨大差别。罗马人有强烈的公民意识和爱国心，他们会为了组建海军而主动捐钱捐物，罗马军人也都是具有爱国精神的公民；而迦太基文明是一种商业文明，迦太基的权贵都是一毛不拔的大商人，不肯为了国家利益掏腰包，而且相比自己上战场，迦太基人更愿意大量使用雇佣军，用金钱去购买外国人的服务。很多人觉得，罗马和迦太基的这种差别与战争结果是有关系的。

二十多年后，第二次布匿战争爆发了。相比前一次，这场战争更重要，也更有意思。在迦太基人中出现了一位了不起的大英雄，人们普遍认为他是亚历山大大帝之后最伟大的军事家，甚至是有史以来最伟大的军事家之一，他就是汉尼拔。

根据传统说法，汉尼拔的父亲是迦太基名将，他在第一次布匿战争期间被打败，所以对罗马人恨之入骨。战败之后，他转向西班牙，在那里开辟了一片繁荣的迦太基殖民地。据说，这位将军还曾经要求儿子汉尼拔在自己面前发誓，要永远仇恨罗马。到了公元前221年，26岁的汉尼拔成了迦太基军队的统帅，他就下定决心，一定要为祖国复仇。

如果你是汉尼拔，要从西班牙进军罗马，你会怎么走呢？

我猜你会说：从海上走吧，舰队直接就过去了，多方便。

你说得很对。可是，这条方便的路，汉尼拔走不了。

为什么？因为第一次布匿战争之后，整个地中海西部几乎都处于罗马的控制之下，战败的迦太基人也失去了强大的舰队。汉尼拔如果走海路，只能是死路一条。

　　那怎么办呢？

　　汉尼拔做出了一个惊人的选择。

汉尼拔率领大军（包括战象）翻越阿尔卑斯山

106

公元前218年春天，他率领一支大约四万人的大军，离开位于西班牙的大本营，从今天法国的南海岸那边，一路向东，直奔阿尔卑斯山口。他走的是陆路，绕了一大圈，翻过阿尔卑斯山，来到了罗马的北边。

这是一次了不起的壮举，在历史上非常有名。当时已经是秋冬了，汉尼拔和他的士兵要翻过阿尔卑斯山，既要对付崎岖、冰封的山路，又要忍饥挨饿，还得提防那些敌视他们的山民。这几乎是一个不可能完成的任务，谁也没想到，汉尼拔居然敢走这条路。

就这样，他的队伍好像神兵天降，突然出现在罗马的大后方，打了罗马人一个措手不及。之后，汉尼拔取得了一场又一场胜利，歼灭了大量罗马军队。

不过，虽然打了这么多胜仗，但是汉尼拔还不能直接进军罗马城。因为罗马拥有高高的、令人生畏的城墙，单靠人的力量根本征服不了，必须借助攻城器械。汉尼拔手里没有足够的攻城器械，于是他沿着意大利半岛南下，想要拉拢其他城市一起对抗罗马。

遗憾的是，这一路上他非但没遇到志同道合的盟友，还被一支新的罗马军队追了上来。这支队伍兵力更雄厚，装备更精良，汉尼拔的军队陷入危险之中。

公元前216年8月3日，在坎尼这个地方，汉尼拔率军和这支罗马队伍交战，这就是著名的坎尼会战。汉尼拔以少胜多，取得了非常辉煌的胜利。直到今天，很多人仍然在研究他在坎尼的排兵布阵。

汉尼拔是怎么做的呢？下面的图片是开战前双方的阵形图。浅色部分是罗马军队，深色方块是汉尼拔的队伍。你可以看到，罗马人只是简单地按直线排列，汉尼拔的军队却从中间突起，好像一把弓一样。

当时的传统阵型是把步兵放中间，骑兵放两边，罗马人就是这么摆的。天才的汉尼拔选择了不同于传统的阵形。他把手中实力最弱的新兵放在中间，又在他们当中混入了几千名久经沙场的西班牙重装步兵，这部分人向前突出，专门用来吸引罗马人的兵力，诱敌深入。然后，汉尼拔又将1万多名骁勇善战的非洲重装步兵分列在他们两边，最后，他在两侧都安排上了精锐的骑兵。

这样一来，当罗马步兵因为人数优势不断深入，把汉尼拔的中军逼得后退的时候，汉尼拔正好可以让两边的非洲重装兵向中路进攻，同时骑兵绕到后方，对罗马军队形成包围。

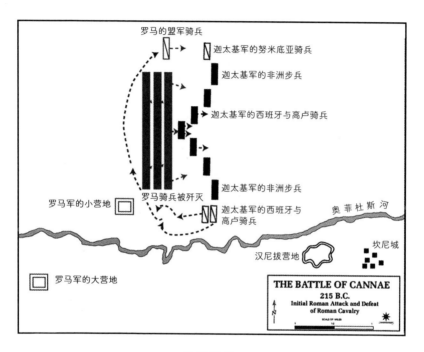

罗马的盟军骑兵

迦太基军的努米底亚骑兵

迦太基军的非洲步兵

迦太基军的西班牙与高卢骑兵

迦太基军的非洲步兵

罗马军的小营地

罗马骑兵被歼灭

迦太基军的西班牙与高卢骑兵

奥菲杜斯河

坎尼城

汉尼拔营地

罗马军的大营地

THE BATTLE OF CANNAE
215 B.C.
Initial Roman Attack and Defeat
of Roman Cavalry

SCALE OF MILES

坎尼战役

公元前215年

罗马军的最初进攻与罗马骑兵的战败

109

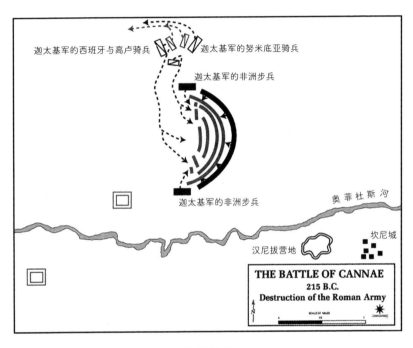

迦太基军的西班牙与高卢骑兵　　迦太基军的努米底亚骑兵

迦太基军的非洲步兵

迦太基军的非洲步兵

奥菲杜斯河

坎尼城

汉尼拔营地

THE BATTLE OF CANNAE
215 B.C.
Destruction of the Roman Army

SCALE OF MILES

坎尼战役

公元前215年

罗马军被歼灭

请你看看第二张图，这是战争进行到后期时的两军阵型，汉尼拔的军队形成了新月形的包围圈，罗马人已经全面陷入溃败。

这一天结束后，罗马一方有超过5万人死亡，而迦太基的死伤人数总共只有5700人。可以说，坎尼会战是汉尼拔一生中最伟大的胜利，也是罗马人历史上最惨痛的失败。

现在，汉尼拔已经歼灭了罗马绝大部分的作战力量，但是，他依然对罗马的城墙无能为力，一直在等他的兄弟带着援军和攻城器械来加入他。

不幸的是，汉尼拔不知道，他从西班牙出征之后不过几个月，罗马就派出军队入侵了西班牙。他满心期待的援军，其实早已被罗马人打败了。汉尼拔留在意大利半岛，尽管打了很多胜仗，但始终不能取得关键性的胜利。而就在这几年里，罗马军队已经在地中海世界的其他地方占据了主动权。

公元前204年，罗马军队在北非海岸登陆，直接威胁迦太基城。公元前203年，汉尼拔赶回迦太基，一年后他带领着一支3万多人的军队，和罗马侵略者展开决战。经过漫长而艰难的战斗，汉尼拔战败了。这是他一辈子唯一的败仗，这场战役也意味着第二次布匿战争的结束。

罗马人又赢了，他们得到了整个西班牙。对于汉尼拔，他们当然也没有放过。汉尼拔开始到处流亡，最后，在公元前183年，他为了不被罗马人抓住而服毒自杀。

汉尼拔死后，迦太基就只剩下了苟延残喘的命运。在公元前149年爆发的第三次布匿战争中，罗马人彻底消灭了迦太基。

就这样，一个兴盛一时的地中海文明灰飞烟灭了。不过，迦太基人创造的文明其实到今天还在影响我们的生活。举个大家最熟悉的例子吧，我们上学要学英语，英语字母其实叫作拉丁字母。而且不仅是英语，法语、德语、西班牙语等很多种语言用的都是拉丁字母。这种拉丁字母最早就是从迦太基人发明的腓尼基字母演变而来的。

迦太基人还是世界有名的手工业者，他们擅长制作一种珍贵的紫色染料。因为这种染料很贵，在古代只有帝王能用得起，所以欧洲、非洲东北部和亚洲西南部这一带的帝王通常都穿紫色袍子，就像中国皇帝穿黄色的袍子一样。在西方文化里，紫色是帝王的颜色。

对罗马人来说，三次布匿战争同样意义重大。他们意识到，只有强大的陆军是不够的，海军力量同样重要。布匿战争之后，罗马人组建了强大的海军，为后来罗马帝国主宰整个地中海世界打下了牢固的基础。

布匿战争之后又过了二十多年，罗马人在迦太基的原址上又建造了一座新的迦太基城作为殖民地，后来它一度变得非常繁荣，成为仅次于罗马的第二大城。这座城市经历了千百年的风风雨雨，最终在13世纪的十字军东征时代彻底被摧毁。不过，如果你今天去非洲的突尼斯旅行的话，还可以看到这座古城的很多遗迹。

好了，罗马和迦太基的故事就讲到这里。下一站，我们去会会罗马最著名的英雄——恺撒。

14

恺撒之死

　　《三国演义》里，有人说曹操是"治世之能臣，乱世之奸雄"。大概意思是，他是非常有才干又野心勃勃的人，如果生活在和平安定的年代，能够成为维护社会秩序的功臣；但如果生活在乱世，他就会做出惊天动地的事业，极大地扰乱或者说改变旧秩序。

　　古罗马共和国的恺撒也是这样一个人。他出生于传统的贵族精英家族，但是家境一般。在他年轻的时候，罗马共和国已经走到了尽头，各种结构性的缺陷让罗马政体难以为继，出现了群雄混战的局面——这和曹操的时代也很相似。

我们可以从恺撒年轻时的一个小故事来感受一下他的野心、自信和胆略。恺撒二十多岁的时候，有一次在地中海乘船旅行时被海盗抓住了。因为他一看就是贵族少爷，所以不必为自己的性命担心。海盗把他扣留，让家属拿钱来赎他。

那么，恺撒的赎金是多少钱呢？海盗决定索要20塔兰同的白银。一个塔兰同大概相当于26千克。这算是一笔巨款了。

据说，恺撒听到这个数字之后放声大笑，说他的身价远超于此，还许诺给海盗50塔兰同。然后，他让大多数旅伴前往最近的城市去募集赎金，自己留在海盗巢穴中。他不但毫无惧色，还把海盗当成自己的奴隶来使唤。他每次躺下要睡觉时，就命令他们安静下来、不要说话。他还创作了诗歌和五花八门的演讲稿，大声向海盗们朗读。如果有人不欣赏他的作品，他就当面骂他们是文盲、野蛮人，常常大笑着威胁要把他们全都钉在十字架上。海盗们也被他逗得捧腹大笑，觉得他是个傻瓜。

恺撒的朋友凑齐了赎金，把他赎了回来。按理说，虎口脱险，恺撒应当庆幸能够破财消灾，赶紧回家才对。

没想到，这个没有从政经验也没有军事经验的青年，居然在地中海上组织了一支队伍，抓住了绑架他的海盗，夺回了赎金，还兑现诺言，把他们全部钉在十字架上。不过，出于"老交情"，恺撒格外开恩，把海盗钉在十字架上之前就先割断他们的喉咙，倒是让他们死得痛快。

这样一个人，后来能够在罗马崭露头角，是一点也不奇怪的。

恺撒后来成为卓越的军事家，率领罗马军队征服了高卢（也就是今天法国、比利时、荷兰南部等地）的很大一部分；还曾经渡过莱茵河去讨伐日耳曼人，渡过英吉利海峡去讨伐布立吞人。他把盛产粮食的埃及也纳入了罗马的控制之下。在他领导下，地中海几乎成为罗马的内湖。他还改革土地政策，让更多罗马人得以分享军事征服带来的利益，获得自己的土地。

恺撒文武双全，不仅是常胜将军，还是一位了不起的作家。他的《高卢战记》记述了他南征北战的事迹，语言优美，就连文豪西塞罗也赞扬这部作品是拉丁文最崇高的表达之一。

恺撒是枭雄，但当时的枭雄不止他一个人。他的主要对手叫作庞培。庞培的年纪比恺撒大，算是前辈，也是了不起的军事家和政治家。在群雄混战的时代，恺撒和庞培曾经联手对付其他敌人，庞培还娶了恺撒的女儿。但一山不能容二虎，等到恺撒的女儿去世之后，庞培就娶了恺撒的一位政敌的女儿。随后，恺撒和庞培之间爆发冲突。恺撒最终打败了英雄迟暮的庞培，成为罗马的无冕之王。

恺撒伟不伟大？当然伟大。

但是，很多罗马人对这样一位伟人和英雄既畏惧又憎恨。他们非常担心恺撒会打破共和国的规矩，自立为君主。

害怕和仇视君主制，是到此时为止罗马人的一个普遍特点。

君主制很好理解，就是由君主一个人统治国家。有的君主制是世袭的，父亲死后由儿子或者兄弟来继承；有的君主制是选举的，前一位统治者死后，选举产生下一位。选举的君主制在欧洲历史上很常见，比如波兰和神圣罗马帝国都曾经是这样的。君主制有两个极端。一个极端是君主的权力极大，说一不二，他的话就是法律，他可以为所欲为。这种情况其实是很少见的。另一个极端是君主的权力极小，主要是象征性的。大多数的君主制都处于这两种极端之间。君主或多或少受到一些限制和约束，一般不能恣意妄为。在古代，贵族集团一般能对君主起到一定的约束作用。

我们之前介绍过罗慕路斯建立罗马城。他建立的罗马就是君主国，罗慕路斯就是罗马的第一位国王。王政时代的罗马一共有七代国王，最后一代是个暴君，他的儿子强暴良家女子，引起公愤，于是罗马人推翻了国王，废除了君主制，建立了共和国。

那么，什么是共和国呢？我们今天所说的"共和国"（Republic）一词源于拉丁文 res publica，它的字面意思是"公共之物"。统治罗马共和国的不是一个人，而是一群人，也就是罗马的贵族集团（也被称为"元老"）。若干个贵族家庭世世代代把持政坛，通过选举来争夺各种官职。

因此，罗马共和国政治生活的核心就是竞争。尽管所有贵族都希望得到卓越的地位，但他们最害怕的局面始终是：有一个人远远胜过其他所有竞争对手，获得更为永久性的权势，以至于复辟君主制。

如日中天的恺撒，就是这样一个人。

此时的恺撒拥有君主之实，只是没有君主之名。

我们不知道他是不是真的企图复辟君主制。有一个故事说，群众欢呼他为国王（Rex）。Rex（雷克斯）也是一个姓氏，于是恺撒答道："我不是雷克斯，我是恺撒。"这句话一语双关，表示他不想当国王。

还有一次，在宗教节庆的场合，恺撒手下的大将安东尼跑到他面前，献上一顶王冠。恺撒拒绝了，群众欢呼起来。安东尼再次请求，恺撒再次拒绝。

对此事最合理的解释是，这是一场精心安排的戏剧，意在向群众明确地表明，恺撒并不想要国王的头衔。如果真的是这样，那么他的目的没有达到，大家仍然相信他想当国王。很快人们就说，这是一场测试，恺撒是想接受王冠的，如果围观群众表现得热情一些，他肯定就接受了。

真相究竟如何，此时已经不重要了。贵族们内心里都知道，共和国不应当是这个样子的。不管怎么说，恺撒都掌握了最高权力，实际上相当于王权。这意味着，共和国无法存在了。

就这样，一群贵族聚集在一起，想要挽救共和国。他们宣扬自由，并且相信只有除掉了恺撒才能恢复自由。

当然，他们口中的自由是贵族集团的自由，不是平民百姓的自由。

公元前44年3月14日晚上，恺撒和一群朋友一起吃饭。饭后大家闲聊，谈起了什么样的死法才是最好的。恺撒说，突如其来、出人意料的死是最好的。

这一夜，恺撒的妻子做了一个噩梦。她梦见自家宅邸的一部分坍塌了，还梦见自己抱着恺撒的尸体。3月15日早上，恺撒按照原计划要去参加元老院会议。妻子劝他不要去。

据说恺撒很吃惊，因为他的妻子一般是不迷信这些东西的。最终，妻子说服他留在家中。他派人通知元老院，说他身体有恙，无法离家处理公务。他也可能真的生了病。据说是安东尼把这个消息送往元老院的，但他还没有出发，另一位元老（其实是反对恺撒的阴谋分子）就来了，说服恺撒改了主意。

就这样，恺撒去了元老院，身边没有带护卫。与他一起去开会的安东尼也被人拉到一边谈话。这实际上是调虎离山，因为大家都知道安东尼对恺撒忠心耿耿。

在会议正式开始之前，密谋者们将恺撒团团围住。

其中一个叫金博尔的元老向恺撒请示一件事情，其他人紧紧围着恺撒，恳求他批准金博尔的请求，并且都上来触碰恺撒，吻他的手。恺撒不肯听他们的恳求，冷静地驳斥他们的论据。一个叫卡斯卡的贵族走到了恺撒座椅的背后。

突然间，金博尔抓住恺撒的长袍，将它从恺撒肩上拉下来。这是事先约定的信号。卡斯卡见状，抽出匕首，冲上去刺恺撒。但他过于紧张，只擦伤了恺撒的肩膀和脖子。恺撒转过身，说了一句话，大意是："混账卡斯卡，你在搞什么鬼？"

恺撒用自己的笔作武器，刺向卡斯卡。这时，其他密谋者也纷纷向恺撒劈砍、刺杀。只有两名元老努力去救恺撒，但他们无法突破人墙。恺撒一直和刺杀者搏斗，想杀出一条血路。阴谋集团的领导人之一马尔库斯·布鲁图斯刺中了他的腹股沟，据有些人说，恺撒看到布鲁图斯时，就停止了挣扎，说了最后一句话："也有你啊，我的孩子。"

然后恺撒用自己的长袍遮住头，倒了下去，倒在自己的敌人庞培的雕像脚下。他身上一共有二十三处伤。

有一种传说是，布鲁图斯实际上是恺撒的私生子。

恺撒之死

这种说法其实没有证据，但后来因为莎士比亚戏剧的演绎，变得非常有名。布鲁图斯曾经在庞培一边反对恺撒，但恺撒很器重这个有才华的年轻人，一直很栽培他。所以布鲁图斯的背叛对恺撒来说是非常沉重的打击。

恺撒之死是世界历史上著名的刺杀事件。罗马人的英雄，死在罗马人的手中。

恺撒遭到贵族集团痛恨，是因为他完全打乱了旧的共和秩序，彻底破坏了贵族集团的游戏规则。

刺杀恺撒的贵族原以为杀了他就可以恢复共和国，但罗马人民被他们的举动震惊了，并不支持刺客集团。大多数群众仍然对恺撒很忠诚，毕竟他为人民做了很多好事，这是任何一位贵族都不能与他相提并论的。密谋者幻想中的、万分渴望的那个共和国早就不能正常运作了。

恺撒的人生正好处于罗马从共和国走向帝国的转折点上。他死后，罗马陷入了残酷而血腥的内战。最终，恺撒的外甥孙、养子及继承人屋大维夺取了罗马的政权。他吸取了恺撒的教训，虽然实际上掌握了君主的权力，但竭力避免称王，把自己打扮为共和制度的拥护者。作为统治者，他的称号不是国王，而是一个有着宗教意味的词"奥古斯都"，意思是"高贵的"或者"神圣的"。今天，你在学英语的时候会学到表示单词"八月"的August，它就是从"奥古斯都"这里来的。

罗马共和国灭亡了，但罗马共和国的政治体制启发了后来的人们。美国建国之初寻求建立新制度时就参考了罗马共和国制度，甚至照搬了"元老院"（也就是参议院）等词汇。这可以算是罗马共和国的一份遗产吧。

15

埃及艳后：乱世中的女王

在罗马共和国没落和恺撒崛起的故事中，主角都是男性。不过，你知道吗，还有一位女性，和这段故事也有密切的联系。她就是克利奥帕特拉，这个名字你可能没听过，但她的外号你一定知道，那就是大名鼎鼎的"埃及艳后"。

其实，这个外号并不准确。因为克利奥帕特拉既不是埃及人，也不是"王后"，而是一位女王。

你也许会奇怪，埃及艳后不是埃及人，那是哪里人呢？严格来说，克利奥帕特拉其实是希腊人。为什么大家称她为埃及艳后呢？这就得从她的家族出身说起了。

克利奥帕特拉的出身很高贵，她是托勒密王朝君主的女儿，是一位货真价实的公主。托勒密王朝最早是由亚历山大大帝手下的一位希腊武将在埃及建立起来的。因此，出身托勒密王族的克利奥帕特拉也是希腊人，只不过她们统治和生活的地方是埃及。

克利奥帕特拉的父亲托勒密十二世是个昏君，埃及民众受不了他的统治，发动起义赶他下台。老国王不得不逃到了罗马。但是几年之后，在罗马人的支持下，他又跑回埃及，重登王位。

那埃及人民能不能再次把这个昏君赶走呢？不能。

因为老国王可不是单枪匹马回来的，他还带来了罗马人的军队，这些罗马军队赖在埃及，掠夺财富，剥削百姓。埃及人想打又打不过，恨得咬牙切齿。

在罗马人的撑腰之下，托勒密十二世就这样把国家搞得一团糟。又过了四年，老国王去世，把国家留给了一双儿女继承：女儿就是十八岁的克利奥帕特拉，儿子就是老国王的大儿子、十岁的托勒密十三世。

你或许会奇怪，老国王怎么会让十几岁的孩子来治理国家呢？我想告诉你，克利奥帕特拉可不是一个普通的孩子。根据历史记载，她从小就非常聪明，受过极好的希腊传统教育，知识面十分宽广。据说她撰写过很多著作，著作的主题从科学、哲学到化妆品和发型，简直可以说是包罗万象。她还通晓很多国家的语言，她与周边国家的君主们交流时，连翻译都很少用。可以说，克利奥帕特拉是个天才。而且，她的个性非常顽强。

这样一位性格强硬的天才，愿不愿意和10岁的弟弟和睦相处、共同治理国家？那当然不会愿意。

克利奥帕特拉一登上王位，就毫不掩饰她的野心，在正式文件里连弟弟托勒密十三世的名字都不提，摆出一副唯我独尊的派头。这在其他人看来，简直不成体统——当时的王室女性虽然也能当统治者，但她们的地位还是低于男性统治者，怎么能反过来凌驾于男性之上呢？

她的弟弟虽然性别占优势，但年纪太小，还不能捍卫自己。不过，很多大臣和谋士们站在背后支持他，反对他的姐姐。于是，埃及又爆发了姐弟相残的内战。

内战打了三年，克利奥帕特拉遭到大臣们的强烈抵制，甚至不得不离开埃及、流亡海外。眼看她就要被彻底赶出权力舞台了，就在这个关头，一位大人物来到埃及。他就是恺撒。

这时的恺撒已经是名震四方的大英雄，克利奥帕特拉看准他怜香惜玉的个性，主动追求他，最终赢得了他的爱情，也获得了他的支持。在恺撒的帮助下，克利奥帕特拉反败为胜，镇压了弟弟的势力，成为埃及唯一的统治者。不过，这样一来，埃及也彻底沦为罗马的附庸国。

看到这里，我想你已经知道了，克利奥帕特拉是个聪明、有野心、做事不择手段的人。遗憾的是，女王的好日子没过几年——恺撒死了。

恺撒在权势如日中天的时候，被反对派刺杀。在他死后，罗马帝国的各路英雄豪杰打得不可开交，都想当新的统治者。斗到最后，就剩下两位"决赛选手"，一个是恺撒的养子屋大维，一个是恺撒手下的得力大将安东尼。

这可给克利奥帕特拉出了一道难题。

因为这时的埃及已经是罗马的附庸国，克利奥帕特拉虽然贵为女王，但她的地位和生存也完全依赖于罗马人。所以，在屋大维与安东尼对峙的紧张局势里，克利奥帕特拉必须找一个新的靠山。最后，她选择了安东尼。

公元前40年，克利奥帕特拉和安东尼在一起了，女王带着整个埃及站到了安东尼这边，为他的军队提供粮草和资金。

可问题是，安东尼是有妻子的，而且妻子的来头还很大——她是屋大维的姐姐，屋大维娅。

原来，安东尼和屋大维起初并不是对手，甚至很长一段时间里还是盟友。之前屋大维为了拉拢安东尼，就安排自己的姐姐嫁给了他。在安东尼看来，这只是一段政治婚姻，他对妻子根本没什么感情。虽然屋大维娅以善良贤惠而闻名，安东尼还是把她一个人留在罗马城，自己跑到埃及和克利奥帕特拉朝夕相伴。哪怕是屋大维娅亲自去埃及给安东尼送军队和牲口，安东尼也不见她，而是傲慢地写信让她返回罗马。

你觉得安东尼这么做对吗？

我猜你会说，他做得不对。罗马人的看法和你一模一样。

"这个安东尼，居然这么粗暴地打发自己体面尊贵的罗马妻子，还和埃及那个希腊女人出双入对！"

罗马人很不喜欢克利奥帕特拉，一方面是因为她迷住了恺撒和安东尼，害得两位罗马英雄沉迷女色；另一方面，也和她的出身有关。克利奥帕特拉是希腊人，而罗马人对希腊人的态度很复杂。他们既仰慕希腊的灿烂文明，觉得自己的文化比不上希腊；另一方面，他们觉得希腊民族早就被罗马征服了，身为战胜者，他们对希腊人也有些瞧不起。更糟糕的是，克利奥帕特拉还是埃及的统治者，而罗马人蔑视埃及人，觉得他们是落后的野蛮人。

在这种情况下，安东尼还在埃及和女王一起过着春风得意的生活，他的名声自然就越来越差。罗马人觉得安东尼堕落了，他被迷得神魂颠倒，已经忘了自己是共和国的公仆。当时著名的大诗人贺拉斯就写道："多么可耻！一个罗马人拜倒在一个女人裙下。"

克利奥帕特拉七世和安东尼

反观安东尼的妻子屋大维娅，她还坚持扮演着尽职尽责的贤妻角色，不光拒绝和安东尼分手，还继续为他说好话。这就让罗马民众对屋大维娅越发同情，对安东尼越发厌恶。此外，在安东尼的衬托下，屋大维的声望也越来越高。人们觉得，屋大维每天为了国家辛苦地工作，而且对家庭很忠贞，和罗马妻子一起生活，真是一位高尚的人。

今天很多人认为，罗马人之所以对安东尼那么厌恶，其中少不了屋大维在暗中败坏他的名声。但是安东尼的行为确实很不得人心，可以说，是他自己亲手将把柄递给了对手。

终于，双方的唇枪舌剑变成了战争。公元前32年夏天，屋大维领导的罗马共和国正式向克利奥帕特拉宣战。名义上，他要打的是埃及女王，其实真正的对手当然是安东尼。

这场战争里最重要、最具有决定性的一场战役，是发生在希腊沿海的亚克兴海战。据说，克利奥帕特拉和安东尼的部分战船提前配备了桅杆和帆，这些装备很重，不利于战斗，却有利于逃跑。所以，有历史学家怀疑，安东尼在开战前就已经在考虑撤退的事情了。对一位统帅来说，这可不是什么好心态。

果然，就在战斗最激烈的时候，克利奥帕特拉和安东尼突然带着少数船只逃走，丢下了其他战船。失去主帅的舰队不可能战胜敌人，最后被迫向屋大维投降。

对安东尼来说，这是一场致命的失败；因为他不仅输掉了战争，还彻底失去了民心。一个罗马贵族是绝不能承认失败的，也绝不能抛弃部下，独自和情妇逃命。不管花多少钱，都没有办法买回损失的军队，更没有办法修补他的声誉。

没过多久，安东尼就自杀了，顽强的女王却还不肯放弃。求生欲极强的克利奥帕特拉马上转向屋大维，向他表忠心，希望与他达成协议。她向胜利者苦苦哀求，许诺各种好处，但屋大维不是恺撒，也不是安东尼，并没有被她打动。安东尼死后一星期，女王被迫自杀。屋大维得到了她的财富，也得到了整个埃及。托勒密王朝灭亡了。罗马在经历了几十年的内战和动荡之后，也终于迎来了和平。

埃及艳后的故事就要讲完了，我猜你心里还有一个疑问：她是不是真的那么美呢？

答案是，不知道，而且我们可能永远都没办法弄清楚。不过，有见过她的人描述了她的样子。和克利奥帕特拉生活在同一时代的古希腊历史学家普鲁塔克说，女王最让观者感到震撼的不是她的美丽，而是她的魅力、个性和她像音乐一样动听的嗓音。

有的人听了这句话，以为他在说克利奥帕特拉不美。其实，普鲁塔克并没有否认她的美丽，而是说她之所以给人们留下深刻印象，除了美貌，还有更多其他原因。她的聪慧、成熟、机智、活泼，构成了无穷魅力，无论她身处哪个时代，应该都会被奉为美女。再加上女王身份所带来的吸引力，以及她重要的政治地位，恺撒和安东尼这样的英雄为她倾倒，一点也不奇怪。

在两千多年前那个被男性主宰的世界中，克利奥帕特拉堪称罕见的独立女性，但是，当时的地中海世界几乎已经完全被罗马主宰，女王的实权很小。她能做的也就是见风使舵，不断寻找靠山。终其一生，她也只不过是罗马统治者的傀儡而已。

埃及艳后自始至终都没能打动奥古斯都的心，却有另一位女性让他一见钟情，据说还让他付出了生命的代价。

16

奥古斯都和李维娅：

罗马帝国的男女主人

公元27年，罗马元老院授予屋大维"奥古斯都"的称号，建立了元首制度。从那以后，奥古斯都就成了事实上的罗马皇帝，共和国名存实亡，罗马帝国的时代开始了。这一年，奥古斯都只有36岁。

屋大维本来是恺撒的外甥女的儿子，后来被恺撒收养，成了他的养子和继承人。恺撒被刺杀时，屋大维只有18岁，既没有实力，也没有成就。可以说，除了恺撒养子和继承人的头衔，他没有其他资本。那些政客和元老也都不把他放在眼里。

正是这样一位少年，却在凶险无比的罗马政坛生存下来，并且笑到最后。

他是怎么做到的呢？

原来，恺撒去世后，很多罗马人非常怀念他，这就给了屋大维很好的机会，利用自己的继承人身份来博取大家的好感。

传说中，在恺撒去世之后不久，发生过这样一件事。那年7月，屋大维在罗马组织了一场盛大的纪念活动，歌颂恺撒生前的功劳。场面热闹极了，有角斗士的竞技，有斗兽表演，还有大型的宴会和戏剧表演，很多罗马人都跑到市中心的广场上来狂欢。

可是，就在人们庆祝的时候，天空中突然出现了一颗彗星。彗星这种天文现象你肯定听说过，咱们中国人古时候叫它"扫把星"，认为这是不祥的象征。有意思的是，罗马人也一样觉得彗星预示着灾难。

眼看人群变得惊慌失措，好好的纪念活动要搞砸了，这个时候，聪明的屋大维站了出来。他非常镇定地对大家说："放心，这颗彗星根本不是灾难，它其实是恺撒的灵魂。伟大的恺撒死后已经变成了天神，他的灵魂正在飞向苍穹，加入诸神的行列。"

这个说法可太巧妙了。广场上的市民马上又变得兴高采烈，爱戴恺撒的人更开始到处传播这个故事。人们真心实意地相信恺撒成了天神，还专门给神庙里面的恺撒雕像头顶上加了一颗星星。与此同时，屋大维作为恺撒的继承人，地位也跟着水涨船高了。

这是一次非常成功的宣传。今天，有人认为那番话是屋大维自己说的，也有人说那是他的同伴说的。无论如何，年轻的屋大维非常清楚，自己的权力和地位都来自恺撒。

除了面向罗马市民做宣传，他还竭力拉拢曾经追随过恺撒的老兵。这些老兵身经百战，是罗马最强的战士，而且他们对恺撒充满怀念。屋大维对他们说："谁愿意追随我，我就给谁发奖金。"这个承诺还是很有诱惑力的，因为大家都知道，恺撒给屋大维留了一大笔遗产。

靠着这种方式，屋大维掌握了罗马最强的军队。然后，他与安东尼和另一位贵族组成同盟，发动战争，消灭了参与刺杀恺撒的贵族，为恺撒报了仇。

屋大维不过20岁出头，已经是罗马最有权力的大人物之一了。不过，此时的他表现出了宽宏大量的一面。

之前，他的很多敌人都被迫流亡国外，现在屋大维下令赦免他们，恩准他们回国。这些人当中，有一对带着孩子的贵族夫妻，妻子长得非常美丽，名字叫作李维娅。在一次宴会上，屋大维见到了刚刚回国的李维娅，对她一见钟情。不甘只当一个普通贵族夫人的李维娅，热情地回应了屋大维的追求。没过多久，屋大维和李维娅就各自离婚，然后喜结连理。

在古罗马，婚姻被当成一种政治工具，贵族们离婚、再婚都是很常见的事情。恺撒一生结了三次婚，安东尼更结了五次，这在当时并不稀奇。但是，屋大维和李维娅的闪电式结婚实在是太快了，既不合规矩，也很不体面，因此一开始遭到了很多人的嘲讽。不过，出乎大家的意料，他们的婚姻后来维持了51年，一直到屋大维去世为止。这在古罗马就比较少见了。

今天，人们分析，这段婚姻之所以如此长久，大概是因为李维娅不仅有美貌，更有了不起的智慧。为了帮助屋大维，她完美地扮演了第一夫人的角色。

之前我们说过，安东尼被埃及艳后迷住之后，留在埃及不肯回国。罗马人讨厌埃及艳后，对安东尼的意见也很大。李维娅则完全是埃及艳后的反面，她看起来总是那么低调、朴素、贤惠，非常讨人喜欢，处处都把埃及艳后比了下去，人们觉得她就是罗马女性的典范。因此，虽然李维娅和屋大维的婚姻起初引起了非议，但后来大家都觉得他们是一对非常可靠的夫妻。

李维娅不仅在人前为屋大维的形象加了不少分，而且凭借聪明绝顶的头脑，在幕后给了屋大维很大帮助。在很多国家大事上，她都为丈夫提供了明智的建议，所以深受屋大维的信任。许多年后，李维娅的曾孙称她为"穿裙子的尤利西斯"。尤利西斯是古希腊最有头脑的英雄奥德修斯的罗马名字，是智慧的象征。所以，你可以想象得到，李维娅在大家心目中有多么聪明。

奥古斯都

屋大维本来就精明强干，再加上李维娅的这个贤内助，几年以后，他就击败了所有敌人，成为罗马事实上的皇帝。从这开始，我们就管他叫"奥古斯都"了。

奥古斯都是一位称职的君主。他创立了罗马第一支常备军队，改革税收制度，在罗马建立了一个庞大的交通网。他还建造了很多娱乐设施，修建神庙。奥古斯都在位40年，罗马本土享受了40年繁荣、和平的日子。今天人们把这段时期称为"罗马和平"。

不过，这位伟大的帝王也有一个烦恼，那就是，他缺少继承人。

奥古斯都和李维娅没有孩子，事实上，他这一生只和前妻生了一个女儿。他曾经对这个独生女儿百般疼爱。一开始，奥古斯都把她嫁给了自己的外甥，可是这个女婿不久就死去了。随后，他又把女儿嫁给了自己手下的大将；这一次，女儿给奥古斯都生下了三个外孙。奥古斯都收养了其中两个，计划培养他们当接班人，可是，这两个孩子很快也英年早逝了。

继承人一个接一个地死去，奥古斯都还是需要一位助手，怎么办呢？他收养了李维娅和前夫的儿子提比略，让他也成了皇位继承人之一。就在奥古斯都开始安排后事，可能要让剩下的唯一一个外孙当继承人的时候，这个外孙也突然去世了。结果，提比略虽然不是奥古斯都的血脉，却继承了皇位。

看到这里，你可能已经开始怀疑了：怎么这么多继承人都死了？要说是巧合，这也太巧了吧。从古到今，很多人都跟你有一样的怀疑。有一个流传很广的阴谋论，说这些死去的人统统都是李维娅害死的。她谋害了奥古斯都家族的很多成员，甚至毒死了奥古斯都本人，就是为了把自己的亲生儿子提比略扶上皇位。

根据这种说法，奥古斯都在生命的最后几个月里已经开始怀疑李维娅是凶手。于是他深居简出，不吃任何外人做的东西。他自己养了一只羊，只喝自己亲手挤的羊奶，只吃自己亲手从树上摘下的果子。这样一位伟大的君主，最后竟沦落到如此可怜的地步。但是，李维娅比丈夫更厉害，她给还挂在树上的水果涂抹了毒药，用这种方法谋害了自己的丈夫。

这种说法很有戏剧性，流传也很广。确实，李维娅的儿子是多个皇位继承人死亡的最大受益者，但是到目前为止，并没有确凿的证据来证明她就是幕后凶手。在公元1世纪，即便是养尊处优的皇室成员，也往往无法抵御疾病和事故。很多伤口和疾病在今天看来只是微不足道的小问题，在古代却很可能造成感染，夺去人的生命。

古代有些历史学家非常不喜欢李维娅，在史书里把她描绘得非常坏，但是，这些所谓的罪行其实都没有任何证据。在这种情况下，指责她是凶手也是不负责任的。

在奥古斯都和李维娅生活的时期，罗马人信奉的都是罗马传统的多神教。到了公元1世纪的时候，一种新的宗教开始兴起了，那就是大名鼎鼎的基督教。

17

圣彼得与圣保罗：基督教的传播

基督教源于犹太教，后来逐渐发展壮大，成为非常有影响力的新宗教，也是今天整个西方文明的重要组成部分。一说到基督教，可能你马上就会想到耶稣。按照基督教的说法，耶稣是基督教的创始人。他本来是上帝的儿子，到人间来传播天国的好消息。《圣经》里面还记载了耶稣的很多事迹，比如，他曾经用五块饼和两条鱼喂饱五千人、用手触碰病人来给人治病，等等。今天我们用科学的眼光来看，会觉得特别不可思议。

那历史上是不是真的有耶稣这个人呢？

历史学家们在很多资料中都找到了关于耶稣的记载。比如，罗马历史学家塔西佗的《编年史》和犹太学者约瑟夫斯的《犹太古史》都提到了耶稣。这些材料并不属于基督教典籍，所以它们是非常有力的证据。人们现在普遍认为，在公元1世纪，在今巴勒斯坦一带，应该确实存在过耶稣这样一位思想家和领导者。但是，关于他具体是哪一年出生，以及他在世的时候到底做过哪些事情，目前还有很多争议。我们能够确定的是，大约在公元33年左右，耶稣因传教而被罗马帝国当局逮捕，并被当地总督判处死刑，钉在十字架上受难而死了。

　　钉十字架是一种非常残忍的刑罚，也是一种公开羞辱，通常只用来对付最恶劣的罪犯。罗马帝国为什么要这样对待耶稣呢？

　　其实，这与基督教的特点有关。当时的罗马人主要信奉罗马传统的多神教，此外，还会神化皇帝和其他一些伟大人物，认为他们死后灵魂会飞上苍穹，也加入神的行列。在罗马人心目中，恺撒、奥古斯都和李维娅死后都变成了神灵。人们可以去供奉他们，祈求保佑。不难看出，这个时期的罗马人对待神的态度其实并不怎么严肃。

但是基督教就不一样了。基督教认为世界上只有一个神，那就是上帝，信仰其他的神会遭到上帝的惩罚——哪怕你是罗马人，崇拜罗马皇帝也不行。所以，基督徒和普通罗马人很容易发生冲突，甚至基督教每传播到一个地方，当地就很容易发生骚乱。罗马皇帝当然就更不认同基督教了，耶稣也成了罗马当局的眼中钉、肉中刺。

就在这个时候，犹太教的长老们又向罗马帝国诬告了耶稣，说他犯下了种种罪行。这对耶稣来说无异于雪上加霜，所以他被捕之后，很快就被判处了极刑。

你可能要问了：基督教不是从犹太教发展出来的吗？为什么犹太教也要跟耶稣过不去呢？

这就与犹太教的特点有关了。犹太教是非常严格的一神教，只信奉唯一的真神；耶稣自称是神的儿子，让大家来追随他，那么他的传教行为其实也违背了犹太教的原则，是不被容许的。因此，虽然基督教脱胎于犹太教，二者也都承认《圣经·旧约》，但客观地说，这两种宗教之间有着根本性的分歧。它们的恩恩怨怨后来持续了几千年，甚至可以说，到今天还在影响我们的世界。

现在你知道了，在公元1世纪，诞生不久的基督教受到犹太教统治集团和罗马帝国的双重迫害。不过，你可能又要问了：在这种局面下，基督教又是如何传播到五湖四海的呢？这主要归功于基督教的两位大功臣——圣彼得和圣保罗。

彼得是耶稣的大弟子，也是他最信任和亲近的门徒。不过他原来不叫彼得，而是叫西门。有些人认为彼得是耶稣指定的教会领导者，在一些传说中，他甚至被赋予了充当"天国的守门人"的任务。今天你读到一些西方文

圣保罗和圣彼得

学作品或欣赏一些宗教主题的绘画时，如果看到了"天国的守门人"，一般来说，这个人就是彼得。

彼得本来是打渔的渔夫，属于体力劳动者。在公元1世纪，基督教最早就是在穷苦人当中传播的，耶稣的思想给了他们勇气和希望来承受世间的疾苦。耶稣受难之后，彼得就成为门徒中的领导，开始建立教会，他是早期基督教会的中坚力量和领导者。不过，几十年后，他也被罗马帝国当局逮捕了。被捕之后，彼得要求被倒着钉在十字架上，因为他觉得自己不配与耶稣以同样的方式死去。

后来，在西欧和南欧，基督教的主要形式是天主教。因为彼得是基督教会的领袖，所以天主教尊奉彼得为他们的第一位教宗。教宗也叫教皇。今天咱们说起教皇、教宗、罗马主教、梵蒂冈元首，指的都是同一个人。从理论上来说，他们都是彼得的继承人。历代教宗用的印章叫作"渔人权戒"，上面就印有彼得捕鱼的图案。

无论是耶稣还是彼得，他们都是犹太人。彼得在世时，主要也是向犹太人传播基督教。今天，基督教的影响力当然早就不限于犹太人了，全世界大部分民族中都有人信仰基督教。这一点首先就要归功于和彼得齐名的另一位基督教领袖保罗。

保罗的本名叫扫罗。你还记得以色列的第一位国王扫罗王吗？保罗之前就与他同名。保罗并不是一开始就信仰基督教的。他原本是一位虔诚的犹太教徒，认为耶稣的思想违背了犹太教正统，是一种异端邪说，所以他还曾经参与迫害基督徒；可以说，他是基督徒的仇人。

但是，根据《圣经》的记载，耶稣感化了保罗，还选定他向外邦人传播基督教。保罗在耶稣的感召下，也就皈依了基督教。

那么，其他基督徒又如何看待保罗这个曾经的"恶人"呢？起初，大多数人都对他抱有疑虑，但彼得非常积极地接纳和支持他，于是保罗很快就得到了大家的信任。彼得和保罗分工不同，一个向犹太人传教，另一个向其他民族传教。他俩互相支持和配合。保罗曾经在一些问题上直言不讳地批评彼得，而彼得却始终很推崇保罗。

为了传播基督教，保罗走遍了很多地方，到处建立教会组织。上一篇中，我们曾提到，奥古斯都皇帝在罗马修建了四通八达的交通网。到了保罗这个时候，罗马已经有了高速公路——当然是跑马车的；水路交通也很便捷。罗马帝国也可以说是天下太平，长治久安，占据了整个地中海世界。基督教的迅速传播，和这些有利条件是分不开的。

公元54年，罗马帝国迎来了一位新的统治者，尼禄。尼禄是有名的暴君，他在位时曾经大肆镇压和迫害基督徒。根据历史学家塔西陀的说法，尼禄还曾经火烧罗马，然后嫁祸基督徒，说放火的是基督徒。在尼禄统治期间，保罗曾经两次被捕，第二次被抓的时候被处以死刑。不过，保罗和耶稣、彼得不一样，他是罗马公民，所以没有被钉死在十字架上，而是在罗马城外被斩首了。

故事讲到这里，我们又要回到老话题了。《圣经》里记载了很多关于圣彼得和圣保罗的故事，其中有些看起来特别离奇。那么，这两位宗教领袖是历史上真实存在的人物吗？

1950年，罗马教廷整修圣彼得大教堂的时候，工人在教堂内的墓地下面发现了一些人类骸骨。科学家经过检测，认为这是公元1世纪一名六十多岁的男性的遗骨。1968年，当时的教宗保罗六世宣布，这些遗骨很可能就是圣彼得的。

2002年，在罗马第二大教堂"城外圣保罗大教堂"的祭坛下面，人们又发现一个大理石的棺材，石棺上面刻有拉丁文的碑文"殉道者使徒保罗"，里面也有人的骸骨。科学家经过检测确认，这些骨头属于公元1世纪或2世纪时期，也就是保罗的年代。2009年，教宗本笃十六世宣布，这些骸骨初步证实是属于保罗的。

我们之前讲到摩西的故事时曾经说过，因为缺少证据，所以今天历史学家普遍认为他是一个神话人物。但是耶稣的存在，能在很多历史资料当中找到证据；考古学家和科学家也通过遗骸确认了彼得和保罗的存在。所以，今天人们普遍认为，耶稣、彼得和保罗都是历史上的真实人物，而不只是传说。我们在学习历史的时候也要记住，客观证据才是最有说服力的。

18

哲学家皇帝：马可·奥勒留

上一篇中，我们讲到了罗马帝国著名的暴君尼禄。尼禄的统治实在是太残暴了，到了公元68年，罗马帝国的很多地方都发生了反抗其统治的起义。最后，尼禄被迫逃离罗马，在绝望中自杀了。

尼禄死后，罗马帝国变得非常混乱。有三个武将先后登上皇位，但是很快又兵败被杀或者自杀，这就导致在公元69年这一年里，罗马一共出现四个皇帝，所以，这一年也叫作"四帝之年"。第四位皇帝登基之后，罗马才终于渐渐稳定下来。

从公元96年开始，罗马帝国连续迎来了五位贤明的皇帝，他们被合称为"五贤帝"。罗马从此进入了一个国泰民安的黄金时代，这段时期也是自奥古斯都以来罗马帝国最强盛的时期。后来到了18世纪，英国的著名历史学家爱德华·吉本写了一部很有名的著作，叫作《罗马帝国衰亡史》。吉本在书里说，世界历史上，人类享受过的最幸福、最繁荣的日子，就是罗马五贤帝统治的这段时间。

你会不会觉得，罗马的运气怎么这么好，一连五个都是好皇帝，这在也太巧了吧？其实，这跟运气无关。五贤帝先后统治罗马帝国，他们并没有血缘关系，但每一次权力交接都是既平稳、又安宁。这是因为他们采取了一种很特殊的方法来传承皇位：专门选拔优秀的人才，然后收养他为义子，指定他为继承人。现在，我们就要讲讲罗马五贤帝当中的最后一位，马可·奥勒留。

在罗马皇帝当中，奥勒留算是非常出名的一位。不过，他出名的原因与其他著名的帝王不同，既不是因为征服新领土的战功，建立丰功伟绩，也绝不是因为残暴或者昏庸无能而臭名远扬。说起来，奥勒留之所以有名，主要是因为，在皇帝身份之外，他还是一位出色的哲学家和思想家，后世称他为"哲学家皇帝"。

　　马可·奥勒留出身于罗马的贵族豪门。他3岁时，父亲就去世了，母亲和祖辈一起抚养他长大。按照当时贵族的习惯，他没有去公立学校上学，而是在家里接受家庭教师的教导。在这些教师当中，有一位画家引导奥勒留对古希腊的斯多葛哲学产生了兴趣。于是，奥勒留11岁就效仿斯多葛哲学家，穿粗糙简朴的衣服，夜里睡在坚硬的地面上，磨练自己的身体和意志。长大之后，他也成为重要的斯多葛哲学家。

　　这里我要给你解释一下什么是斯多葛哲学。这是公

马可·奥勒留

元前3世纪古希腊哲学家芝诺创建的一种哲学思想。要注意的是，古希腊有两位哲学家都叫芝诺，其中一位提出了很有名的芝诺悖论，另一位创立了斯多葛学派。这两位并不是同一个人，可不要搞混了。

简单来说，斯多葛哲学是一种告诉人们如何获得幸福的思想。这种哲学建议人们坦然地面对和接受现在，顺其自然，扮演好自己的角色，既不要贪婪，也不要焦虑，要跟别人友好合作，融洽相处，公平公正地对待别人。你听起来是不是觉得有点儿玄乎？就是这种有点儿玄乎的哲学，在后来的岁月里给了奥勒留很大的帮助。

奥勒留很小的时候，当时的罗马皇帝、五贤帝中的第三位哈德良就注意到他，并且非常喜爱和看好他。于是，哈德良指定继承人的时候加了一个特殊条件，他要求自己的继承人也必须提前确定奥勒留为继承人。所以，奥勒留从年轻时候起，就知道自己会成为罗马皇帝。

不过，奥勒留真正即位的时候，已经40岁了。奥勒留一共做了19年皇帝，无论是他的个人生活，还是国家局势，这19年都是危机重重，灾祸不断。幸好，斯多葛哲学帮他保持了健康的心态，给了他勇气去面对一次次挫折和困难。

举个例子吧。奥勒留一生至少生了十三个孩子，但大部分孩子都夭折了，他一次又一次经历白发人送黑发人的痛苦。最后，只有一个儿子和四个女儿长大成人。面对这种痛苦，奥勒留曾经写过一句话："人们也许会祈祷自己不要失去孩子；但我必须祈祷，不要让我害怕失去孩子。"

这就是经典的斯多葛哲学思想了：生老病死是自然秩序的一部分，因为失去孩子而痛苦，并不能挽回孩子的生命，只能让活着的人更加痛苦。所以活着的人应当鼓起勇气，努力接受现实，尽量做到坦然和豁达。简单来说，就是要看得开一点。

不仅奥勒留的个人生活遇到挫折，当时的罗马帝国也碰到了不少麻烦。奥勒留登基不久，罗马的台伯河就发了大水，造成了严重的灾害，大量牲畜被淹死，罗马城里一度发生了饥荒。

除此之外，在罗马帝国东边，今伊朗一带，有一个帕提亚帝国。帕提亚伺机而动，向罗马及其附庸领地发动了进攻。战争初期，罗马的一整个军团在三天之内就被帕提亚人全部歼灭，司令官自杀身亡。臣服于罗马的亚美尼亚王国也被帕提亚人占领。罗马统治下的不列颠

（也就是今天的英国）、莱茵河流域（也就是今天的德国的一部分），以及叙利亚等很多地方都发生了叛乱。最严重的时候，多瑙河流域的日耳曼人也加入进来，大举进攻罗马。

内忧外患之下，奥勒留推行了一系列法律和经济改革，扶助社会上的弱势群体，让奴隶、寡妇和幼儿都得到了更好的照顾。此外，虽然奥勒留自己没有军事经验，但他知人善任，选拔了一批优秀的将领去保卫边疆，最终击败了所有入侵的敌人和叛乱者，稳定了罗马东方的边境。

公元170年至180年，奥勒留在指挥作战的间歇写了很多用于自我指导和自我提升的日记，内容几乎都是关于自制、忍耐、承受肉体与精神痛苦的哲思。这就是他大名鼎鼎的作品——《沉思录》。《沉思录》是奥勒留给世界留下的最重要的宝藏，直到今天，还有很多人把它当作指导自己言行的手册。

不幸的是，虽然罗马军队打败了敌人，但是他们在帕提亚帝国染上了一种致命的瘟疫。据当时著名的医生盖伦描述，这种瘟疫的症状是"发烧、拉肚子、咽喉肿痛，皮肤还会长出脓包"。历史学家给这场瘟疫起名为"安敦尼瘟疫"，今天有人认为这种瘟疫是鼠疫，也有人觉得它是天花或出血热。瘟疫首先在小亚细亚和叙利亚蔓延，随后在地中海世界扩散开来，最后整个罗马帝国境内都没有幸免。这场瘟疫反反复复流行过多次，持续了20多年，历史学家估计，它一共夺走了大约500万人的生命，有些地区的人口甚至损失了三分之一，军队也被摧毁了，让罗马帝国元气大伤。

说到这场大瘟疫，我想告诉你一个惊人的巧合。安敦尼瘟疫是公元165年左右爆发的，如果你去看我们中国的历史，就会发现，差不多就在同一时间，中国也爆发过一场超级大瘟疫。这两场瘟疫之间，有没有什么联系呢？

根据史书记载，公元166年，也就是东汉的汉桓帝在位期间，有一个相貌怪异的人来到京城洛阳，要拜见皇帝。这个人自称来自一个叫作"大秦"的遥远国家，是大秦皇帝安敦的使者，希望与中国建立友好的关系，还献上了象牙、犀牛角、玳瑁等一大堆礼物。

你可能已经猜到了，这个大秦不是咱们中国的秦朝，它其实就是罗马帝国；大秦皇帝安敦，指的就是奥勒留。

所以，这其实是当时世界上东西方两个大国的第一次交流。也正因为这段记载，历史学家们推测，安敦尼瘟疫与中国东汉大瘟疫很可能是有关系的。有人认为，这种传染病最早起源于亚洲中部，然后分别向东西方传播，最终同时改变了两个大国的历史。

这就是罗马哲学家皇帝马可·奥勒留的故事。他一生中经历了很多苦难和挫折，但是，他始终能用宽厚和友善的心态来面对人生。在奥勒留统治时期，罗马帝国遇到了很多严峻的考验，比如洪水、大瘟疫、外敌入侵，但在他的领导下，帝国平安度过了这一连串危机。所以，我们可以说，奥勒留是一位优秀的守成之君。不过，就是这么一位贤明的君主，在晚年挑选继承人的时候，却看错了。甚至有人说，正是这件事，直接导致了罗马帝国的衰败。

19

君士坦丁大帝：罗马的中兴

马可·奥勒留虽然是一位了不起的贤君，但是，因为他的一个决定，罗马帝国走了下坡路，黄金时代就此结束了。

奥勒留作为"五贤帝"中的最后一位，在选择继承人的时候，却没有像先前的皇帝那样，选拔优秀的人才并收养他为义子来继承王位。他选了自己的亲生儿子康茂德来当下一任皇帝。

非常不幸的是，康茂德和父亲简直毫无共同点。他父亲是哲学家和贤君，康茂德却是臭名远扬的暴君。他做了12年的皇帝，最后被身边人联合起来刺杀了。

从康茂德开始，罗马帝国陷入了一个漫长的危机时期，屡遭外敌入侵，同时内战频发，经济大幅衰退，各地将军拥兵自重的情况也越来越常见。很多人靠着军队割据一方，无视帝国的秩序和法律，甚至自立为皇帝。而这些"皇帝"往往在位一两年，就被刺杀了。

直到公元284年，一位军人出身的皇帝终于坐稳了皇位。他的名字叫戴克里先。他很有才干，打退了入侵的外敌，消灭了国内的敌人，在罗马帝国走下坡路的时候猛踩刹车，稳定了局面，延续了帝国的生命。

虽然从奥古斯都开始，罗马就已经是事实上的帝国了，我们也按照约定俗成称呼它为罗马帝国。但是，从名义上，它采用的还是共和制，皇帝也不叫皇帝，而是自称"元首"，或者是"共和国第一公民"。直到戴克里先当皇帝的时候，他为了加强统治，才正式自命为最高君主，还从东方引进了跪拜的礼仪。皇帝平时不再出现在平民老百姓面前，如果有人要见皇帝，就需要五体投地，行跪拜大礼，以示隆重。

戴克里先在治理国家的时候，觉得罗马帝国实在是太庞大了，一个人管理实在力有不逮，就把帝国分成了四块，每块各有一位皇帝，其中两个是正皇帝，两个是副皇帝。这种制度叫作"四帝共治制"，意思就是四个皇帝共同治理国家。

　　在"四帝共治"的制度下，皇帝们都有各自的任期，时间一到，就要退位。这是戴里克先定下的规矩，而且他说到做到，晚年真的主动退位，回家种菜去了。在罗马的历史上，他是唯一自愿放弃权力的皇帝。纵观历史，能够主动放弃最高权力的统治者也是很少见的。

君士坦丁大帝

不过，戴克里先退位之后，罗马帝国又陷入了内战，好几位大军阀争夺帝位。最后胜出的就是著名的君士坦丁大帝。

在世界历史上，君士坦丁是最有影响力的帝王之一。他重新统一了四分五裂、各方势力混战的罗马帝国。对外，他多次打败敌人，收复了失地；对内，他推行了多种改革。比如，他颁布了一道法令，禁止佃农离开自己租种的土地。佃农就是从地主那里租土地种的农民。君士坦丁这道法令把佃农变成了农奴，把他们一辈子都拴在了那块土地上。可以说，后来中世纪欧洲的农奴社会结构与这道法令有密切的关系。

除此之外，君士坦丁还做了一件很特别的事情，他在公元313年宣布"宗教宽容"，结束了罗马帝国对基督教的镇压和迫害。事实上，他对待罗马人的各种宗教信仰，态度都非常包容，哪怕是他不喜欢的宗教也不例外。君士坦丁说："就让受蒙蔽的人们享受和平吧，就让每个人保有内心想要的东西吧！就让谁也别折磨谁吧！"要知道，之前的五贤帝虽然是著名的贤君，但是他们对基督教都抱有敌视态度。因为君士坦丁的宽容，基督教的势力迅速扩大，影响力也不断增强，后来变成了罗马帝国占主导地位的宗教。

从公元324年开始，君士坦丁建立了一座新的都城，这就是大名鼎鼎的君士坦丁堡，也是今天土耳其的首都伊斯坦布尔。在后来的一千多年当中，君士坦丁堡一直是欧洲最重要的大城市之一，除了罗马帝国，它还曾经是拜占庭帝国、拉丁帝国和奥斯曼帝国的首都。

关于君士坦丁的精彩故事实在太多了，我想从一个特殊角度来着重向你介绍他和他生活的罗马世界，这就是：君士坦丁的形象宣传工作。

君士坦丁是优秀的政治家和军事家，不过，他能够战胜形形色色的敌人并成为帝国的主宰，宣传工作也发挥了非常重要的作用。

前面说过，戴克里先在位时把帝国分成四块，实行"四帝共治制"。君士坦丁的父亲就是其中一块的统治者，他控制着今天的英国、法国和西班牙一带。在他死后，效忠于其家族的军队自然而然地就推举君士坦丁为新的皇帝。

这种做法在之前的混乱时期很常见，很多人就是靠手里军队的支持自立为皇帝的。但是，在"四帝共治"的时代，这种做法已经不合时宜。按理说，皇位传承应当得到当时更资深的老皇帝批准才行。

年轻的君士坦丁也很忐忑，不愿意与强大的老皇帝发生冲突，所以写信给他说："请您谅解，我并不是自愿接替父亲位置的，我是被军队强迫才接受了皇位。"老皇帝并不买账，还是非常生气。不过，他也不愿意和拥兵自重的君士坦丁撕破脸皮，最后只得勉强认可了君士坦丁的继承。但是，他只承认君士坦丁是副皇帝，并不像他父亲一样是正皇帝。

这个时候，君士坦丁还很年轻，缺乏经验，没什么威望；因为老皇帝的态度，他继位的合法性也受到质疑。于是，他在统治早期开展了巧妙的宣传工作。

君士坦丁是怎么宣传的呢？他并没有简单地找人到处替他吹嘘，而是让人大力宣传他父亲的丰功伟绩，歌颂他父亲是一位英雄和贤君。这一下就抓住罗马人的心理了。罗马人相信才华是可以遗传的，虎父无犬子嘛。所以吹捧父亲也就等于吹捧儿子，而且比直接吹捧儿子效果更好。

这种宣传攻势很有效，帮助君士坦丁坐稳了皇位。后来，他取得了军事胜利，还修建了属于自己的建筑工程，就不再需要用父亲的光辉来给自己添彩了。这个时候，他调整了宣传方向，转而开始宣扬他与父亲多么相似。用他手下的话说，"父亲的生命和统治，在儿子身上再现了"。

当时没有网络，也没有印刷机，所以对民众宣传主要依靠钱币、雕塑、绘画、手抄的书籍和演说等等。特别是钱币，上面有皇帝的肖像和颂词，而且家家户户都离不开，所以宣传效果极好。君士坦丁为了宣扬他对日耳曼人的胜利，就专门铸造了一种新钱币，上面的图案是日耳曼人在哭泣求饶，钱币上刻的文字则是"罗马人的喜悦"。

除了拔高自己，宣传工作的另一个作用是攻击竞争对手。当时，君士坦丁有一个劲敌，名做马克森提乌斯，也是罗马的皇帝之一，他统治的区域是意大利。

君士坦丁率领军队打败马克森提乌斯之后，开展了新一轮轰轰烈烈的宣传工作：他从意大利的公共场所除去了所有马克森提乌斯的雕像和画像，取消他颁布过的法令，撤销他之前授予的荣誉，还将以马克森提乌斯的名义建造的建筑全都都改成"献给君士坦丁"。

举个例子，马克森提乌斯曾经在罗马主持建造过一座赛马场，为了胜过他，君士坦丁花大价钱把赛马场翻修成了一座大竞技场，新竞技场的座位数量是原先赛马场的二十五倍，是古罗马广场上最大的建筑物。除此之外，先前有一支禁卫军骑兵是支持马克森提乌斯的，这些军人的墓地也被君士坦丁夷为平地，盖上了房子。

这一系列操作在古罗马史上是一个标准程序，它有个专门的名字叫"毁名除忆"，意思就是打倒一个敌人不仅要杀死他，还要抹去他在人世间留下的一切痕迹，仿佛他从来没有存在过，其最终目的是让人们彻底遗忘这个人。

在罗马帝国，这种做法由来已久，皇帝或其他公众人物死后，元老院如果认为他们罪大恶极，就会实施这种处罚。被"毁名除忆"者，和他有关的铭文、雕像、货币和文字记录等全都要被销毁、抹去或改写。一般来说，受到这种处罚的大多是叛国者或罪大恶极者。马可·奥勒留之子、暴君康茂德皇帝死后，就受到了"毁名除忆"的惩罚。

理论上，如果毁名除忆完全成功的话，后世是没有办法知道的，因为那个人的存在痕迹已经完全被抹去，历史书上压根就不会出现他。当然，你肯定也想到了，这件事并没有那么容易，要不然，我们今天就不会知道康茂德和马克森提乌斯是谁了。

　　公元337年，君士坦丁大帝在当了30年皇帝之后，因病去世。他死后没过多久，罗马帝国又陷入风雨飘摇之中。

20

找寻失落的荣光：

查士丁尼的功过是非

  君士坦丁死后，罗马帝国再次遭遇危机。公元395年，当时的罗马皇帝狄奥多西一世去世，去世前他将国家分给了自己的两个儿子。从此，罗马帝国被彻底分割成东西两个部分，由两位互相独立的皇帝分别统治。

  西罗马帝国没能扛过种种内忧外患，在公元476年灭亡了，领土被罗马人所谓的"蛮族"瓜分。这些所谓的蛮族，又在那里建立了一系列国家。"蛮族"，指的并不是真正的野蛮人或者原始人，这个说法反映的是当时罗马人傲慢的心态。因为长期称霸地中海世界，罗马人觉得全天下就数罗马帝国最强大、文明最先进，他们最多只肯承认希腊文明更优越，其他民族在他们看来都是野蛮落后的。像北方的日耳曼人，东方的阿拉伯人、叙利亚人、犹太人、波斯人，等等，在罗马人眼中都是"蛮族"。不过，有意思的是，在古希腊人看来，除了希腊人之外，其他所有民族都是落后的蛮族，罗马人也不例外。用我们今天的话说，这就是一条鄙视链，罗马人鄙视希腊人之外的其他民族，希腊人则鄙视他们所有人。

与此同时，东罗马帝国熬过了3世纪到5世纪的一次又一次劫难，顽强地生存下去，又延续了将近一千年。因为东罗马帝国的首都君士坦丁堡曾叫拜占庭，所以历史学家通常把东罗马帝国称为"拜占庭帝国"。

与统一的罗马帝国相比，拜占庭帝国要小很多。不过，拜占庭人还是自称罗马人，也把自己的国家称为罗马帝国。讽刺的是，他们渐渐地连罗马人的语言——拉丁语都不会说了，而是说希腊语；并且，罗马城都不归罗马人管了，而是被他们口中的"蛮族"统治着。

当然了，罗马人不会这么轻易忘记过去的荣光。有一位拜占庭皇帝就立下了雄心壮志，要重整旗鼓，收复失地，恢复大一统的罗马帝国疆界。他就是查士丁尼一世。

查士丁尼出生于大约公元482年，是拜占庭帝国最重要的皇帝之一，对后世的影响非常深远。他很有才干，在位的时候做了很多大事，但是，也有很大的争议。

人们今天对查士丁尼的了解，主要来自一位与查士丁尼生活在同一个时代的历史学家，他的名字叫普罗科匹厄斯。这位历史学家主要有三部著作，都是关于查士丁尼的。第一部是《查士丁尼战争史》，讲述查士丁尼为

查士丁尼

了收复罗马帝国的失地而开展的一系列战争；第二部叫作《查士丁尼建筑史》，介绍查士丁尼主持修建的各种建筑；第三部作品《秘史》则是对查士丁尼的大批判。

根据普罗科匹厄斯在《查士丁尼战争史》中的记载，为了收复西罗马帝国，查士丁尼连年派兵征战。他虽然没有亲自指挥作战，但任用了一位了不起的天才指挥官贝利撒留。贝利撒留在很短的时间内就消灭了非洲北部的汪达尔王国，后来又打败意大利的东哥特王国，把今天巴尔干半岛的很大一部分、西西里岛，还有意大利本土，特别是罗马城，都收复到拜占庭帝国之内。在他之外，还有一位将军收复了西班牙的一部分。

与此同时，拜占庭帝国也与东方的另一个超级大国——波斯的萨珊王朝发生了一些冲突，双方互有胜负。后来查士丁尼为了专心对付西边的敌人，就开始向萨珊王朝缴纳贡金，以大笔金钱为代价来保住帝国东部边疆的完整。

历史学家普罗科匹厄斯要记录这段历史，有着得天独厚的条件，因为他就是贝利撒留将军的法律顾问，一直随将军南征北战，亲身经历了很多重要事件。他在《查士丁尼战争史》中热情歌颂了查士丁尼皇帝收复失地的丰功伟绩。

虽然查士丁尼取得了辉煌的军事成就，但是他也给国家和人民造成了沉重的负担。他在位的40年里，几乎一直都在打仗，而打仗是要花钱的。另一边，向波斯人缴纳贡金也是要花钱的。当时整个东罗马的资源和国库，几乎都被他榨干了，百姓也因为无穷无尽的苛捐杂税，过着苦不堪言的日子。

除了军事征服之外，查士丁尼还有一项功绩堪称千秋大计，直到今天仍然有影响。他把罗马将近一千年来的法律搜集整理起来，编纂成了一部统一的法典，名字叫作《查士丁尼法典》。这部法典成为后来拜占庭法律的基础，又传入欧洲西部，今天欧洲大部分国家的民法都是在它的基础上制定的。

除了歌颂查士丁尼的军事成就和编写法典的事迹，历史学家普罗科匹厄斯又在第二部著作《查士丁尼建筑史》中，对查士丁尼主持的各项建筑工程高唱赞歌。比如，君士坦丁堡曾有一座著名的教堂，叫作"圣索菲亚大教堂"，不过很可惜，它在一次暴乱当中被摧毁了。于是，查士丁尼下令重建了一座壮美的新教堂，今天人们评价它是一座"改变了建筑史"的拜占庭式建筑。据说，查士丁尼对教堂非常满意，他曾经说："所罗门，我胜过你了！"意思是他建造的圣索菲亚大教堂比所罗门的圣殿还要美。

除了圣索菲亚大教堂，查士丁尼还兴建了其他很多建筑。在《建筑史》中，查士丁尼更是被描绘成一位理想化的贤君。作者说他建造教堂来礼拜上帝，建造防御工事来保护国民，并且特别关心供水，不仅修建新的引水渠，还翻修了一些旧的。很有意思的是，这本书里把上一任皇帝，也就是查士丁尼的舅舅的一些建筑工程也归功于他这位外甥。可以说，为了歌颂皇帝，普罗科匹厄斯歪曲了历史。

《查士丁尼战争史》和《查士丁尼建筑史》看起来都像是正统的宫廷史官的作品，是得到官方认可的。通过这两本书，我们能了解到查士丁尼皇帝的文治武功，领略到他的不朽功勋。

然而，差不多一千年之后，公元1623年，罗马教廷的一位图书管理员偶然发现，同一个历史学家还有第三部著作——《秘史》。这可是一个惊人的发现，因为这本书的口吻与前两本吹捧皇帝的作品完全不一样，对查士丁尼进行了极其严厉的谴责。

《秘史》记录的时间范围和《查士丁尼战争史》差不多，对皇帝的态度却是截然相反。《秘史》里的查士丁尼非但不是贤君，反而是一个残忍、暴虐、贪得无厌、奢侈、昏庸无能的坏皇帝。当时发生了许多灾害，有大瘟疫，还有大地震。《秘史》就把这些灾害都归咎于皇帝的邪恶，说是上帝为了惩罚他才降下灾难的。书中的记录非常夸张，甚至说皇帝就是恶魔，他的脑袋会半夜飞到空中不停地转圈。除了皇帝，皇后也被描写成了一个蛇蝎心肠的坏女人。普罗科匹厄斯这位历史学家甚至对自己的老长官贝利撒留也不客气。在《战争史》里面英明神武的名将，在《秘史》里就变成了一个软弱、幼稚的傻瓜。《秘史》在作者在世的时候从来没有发表过。

你可能会觉得很奇怪，这个历史学家为什么要这么做呢？我想说，人是非常复杂的，历史也是非常复杂的。查士丁尼究竟是明君还是暴君，这个话题到今天仍然有争议。一方面，他确实让拜占庭帝国成为再次拥有地中海世界的强权，建造了伟大的建筑，留下了影响深远的法典；另一方面，为了这些成绩，他也让拜占庭也付出了非常沉重的代价。所以，要了解查士丁尼这段历史，需要把三本书综合起来看，还要对照其他的材料。

那么，这个历史学家一边写书歌颂皇帝，一边写书咒骂皇帝，是不是说明他是个卑鄙、虚伪的小人呢？也不尽然。历史这么复杂，对历史的呈现必然也是复杂的。我们至今都不知道作者这么做的动机是什么，对此，有人提出了一个有意思的解释，认为普罗科匹厄斯对查士丁尼皇帝的态度其实并没有变化，他之所以要写《秘史》，其实是未雨绸缪。

原来，查士丁尼没有儿子，在当时瞬息万变的政治环境下，没有人说得准谁会成为下一任皇帝，也没人知道下一任皇帝将是查士丁尼的敌人还是朋友。所以，精明的普罗科匹厄斯预先准备了咒骂查士丁尼的材料，假如下一任皇帝是查士丁尼的敌人，他就把《秘史》拿出来证明自己也是"同仇敌忾"，以此来讨好新的统治者。如果下一任皇帝对查士丁尼友好，那么普罗科匹厄斯就把《秘史》藏起来或者销毁。查士丁尼死后，查士丁尼的外甥继承了皇位，他对舅舅的态度是正面的，所以后人隔了将近一千年的时间才能读到《秘史》。这种说法是很有意思的猜想，不过真相到底如何，我们今天已经很难知道了。

　　查士丁尼为了恢复大一统的罗马帝国，付出了巨大的代价，也取得了不小的成就。可惜的是，他收复的土地在他死后又得而复失了。分裂的罗马帝国从此再也没能恢复统一。

THE DARK AGE III WAS NOT DARK

三

中世纪并不黑暗

21

波斯的不朽灵魂：
萨珊王朝的霍斯劳一世

拜占庭帝国雄心勃勃的查士丁尼皇帝为了稳住帝国的东部边境，曾经向东方的波斯帝国萨珊王朝支付大笔金钱。现在我们就来说一说，查士丁尼的老对手、世界历史上另一位著名的君主：萨珊王朝的国王霍斯劳一世。

开始讲故事之前，我们先来梳理一下波斯帝国的历史。你应该还记得，前面我们讲过波斯的居鲁士大帝，他解放了犹太人，创建了阿契美尼德王朝；我们还说过阿契美尼德王朝与希腊人的战争，也就是斯巴达人死守温泉关的那场希波战争。后来，阿契美尼德王朝被亚历山大大帝消灭了。

亚历山大死后，他手下的一名将领在波斯等地建立了一个新的帝国，塞琉古帝国。在咱们中国的《史记》里面，塞琉古帝国被叫作"条支"。塞琉古帝国的文化既有西亚原本的特色，又深受希腊文明的影响，这个国家也是典型的希腊化国家之一。

再后来，一个伊朗部落的酋长起兵反抗塞琉古帝国，在公元前247年建立了帕提亚帝国。前文也讲过，帕提亚帝国是罗马的强敌，哲学家皇帝马可·奥勒留就曾经与帕提亚作战，安敦尼大瘟疫也和帕提亚有关。在中国的史书里，帕提亚帝国被称为"安息"。

帕提亚的统治持续了四百多年之后，被一位地方军阀起兵推翻。这位军阀在波斯建立了一个新的王朝，就是萨珊王朝。因此，萨珊王朝可以算是继阿契美尼德王朝和帕提亚之后的第三个波斯帝国。

萨珊王朝是一个高度中央集权的国家。什么叫"中央集权"呢？简单来说，就是中央统治者权力大，地方管理者权力小，所以国王通常能做很多事情。萨珊王朝的官方宗教有点特别，叫作"琐罗亚斯德教"，也叫拜火教，在中国的史书上又被称为"祆教"。一千多年前，这种宗教通过丝绸之路传入中国，在南北朝和唐朝都产生了很大的影响力。你今天如果去看敦煌壁画，还能看到它留下的印记。

萨珊王朝的统治持续了427年，它与西边的罗马帝国，以及后来的拜占庭帝国挨得很近，实力也是旗鼓相当，所以一直冲突不断。与拜占庭帝国的查士丁尼皇帝差不多同一时期，萨珊王朝出现了一位很了不起的国王，甚至可以说是萨珊王朝最伟大的国王，那就是霍斯劳一世。

霍斯劳一世大约出生于公元512年，一共做了48年的国王。在他的统治下，萨珊王朝达到了国力的巅峰。

霍斯劳一世在位期间，对外，他对拜占庭帝国连年用兵，多次得胜，还向拜占庭收取了大笔贡金。当时在萨珊的东边还有一个嚈哒（yàn dā）帝国，一百多年来经常侵犯萨珊的边境，于是霍斯劳一世又向东方派遣军队，一举消灭了嚈哒帝国。

对内，霍斯劳一世推行合理的税收制度，增加了国库收入，减轻了农民受到的剥削。他限制地方的权力，加强了中央集权。他还建立了一支常备军，由国家发饷，接受严格的训练。实战结果证明，这支军队比拜占庭的军队更加能征善战。除此之外，霍斯劳一世还很注重水利设施建设，他修建灌溉渠，从而推动了农业的发展。

我们已经讲了十几位古代君王的故事，你可能已经发现了，要衡量一个君主的成就，主要是从军事、政治、经济、建筑、文化和宗教这六个方面来看。具体到霍斯劳一世，他的成就非常多，不过最有名的还是他在位期间的宽松政策，这种政策让波斯的文化事业出现了一个灿烂的高峰。

霍斯劳一世

霍斯劳本人对哲学和文化有浓厚的兴趣，特别是对希腊哲学很有研究。他心胸广阔，对外来的文化和思想非常包容，这一点和咱们之前讲过的居鲁士大帝很相似。霍斯劳曾经说过一段名言："我们要研究祖先的风俗习惯。但是，为了追寻真理，我们也要研究罗马人和印度人的风俗与行为，学习其中合理的、值得赞扬的东西。我们不会因为某人的宗教和民族与我们不同就排斥他。研究了我们祖先的风俗和外国人的风俗之后，我们会取其精华，去其糟粕。我们不会因为爱戴祖先就全盘接受他们的风俗。"

从这段话你就能看出来，霍斯劳确实有着兼收并蓄、包罗万象的气度。这一点，和罗马帝国的很多皇帝是不太一样的。在罗马帝国，一开始人们大多信仰多神教，好几位皇帝都曾经残酷地镇压和迫害基督徒，后来是君士坦丁大帝结束了对基督教的镇压。在他之后，罗马帝国完全调转方向，改以基督教为国教，连皇帝都成了基督徒。到了查士丁尼皇帝统治拜占庭帝国时，基督教之外的多神教甚至成了政府残酷迫害的对象。

萨珊王朝也有自己的官方宗教拜火教，但是，和查士丁尼相反，霍斯劳对其他宗教相当宽容。他不会因为信仰不同就去迫害异教徒，甚至对基督徒很有好感，任用了许多基督徒，他和波斯境内的基督教领袖关系也很融洽。当时生活在萨珊王朝的犹太人和基督徒都受到了宽容和优待，所以他们接受了萨珊王朝的理念，愿意融入波斯社会。

除了对基督徒的态度包容，霍斯劳对待希腊人也很友善。前面说过，拜占庭的查士丁尼皇帝为了专心收复失地，向霍斯劳缴纳了大笔贡金换取和平。但是，查士丁尼接连取胜，不断扩张，还是令霍斯劳感到非常担心。为了遏制拜占庭，霍斯劳在公元540年再次挑起战争。这一次，萨珊王朝的军队占领了一座拜占庭城市安条克，然后将那里的居民（大多是希腊人）全部掳走，送到本国的都城附近。不过，与很多古代帝王不一样的是，霍斯劳不但没有把这些俘虏当作奴隶，反而为他们新建了一座城市，取名为"更好的安条克"，让他们在那里安居乐业，并给予他们宗教自由。所以，这些希腊俘虏对他非常感激。

公元529年，查士丁尼皇帝关闭了已延续近千年的雅典柏拉图学院，因为那里的学者是多神教徒。很多受迫害的希腊学者逃往霍斯劳的王国，给波斯带来了新思想和新人才，使波斯的学术和文化上了一个台阶。

除了希腊文化，霍斯劳对印度也很感兴趣。他派人访问印度，邀请印度人派遣哲学家来波斯交流，还从印度引进了大批宝贵的书籍。他还大力赞助翻译事业，把大量的希腊文、印度梵文和叙利亚文的典籍翻译成波斯文。这些译成波斯文的印度著作，在阿拉伯人征服波斯之后又传入了阿拉伯地区，最终进入西方。所以，霍斯劳统治时期的波斯在人类历史上起了非常重要的文化传播作用。

关于波斯对文化传播的影响，还有一个传说。你一定听说过国际象棋，其实这种象棋最早是印度人发明的，霍斯劳在位时传到了波斯。传说，印度人发明国际象棋之后，就把棋子和棋盘送给霍斯劳，并向他发出挑战："既然自称万王之王，你手下有的是聪明绝顶的人才，那么请你解释这个游戏的规则，否则你就要向我们称臣纳贡。"霍斯劳的首相猜出了象棋的玩法，然后写信告诉印度人，让他们心服口服。这还不算，霍斯劳的首相又发明了双陆棋，让印度人解释它的玩法，结果印度人百思不得其解，只能甘拜下风，向霍斯劳称臣纳贡。虽然这只是个传说，但国际象棋确实是通过波斯传到西方的。今天英语里面有一些和象棋有关的词，比如"将军"或"将死"，英文单词叫checkmate，就是从波斯语来的。

总而言之，因为霍斯劳一世的包容态度，一种融合了希腊、波斯、印度等多民族元素的多元文化在萨珊王朝逐渐兴旺起来。除了文化交融，不同民族的医学知识也在波斯汇聚融合，带来了医学上的进步。比如，当时波斯人建立了一家新式医院，首次将患者按照疾病种类安排在不同的病房。到今天，全世界的医院还在遵守这种理念。

霍斯劳一世被公认为萨珊波斯四百年历史上最博学、最聪明的君主。波斯人和西亚人把他称为"不朽的灵魂"。在后世的伊朗文学中，他总是以正义的化身和完美的君主的形象出现。

不过，天下没有不散的筵席。到了霍斯劳的孙子做国王时，萨珊王朝被拜占庭帝国给打垮了，没过多久就被一股新的势力取代，那就是信奉伊斯兰教的阿拉伯帝国。

22

逊尼派与什叶派的由来：
伊斯兰的崛起

贤君霍斯劳一世死后，萨珊王朝在他的孙子霍斯劳二世在位时被拜占庭皇帝希拉克略打败。萨珊波斯从此一蹶不振。

希拉克略打败了老仇人，一时春风得意。但是，公元629年，他突然收到一封奇怪的信。信上的大概内容是："我叫穆罕默德，我向你问好。我邀请你向真主投降。你不投降就没有好下场。"

希拉克略感到莫名其妙，他从来没听说这个穆罕默德，不知道他是什么人，对他提出的投降要求也感到好笑。于是，希拉克略就派人去打听这个穆罕默德是何许人也。

穆罕默德是谁呢？他就是今天世界上最重要的宗教之一伊斯兰教的创始人。现在，我们就从历史学的角度来看一看这种重要宗教的创立和发展。

伊斯兰教起源于亚洲西部的阿拉伯半岛。早期的阿拉伯半岛是一个相对贫穷的无名之地，远不如其北边的两河流域那么繁荣富庶。在半岛上生活着许多部落，他们经常互相攻击和抢劫。拜占庭和萨珊波斯这两个大国争霸时，这些部落夹在中间，有的支持拜占庭，有的选择了萨珊波斯。这个时候，阿拉伯人信奉的宗教还有很多种，有人信奉万物有灵的多神教，有人信基督教，还有人信犹太教。

公元610年左右，穆罕默德创立了一种全新的宗教，也就是伊斯兰教；信仰伊斯兰教的人叫作穆斯林。在穆罕默德的努力下，原先互相厮杀的部落都团结在了伊斯兰的旗帜周围。

穆罕默德出身名门望族，自幼丧父，由叔父抚养长大。他从十几岁就开始自食其力，替人放牧牛羊，后来还跟着叔父外出经商，曾经到过叙利亚、巴勒斯坦等许多地方。今天有人推测，他也许在这些地方接触到了犹太教和基督教，对这两种"一神教"有所了解。

就这样，穆罕默德走南闯北，谋求生计。后来，他在一位富裕的寡妇海迪彻手下工作时，凭借过人的才干和忠厚可靠的性格，得到了她的赏识。二十五岁的穆罕默德就这样和四十岁的海迪彻结婚了，这也成了他人生的第一个转折点。

海迪彻给了穆罕默德巨额财富，穆罕默德与妻子的关系也极好。尽管当时阿拉伯人实行一夫多妻制，但是在海迪彻在世时，穆罕默德一直没有再娶妻子。

穆罕默德过上了富人的生活，但他不满足于安逸与享乐，经常在山洞里彻夜沉思。公元610年，他说自己在山洞里得到了大天使的启示。唯一的神，也就是真主，通过大天使向穆罕默德传达了指示，说穆罕默德是神的最后一位也是最终极的使者和先知。值得注意的是，伊斯兰教也承认犹太教和基督教的许多先知，比如我们前面提到过的摩西和耶稣，但是伊斯兰教认为穆罕默德才是最终极、权威最高的先知。

穆罕默德不识字，于是把神给他的指示背诵出来，请别人记录。再经过很长时间的整理和修改，最终形成了伊斯兰教的经书《古兰经》。

海迪彻是第一个相信穆罕默德得到神的启示的人，所以，她被视为第一个伊斯兰教信徒。第二个信徒，就是穆罕默德的堂弟，也就是他叔父的儿子，名叫阿里。阿里从小在穆罕默德身边，由他抚养长大，对他忠心耿耿，自然而然就成了他的信徒和左膀右臂。

穆罕默德传播伊斯兰教的过程并不顺利，因为信奉多神教的传统阿拉伯权贵反对他。当时，阿拉伯半岛上最重要的城市是麦加，权贵们大都居住在那里。穆罕默德在麦加传教的时候就遭到了威胁和迫害。在这种局面下，阿里不止一次冒着生命的危险帮助穆罕默德。有一次，有人要在半夜行刺穆罕默德，但他提前得到风声撤走了。为了避免打草惊蛇，阿里冒着被杀死的风险躺在穆罕默德的床上，让刺客以为穆罕默德还在。他的忠诚和勇敢深深打动了穆罕默德。

由于环境越来越危险，穆罕默德只好离开麦加，来到另一座重要城市麦地那。幸运的是，穆罕默德得到了麦地那人的支持，伊斯兰教的势力也逐渐发展壮大，开始有实力对抗麦加的权贵。后来，麦地那和麦加就成为伊斯兰教最神圣的两座圣城。

在穆罕默德的领导下，阿拉伯半岛上的游牧者变成了一支组织有力的军队。而在穆斯林与敌人的战争中，忠诚的阿里参加了绝大多数战役，立下了汗马功劳。后来，穆罕默德还把自己的女儿嫁给了他。

最终，穆罕默德统一了阿拉伯半岛。伊斯兰教崛起，阿拉伯帝国也很快冲出阿拉伯半岛的界限，向拜占庭和波斯发起了挑战。

但是，公元632年，穆罕默德去世了。谁来继承他的位置、继续领导穆斯林呢？有人认为，穆罕默德生前曾多次指示阿里就是他的继承人；但也有些人说，穆罕默德的话并不明确，还可以作别的解释。此时阿里刚刚三十岁出头，而很多与穆罕默德年龄相仿、资历更老的伊斯兰领导者还在世。

最后大家决定，用投票的办法来选出新的领袖，伊斯兰教领袖的称号是"哈里发"，在阿拉伯语中，这个词的字面意思是"继承者"。很多人认为阿里才是最正统、最有资格的领袖，因为他是穆罕默德的堂弟，也是他的女婿；他精通伊斯兰教知识；他品格高尚、为人正派，既有治理国家的才干，也有军事才华，并且穆罕默德生前曾经指示让他做继承人。然而，阿里并没有被选为哈里发。在接下来的24年中，人们一共选出了三位哈里发，可就是轮不到阿里。

阿里不再参加对外的军事征战，也不担任要职，而是退隐在家当了农民，还挖了许多水井、开辟了许多果园。尽管很多人相信他受到了冤屈，但他并不怨恨，甚至当过其中一位哈里发的顾问。

公元656年，第三位哈里发遇刺身亡。之后，阿里终于当选了。他和前面的三位哈里发合称为"正统哈里发"。但是，阿里担任哈里发的短短几年，却是伊斯兰教史上最动荡的时期之一，爆发了残酷的内战。

原来，第三位哈里发有一个亲戚，是一位总督，名叫穆阿维叶。这位哈里发死后，穆阿维叶拒绝向阿里效忠，还指控阿里是刺杀前任哈里发的幕后指使者，于是两边爆发了冲突。

这两派人里面，支持阿里的一派被称为"什叶派"。在阿拉伯语中，这个词的字面意思是"拥护者"，指的就是阿里的拥护者。什叶派只承认阿里和他的后人是合法的哈里发，不承认阿里之前的三位哈里发。另一派叫作

"逊尼派"，他们认为，无论是阿里还是前面三位哈里发，他们都是先知穆罕默德的合法继承人。前三位哈里发到底是不是正统，是逊尼派和什叶派最重要的分歧之一。

穆阿维叶和阿里的内战打了一年多，死伤无数。在公元657年的一场战役中，穆阿维叶的军队差一点就要被打垮了，情急之下，他让士兵在武器上挂上了写有《古兰经》的羊皮，并且高喊"让神来裁决"。这一下让阿里的军队陷入了混乱与矛盾之中。如果继续进攻，就会亵渎《古兰经》；如果不进攻，那就是放虎归山，唾手可得的胜利很可能就没了。

阿里看穿了敌人的计谋，但他手下只有少数人愿意继续战斗，于是阿里只得宣布停止进攻，进行和谈和仲裁。仲裁的结果是阿里被剥夺了领袖地位。

在这之后，支持阿里的人们不断发生分裂，阿里的力量越来越弱，最终遇刺身亡。客观来讲，阿里作为一位统治者和军事家并不算成功。实际上，他始终不能有效地控制阿拉伯帝国，就连支持他的阵营也不是团结一心。但是，千百年来，穆斯林出于对先知穆罕默德血脉的崇拜，一直对阿里的后裔非常尊重。后来很多穆斯林统治者都自称是阿里的后代。

　　最终穆阿维叶控制了整个阿拉伯帝国，建立了阿拉伯帝国的第一个世袭王朝——倭马亚王朝，定都大马士革，它也是今天叙利亚的首都。但是，什叶派和逊尼派的冲突依然不断发生。在一次战斗中，阿里的一个儿子被倭马亚王朝的军队杀死，什叶派与逊尼派彻底决裂。由于倭马亚王朝的统治非常暴虐，很多人对阿里时代产生了不切实际的幻想，在他们眼里，阿里就成了一位十全十美的君主。今天的伊斯兰教内部，阿里是除了穆罕默德之外最受推崇的人物。而什叶派与逊尼派的分裂也一直延续到21世纪。

23

延续文化的火种：
智慧宫与阿拉伯翻译运动

　　公元661年到750年，倭马亚王朝是整个穆斯林世界的主宰。在中国的史书里，倭马亚王朝被称为"白衣大食"。这个名字听起来或许有点儿奇怪；这是当时波斯人对倭马亚王朝的叫法，因为读音和"大食"类似，译成汉语后，"大食"两个字就成了中国古人对阿拉伯帝国的称呼。"白衣"则是因为倭马亚王朝的人民崇尚白色。

　　在倭马亚王朝统治的后期，阿拉伯帝国又陷入了动荡之中。公元750年，穆罕默德叔父的后代阿布·阿拔斯推翻了倭马亚王朝，建立了阿拔斯王朝。阿拔斯王朝的旗帜大多是黑色的，所以中国的史书里把阿拔斯王朝称为"黑衣大食"。

阿拔斯王朝以伊拉克为中心，在底格里斯河畔建造了新的都城巴格达。今天，巴格达依然是伊拉克的首都。

阿拔斯王朝统治的前一百年是阿拉伯帝国和伊斯兰文明的黄金时代，经济繁荣，科技进步，学术发达。帝国的首都巴格达也是宏伟壮观、人口众多、欣欣向荣。在当时的世界上，巴格达是与中国的长安和拜占庭的君士坦丁堡齐名的国际性大都市。

在阿拔斯王朝取得的所有成就当中，有一项可以称得上流芳千古，那就是他们创办的学术机构"智慧宫"。

智慧宫的前身是一座图书馆，由阿拔斯王朝的第六代哈里发哈伦·拉希德在首都巴格达创建。你如果听过《一千零一夜》的故事，可能还记得里面有一位酷爱微服私访的哈里发，那就是哈伦·拉希德。这位哈里发死后，他的儿子马蒙继承王位。马蒙思想开明，对科学和哲学有着特别浓厚的兴趣。所以，他进一步扩建了父亲创办的图书馆，把它变成了一个全国性的顶尖综合学术机构，名字就叫"智慧宫"，也有人把它翻译成"智慧之家"。

　　智慧宫是一个什么样的地方呢？首先，它是一座巨型图书馆，里面收藏了大量的图书。其次，它是一个研究所。马蒙广招天下才俊，把阿拉伯、波斯、希腊和印度的很多一流学者都召集到这里，给他们优厚的待遇，让他们研究哲学、数学、医学、天文学、光学等各个学科。

　　马蒙对科学知识有多么看重呢？举个小例子吧。在9世纪，阿拉伯帝国与西边的拜占庭帝国多次爆发战争。有一次，阿拉伯人打败了拜占庭帝国，两边和谈的时候，

阿拉伯世界的外科医生

马蒙作为战胜的一方，就可以向拜占庭提条件。一般来说，古代世界的帝王通常会要求土地、金钱或其他资源，但是马蒙很有意思，他向拜占庭人索要的，是一本书：古希腊天文学家托勒密的数学和天文学专著《天文学大成》。拿到这本书之后，他就请智慧宫里的学者将它翻译成了阿拉伯文。

再举个例子，你可能听说过大数学家花拉子米的名字，他就曾经在智慧宫工作过。今天英语当中表示"代数"的单词Algebra就是他发明的；"算法"（Algorithm）这个单词也来源于他名字的读音。花拉子米在智慧宫期间，写了一本书叫作《代数学》，这是历史上第一本解一次方程和一元二次方程的系统著作，所以他被称为"代数之父"。除了学术上的贡献，花拉子米还做了一件事，他把印度人发明的数字符号引进到了阿拉伯世界。后来这套数字符号又从阿拉伯世界传到西方，进而传播到全世界。这就是今天我们每天都要使用的阿拉伯数字。因为西方人是从阿拉伯人那里学到这些符号的，他们以为这就是阿拉伯人的发明，所以给它起了一个错误的名字。事实上，阿拉伯数字是印度人发明的。

除了图书馆和研究所之外，智慧宫还有第三个功能，也是它最有名的功能，那就是翻译基地。从8世纪中期开始，阿拉伯世界兴起了一场著名的"翻译运动"，学者们把希腊、波斯、印度、叙利亚等各个国家和各种语言的学术著作都翻译成了阿拉伯文。这场运动持续了两百多年，智慧宫就是它的大本营。

当时，来自五湖四海的学者聚集在智慧宫，除了阿拉伯人，还有波斯人和犹太人。他们的宗教信仰也是多种多样，不仅有穆斯林，还有基督徒和犹太教徒。可以说，阿拉伯帝国敞开了怀抱来欢迎这些有学问的人，哈里发马蒙也显示了他宽广的胸怀和海纳百川的气度。在这方面，马蒙和萨珊波斯的贤君霍斯劳一世很相似，阿拔斯王朝也确实吸收了萨珊波斯的很多文化传统。

在马蒙的支持下，智慧宫的翻译工作非常严谨，一丝不苟，与当今的翻译工作相比也不逊色。为了尽可能保证翻译的质量，智慧宫的学者们会精挑细选，为这些著作找到合适的译者。

选择译者有哪些标准呢？首先，译者当然要精通外语；其次，肯定也要精通阿拉伯语；最后，还必须精通相关领域。比如，工程学和数学著作就要交给数学家和他们的弟子来翻译，哲学和天文学著作也要找哲学家和天文学家来翻译。在这些学者的努力下，柏拉图、毕达哥拉斯、亚里士多德的哲学著作，欧几里得的几何学著作，以及盖伦的医学著作，都传播到了阿拉伯世界。

更重要的是，从翻译运动中受益的不只是阿拉伯人。在西罗马帝国灭亡之后，西欧就进入了所谓的"黑暗时代"，社会和教育水平退步，西欧人在很大程度上丧失了阅读希腊文的能力，很多古希腊哲学、数学、医学著作在西欧几乎失传。直到几百年后，西欧人在与伊斯兰世界接触的过程中惊讶地发现，阿拉伯人居然通过翻译把这些伟大著作保存了下来。所以，在中世纪，西欧人了解古希腊文化的一个重要途径，就是把这些古希腊著作的阿拉伯文版本再翻译成拉丁文。就像刚才说的，托勒密的那本《天文学大成》，其原始的古希腊版本就失传了，西欧人将它的阿拉伯文版本翻译回来，才重新认识了托勒密的研究成果。

保存了古希腊文化，这是阿拉伯翻译运动的一大贡献。不过，智慧宫的翻译家所做的工作远远不只是简单的翻译，他们还对原文作了修订和增补，在翻译当中添加了自己的评论和阐释，还发明了一些新的科学术语。

比方说，9世纪的阿拉伯穆斯林哲学家肯迪就融合了希腊哲学和自己的思想，在很大程度上改造了伊斯兰哲学。所以，智慧宫的翻译家不是简单地照搬希腊文化，而是在其基础上有所发展和提升。后来西欧人在学习古希腊文化的时候，也必须注意阿拉伯人的研究成果。

值得一提的是，智慧宫的翻译运动和咱们中国也有关系。在公元751年，当时非常强大的唐朝在亚洲中部与阿拉伯帝国发生了一场冲突，这就是著名的怛罗斯战役。据说，在怛罗斯战役之前，阿拉伯抄写员平时用的都是易碎的莎草纸和昂贵的羊皮纸，很不方便；结果，此役之后，阿拉伯人从被俘虏的中国人那里学到了造纸术的秘密。于是，阿拉伯人也用上了便宜耐用的纸张。可不要小看这件事，这些便宜的纸对阿拉伯帝国的文化事业起到了巨大的推动作用，各种书店、文具店和图书馆纷纷涌现，翻译运动也从造纸术中受益颇多。

可惜的是，公元1258年，西征的蒙古大军占领巴格达，摧毁了智慧宫。传说，蒙古人把大量书籍丢进底格里斯河，书本纸张化出的墨水将河水染黑，久久不能消散，一直持续了六个月之久。

阿拉伯翻译运动是世界历史上罕见的由政府组织和

赞助的大规模翻译活动，对人类文明作出了极大的贡献。除此之外，我国汉唐的佛经翻译，以及清末民初对西方文化和科技著作的翻译引进，可以算是与它媲美的另外两场翻译运动。

与阿拉伯翻译运动差不多同一时期，在欧洲西部也出现了一个强大的王国，那就是法兰克王国。

24

远交近攻：
法兰克王国与阿拉伯帝国

在阿拔斯王朝的哈里发马蒙统治下，阿拉伯帝国的文化兴旺发达。几乎与此同时，欧洲西部也出现了一个强大的王国——法兰克王国。

法兰克王国位于原罗马帝国疆域的西部，也就是西罗马帝国的土地上。早在古希腊和古罗马时期，在欧洲大陆的西部、中部和北部，有一些语言、文化和习俗相近的民族，他们被古希腊人和古罗马人合称为"日耳曼人"。在罗马人眼中，除了自己人和希腊人，其他民族都是蛮族。日耳曼人就是这些所谓的"蛮族"当中一股非常重要的力量。罗马帝国到了后期，经常遭到欧洲"蛮族"的进犯。西罗马帝国灭亡之后，这些民族就在这片土地上建立了自己的国家。其中，最强大的是生活在莱茵河以西的法兰克人。法兰克人最伟大的君主，就是查理曼。

公元768年，查理曼登上王位，成为法兰克人的国王。在这之前，法兰克王国已经进行了几百年的扩张。查理曼登基之后，凭借出色的军事才华，把西欧的大部分地区统一成了一个国家，也就是查理曼帝国。今天的法国、德国，以及意大利的一部分，当时都在查理曼的统治之下。

查理曼加冕

查理曼即位时，法兰克人已经全面接受了基督教，忠诚地支持基督教的精神领袖，也就是教皇。到了公元800年，查理曼还得到了教皇的支持与认可，被加冕为"罗马人的皇帝"。一时间，仿佛几百年前灭亡的罗马帝国又复活了，西欧又有了一位罗马皇帝。

但是，别忘了，东方还有一个拜占庭帝国。拜占庭人可是一直以罗马人自居的，拜占庭皇帝也自称罗马皇帝。在他们看来，查理曼作为一个野蛮的法兰克人，居然敢自称是罗马皇帝，这简直是不折不扣的僭越。因此，查理曼帝国与拜占庭帝国也走到了剑拔弩张的局面。这种情况下，查理曼需要寻找一个强大的盟友来帮助他对付拜占庭。

去哪里找盟友呢？查理曼把目光投向了拜占庭东面的另一个大帝国：阿拔斯王朝统治下的阿拉伯帝国。这个联合远方的力量来打击近处敌人的思路，和咱们中国历史上"远交近攻"的战略思想非常相似。但是，查理曼想要获得阿拉伯帝国的支持，共同对抗拜占庭，这中间有着不小的障碍。

查理曼是一位基督教君主，是基督教会的捍卫者，而当时穆斯林和基督徒之间有比较严重的冲突，要让两边化敌为友，看起来几乎是不可能的。更何况，查理曼的家族本来和穆斯林就有不共戴天之仇。公元732年，来自倭马亚王朝的穆斯林军队曾经远征西欧，一度占领今天西班牙的大部分区域，正雄心勃勃地准备向法兰克大举进攻。不过，在法兰克西部的图尔这个地方，查理曼的爷爷"铁锤查理"拼死抵抗，打退了穆斯林大军。

今天有人认为，图尔战役是决定欧洲命运的一场战役。假如法兰克人输掉了这场战役，那么西欧国家说不定会变成伊斯兰世界的一部分。查理曼的家族打退了敌人，从此也和穆斯林结下了仇。

除了宗教信仰的差异和家族历史因素外，从西欧到巴格达路途遥远，中间又隔着敌对势力拜占庭，法兰克人与阿拉伯人的外交更显得无比艰难，结盟几乎就是一个不可能完成的任务。但是，历史的进程还是让这两个大国走到了一起，法兰克人与阿拉伯人竟然真的结下了不可思议的友谊。

这是如何实现的呢？

原来，当时的伊斯兰世界内部也不是铁板一块。咱们之前讲过，公元750年——那时候查理曼还是个小孩子呢，先知穆罕默德的叔父的后代阿布·阿拔斯推翻了倭马亚王朝，建立了阿拔斯王朝。

阿拔斯是个心狠手辣的人。他当上哈里发之后，让士兵把倭马亚家族的全体成员斩尽杀绝。只有一个幸存者逃走了，他的名字叫作阿卜杜勒·拉赫曼。这个时候，几乎整个伊斯兰世界都处于阿拔斯王朝的统治下，拉赫曼又该往哪里逃呢？当然是离阿拔斯王朝的首都巴格达越远越好。最后，他一路逃到了西班牙，与巴格达隔着整个地中海。

其实，在倭马亚王朝时代，穆斯林已经征服了西班牙的大部分地区，但是因为群龙无首，他们很快就四分五裂。阿卜杜勒·拉赫曼死里逃生到了西班牙之后，逐渐把当地的穆斯林势力统一起来，建立了自己的国家"科尔多瓦埃米尔国"，以科尔多瓦为首都，也叫"后倭马亚王朝"。

虽然西班牙的后倭马亚王朝与东方阿拉伯帝国的阿拔斯王朝都是穆斯林的天下，但两国之间有着血海深仇。阿拉伯帝国距离查理曼的法兰克很遥远，但是西班牙就在查理曼的家门口。敌人的敌人就是我的朋友，查理曼也懂得"远交近攻"之道，所以他和当时的阿拉伯帝国其实有两个共同敌人：后倭马亚王朝和拜占庭。

到了公元777年，西班牙有三座城市希望反抗后倭马亚王朝，向阿拉伯帝国臣服效忠。但是，阿拉伯帝国远在天涯海角，这些城市的穆斯林统治者转而跑到邻近的法兰克王国拜见查理曼，表示向他臣服，请求他出兵。与此同时，阿拉伯帝国也派出了一支远征军。于是，就出现了查理曼与一群穆斯林结盟去反对另一群穆斯林的局面。

虽然这次联合行动没有成功，但是为了对抗共同的敌人，法兰克王国和阿拔斯王朝保持着友好往来。查理曼会派遣使者到阿拉伯帝国向哈里发赠送贵重的红色布匹。阿拔斯王朝的使者来到法兰克王国，也会向查理曼赠送许多贵重礼物，比如丝绸、香料、象牙棋子等，据说还有一台巧夺天工的水钟。最有意思的礼物是一头名叫阿布尔·阿拔斯的大象。要知道，自从罗马帝国灭亡以来，西欧人已经好几百年没有见过大象了。

法兰克王国与阿拔斯王朝之间除了外交活动，还有商业贸易上的往来。当时，法兰克人向阿拉伯帝国出口木材、铁器和武器，所以有不少阿拉伯金币流入西欧。

查理曼还曾经考虑建立一个开放市场，专门和阿拉伯人做生意。

不过，两国的贸易也有黑暗的一面。阿拉伯帝国崛起之后，对奴隶的需求量很大，他们尤其喜欢欧洲的白人奴隶。而查理曼南征北战几十年，抓了大量俘虏，其中很多先是被卖到穆斯林统治下的西班牙，然后又卖到阿拉伯世界的其他地方。

后来的岁月里，伊斯兰世界和基督教世界长期处于冲突和对立的状态，但在查理曼和阿拔斯王朝的交往当中，却很少提起宗教的对立，因为两边的统治者都是非常务实的实干家。法兰克王国与阿拉伯帝国的友好交往，是世界历史上一个经常被人淡忘但非常有意思的情节。

除了与阿拉伯人结盟，查理曼在位期间，还做了许多改变历史的大事。比如，公元779年，查理曼就下令，规定每个法兰克王国居民都有缴纳什一税的义务。什一税本来是基督教会向居民征收的一种宗教捐税，查理曼通过立法把它变成了强制征收的税种。在后来的一千多年当中，什一税对西欧造成了非常深远的影响。

最后，我想说说查理曼的称呼问题。关于这位伟大帝王的名字，很多人都犯了一个错误，叫他"查理曼大

帝", 其实这个说法是不准确的。因为"查理曼"当中的
"查理", 是他的本名, 而"曼"本身就是伟大、大帝的意
思。"查理曼"就是"伟大的查理"或者"查理大帝"。另
外, "查理曼"是英语和法语的叫法, 德国人叫他"卡尔
大帝", 因为"查理"这个名字在德语中读作"卡尔"。你
如果在德国作者写的书里面读到"卡尔大帝", 你就知道
那指的是查理曼了。

少年世界史·古代

下册

陆大鹏/著

张兴/绘

漓江出版社·桂林

《少年世界史》增值好礼

扫描二维码，可以免费获得2门精选课程，
满足孩子的历史大胃口！

给孩子的二战历史课

著名世界史学者陆大鹏，带孩子全方位解析第二次世界大战！

★6集比电影更精彩的战争故事

★影响世界格局的历史规律

★军事、武器、政治、地理多学科的知识

★明辨是非、善恶的价值观

二战历史课

少年世界史·古代篇＆近代篇

著名世界史学者陆大鹏，带孩子畅游世界文明5000年！

★20集故事，好听得放不下来

★把握大脉络，里程碑事件一一讲透

★增长大格局，理解今日世界局势的由来

★严谨考证＋前沿新知，带来史学界的一手猛料

近代历史课

每个月，都会有数百万家长和孩子打开少年得到APP，挑选满足孩子成长需求的音视频产品。少年得到"集合天下名师、服务一个孩子"，立志成为中国家庭素养教育的首选平台。主要产品包括：

①独立人格成长

邀请国内顶级名师开设"四大名著"和国内外文学经典精讲课程，带给孩子受用一生的人生智慧；原创侦探、科幻类广播剧，给孩子插上想象的翅膀。

②知识面成长

天文、地理、历史、物理、艺术……全方位的优质原创课程，以持之以恒的高标准，帮助孩子开拓视野、汲取海量知识。有趣、严谨，是我们的基本要求。

③家庭教育

前央视著名记者张泉灵主导开发的表达素养课，双师教学、全程陪伴，教会孩子180个阅读写作方法。另有家长教育课堂，阅读营等多项产品，让孩子的成长看得见。

欢迎你加入少年得到，扫码领取价值240元新人礼包，多门好课1折抢！

（仅限未注册过少年得到的用户可领取新人礼包）

新人福利

目录·下册

三　中世纪并不黑暗　　　　　　　　　　　　　175

25

孤国春秋：阿尔弗雷德大王的军事与政治改革

说完了今天法国和德国的前身法兰克帝国，咱们再来聊一聊英国人的祖先。

之前我们讲过君士坦丁大帝，当时，古罗马帝国被戴克里先分成了四部分，君士坦丁的父亲占据的是帝国的西北边，就包括今天的英国。在那个时代，英格兰的绝大部分、苏格兰的一部分以及威尔士的一小部分合起来是罗马帝国的一个行省，名字叫作"不列颠尼亚"。公元3世纪到4世纪，君士坦丁就是从这个地方发迹，重新统一了罗马帝国。当时罗马人是统治者，不列颠尼亚行省的原住民，也就是布立吞人，是罗马人的臣民。在罗马人眼中，这些布立吞人就是一群蛮族。

到了5世纪，罗马帝国分崩离析，罗马人已经无法控制广阔的领土，不得不从不列颠尼亚撤军。于是，5世纪下半叶，日耳曼部落纷纷涌入不列颠尼亚。这些外来的移民也有一个专门的名字，叫作"盎格鲁-撒克逊人"。

布立吞人与侵略者苦苦斗争了很多年，但是始终打不过敌人，丢掉了大片土地。最后，他们只得放弃家园，退到威尔士和苏格兰等地。一直到今天，英格兰人与苏格兰人、威尔士人的关系也还是很微妙的。

外来的盎格鲁-撒克逊人占据英格兰之后，就开始建立自己的国家。经过残酷的战争和兼并，岛上最终形成了七大王国，可以说是英国人历史上的"战国七雄"。

俗话说，"天道好轮回"。到了8世纪，侵占布立吞人地盘的盎格鲁-撒克逊人自己也成了被侵略的一方。侵略他们的就是大名鼎鼎的"维京海盗"。

"维京"指的并不是某一个民族，它其实是一种生活方式。在海上冒险，当海盗抢劫，或者给别人当雇佣兵，就叫"维京"。当时侵略英格兰的"维京海盗"主要是来自

维京海盗与他们引以为傲的战船

北欧的丹麦人，其实，他们在血统和语言上与盎格鲁-撒克逊人很接近，好比堂兄弟的关系。但是，丹麦人对"亲戚"可一点儿没手软，他们像蝗虫一样扫荡英格兰的沿海地区，既抢夺财宝，也掳掠人口，还多次发动大规模进攻。在大海上讨生活是很辛苦的，所以这些丹麦人并不满足于当海盗、打家劫舍，他们真正的愿望是在富饶的英格兰定居，最好还能把岛上的盎格鲁-撒克逊人斩尽杀绝，或者把他们变成自己的奴隶。

当时的丹麦人是非常优秀的战士，战斗力极强，简直令整个欧洲都闻风丧胆。在他们的攻击下，英格兰岛上的"战国七雄"一个接一个地垮台，到最后只剩下了一根独苗：韦塞克斯王国。

盎格鲁-撒克逊人到了生死存亡的关键时刻，幸好那根"独苗"韦塞克斯王国出了一位非常有能耐的君主：阿尔弗雷德。他在危机时刻挽救了自己的民族，让他们重新成为英格兰的主宰，也为后来统一的英格兰王国奠定了坚实的基础。所以，后来的英国人都称他为"阿尔弗雷德大王"。

阿尔弗雷德和很多君主都不一样，并不擅于冲锋陷阵；他挽救国家靠的也不是亲自上战场带头厮杀，而是推行军事和行政改革。

在阿尔弗雷德之前，英格兰只有民兵。只要是身体健全的自由人，不管是农夫还是贵族，都有义务在爆发战争时服兵役。谁要是拒绝服兵役，就会遭到罚款或者被剥夺土地。乍一看，这种全民皆兵的体制好像能凑出一支庞大的军队。但是，当时绝大部分人都是农民，一年到头都要下地干活才有饭吃，不可能有时间接受正规的军事训练，而且农民也负担不起高质量的兵器。所以，你肯定能想到，这种民兵的战斗力其实并不强。相比之下，那些丹麦侵略者本来就是以战斗和抢劫为生的职业海盗和雇佣兵，他们的人数虽然少，但战斗力可比民兵强多了。

除了战斗力弱，英格兰各个地方的民兵都是孤立的，一般只能保护自己所在的那一小块地方。而丹麦人就不一样了，他们可以到处游荡，想去哪里就去哪里。因为国土面积大，通讯和交通不便，又很难预测丹麦人的袭击目标，所以盎格鲁-撒克逊人并不总是能及时地集结足够的兵力迎战。

另外，盎格鲁-撒克逊人在战术上也不高明，总是习惯硬碰硬。丹麦人则聪明许多。他们擅长打游击战，每次出动之前总会精心地侦察，寻找敌人的薄弱环节。他们经常袭击敌人的后勤基地、补给线和防守较弱的据点，打了就跑。等盎格鲁－撒克逊人的大部队赶来救援时，丹麦人早就带着抢来的财物溜之大吉了。

丹麦人不仅会打游击战，而且建立了一些防御基地，在自己的地盘周围挖壕沟、建壁垒，把它变得易守难攻。每一次抢劫成功之后，他们就把战利品送到防御基地，在那里休整，然后再从那里发动新的袭击。如果遇到强敌，丹麦人也会撤回基地，里面有的是粮食，他们可以坚守很长时间。盎格鲁－撒克逊人就算想要攻击他们，也总是坚持不了多久，就饿着肚子撤退了。

面对这么强大的丹麦人，作为七国仅存的一位国王，阿尔弗雷德该怎么办？

他苦思冥想，拿出了两个办法。首先，他建立了一支小规模的精锐部队，作为机动力量，随时迎战丹麦人，而不是只依赖每个地方的民兵；其次，他建立了一个由堡垒组成的网络。他一共建造了33座堡垒，它们全都位于英格兰具有战略意义的重要地点。有的堡垒建在河上，两岸都有防御工事，这样一来，当丹麦人的舰船经过时，就会遭到两面夹击。

修好这些堡垒还不算完。阿尔弗雷德还根据每座堡垒的大小和城墙的长度，算出了分别需要多少兵力来维持。按照他的算法，差不多每1.2米的城墙，就需要一名防守的卫兵。而且，这些堡垒之间也不是孤立的。阿尔弗雷德建立了道路网，让军队可以快速移动。如果一个地方遭到袭击，其他堡垒的军队都可以迅速赶去增援。相邻堡垒之间的距离都不太远，一般不会超过一天的路程。这样一来，军队总是能在一天之内到达下一座堡垒，这就避免了在野外露营时遭到敌人的突然攻击。这也让两座堡垒之间的救援变得更加快捷。

后来，这些堡垒大都变成了英格兰的商业中心和战略要地，因为城墙和军队的存在保障了工匠的生产和商人的安全。

事实证明，这套由堡垒、机动部队和公路网组成的防御体系经受住了实战的检验，丹麦人虽然战斗力强，但不擅长攻城，所以面对这些堡垒束手无策。就这样，阿尔弗雷德打了很多胜仗，收复了很多土地，扭转了盎格鲁－撒克逊人被动挨打的局面。

不过很可惜，阿尔弗雷德在公元899年就去世了，有生之年没能完成驱逐丹麦人、统一英格兰的大业。目前人们还没有搞清楚他的死亡原因，有一种说法是，他一生都在忍受慢性疾病带来的痛苦，所以他很可能是病死的。

阿尔弗雷德死后，后人继承了他的遗志，继续与丹麦人斗争。最终，在公元927年，阿尔弗雷德的孙子埃塞尔斯坦成功征服了英格兰北部的丹麦人。后来，他就被视为第一位英格兰国王。

丹麦人的侵略给英格兰留下了深远的影响。举个最简单的例子，你学英语时肯定学过"they"、"them"、"their"，也就是"他们"和"他们的"这几个单词。其实，这几个词都是丹麦人留下的遗产。在今天的英格兰人血统当中，除了盎格鲁－撒克逊人的成分，也有丹麦人的成分。

不过，如今的英格兰人的祖先除了这两个民族，还有一个非常重要的民族，那就是法兰西人。

26

缔造英格兰：诺曼征服

很多年前，我刚刚开始学英语的时候，有一件事我一直想不通。你看，英语里面表示鸡和鸡肉的单词都是"chicken"；鱼和鱼肉也都是"fish"。但是，有的动物和它们的肉，说法就不一样。比方说，英语中猪是"pig"，猪肉却是"pork"；牛是"ox"或者"cow"，牛肉却是"beef"；羊是"sheep"，羊肉却是"mutton"。后来我才知道，英语这个奇怪的特点，其实和英格兰遭受的另一场侵略有关系。

这次的侵略者是来自法国北部的诺曼人，他们给英格兰带来了翻天覆地的改变，甚至可以说，诺曼人的征服是英格兰历史上经历过的最剧烈的变革之一。

前面我们讲过查理曼和法兰克帝国的故事。在查理曼死后，法兰克帝国分裂成了三部分，其中西边的部分叫作西法兰克王国，它就是后来的法兰西王国和法兰西共和国的前身。

咱们还说过维京海盗侵略英格兰的故事，其实除了英格兰之外，西法兰克王国也饱受维京海盗的袭扰和侵略，人民苦不堪言。一直到公元911年，西法兰克的国王想出了一个办法，那就是用敌人去对付敌人，用维京海盗去对付维京海盗。

原来，当时最让西法兰克人头疼的，是一个叫罗洛的人率领的维京海盗。于是，国王就和罗洛签了协议，把王国北部的一个沿海地区赐给这些海盗和冒险家，让他们定居下来，不过，条件是罗洛要负责防御这个地区，抵挡其他维京海盗，也就是他的北欧亲戚。

这样一来，罗洛在名义上就成了法国国王的封臣。封臣是什么意思呢？当时的欧洲已经出现了封建制度，它指的是上级把一块土地封给自己的下级，承认他对这块土地拥有特权，保护他的权益；同时，下级也要向上级效忠，遇到打仗的情况，还要带着自己的军队支持上级。这种制度就叫作"封建制度"，接收封地的下级就是"封臣"了。

能够摆脱颠沛流离、刀尖舔血的海盗生活，过上安稳日子，罗洛当然很乐意。他和手下的维京人没过多久就融入了当地人的社会，与他们通婚，接受了基督教，还学会了法语。后来，法国人就把这些定居的维京人称为"北方人"。他们生活的地区叫作"诺曼底"，意思是"北方人的土地"。第二次世界大战当中特别有名的"诺曼底登陆"就发生在这里。罗洛就是第一代诺曼底公爵。不过，当时诺曼底这块地方很独立，事实上相当于一个国中之国，法国国王其实是管不了的。

维京人与法国人的混血后代就叫"诺曼人"。因为维京人说北欧语言，所以他们的后代诺曼人虽然也说法语，但是这些法语受到了北欧语言的影响，和其他地区的法语不太一样，一般被称为"诺曼法语"。

这就是当时西法兰克王国和诺曼底的情况。与此同时，在西边，阿尔弗雷德大王的后代正统治着英格兰。有一位英格兰国王娶了一位诺曼底公爵的女儿。英格兰和诺曼底从此就建立了联系。

诺曼底公爵的女儿给英格兰国王生了一个儿子，名叫爱德华，大家今天都称他为"宣信者爱德华"。很不幸，在爱德华当国王期间，他的王位被丹麦人夺走了，他被迫流亡到诺曼底，去投奔自己的亲戚、当时的诺曼底公爵威廉。爱德华没有孩子，于是就有人传言，他在流亡期间曾经许下承诺，将来要把英格兰的王位传给威廉。

1066年1月，爱德华驾崩。临终前，他把王位传给了妻子的弟弟哈罗德·葛温森。哈罗德是当时英格兰最强大、最富有的一位贵族。他得到了贵族们和教会的支持，被加冕为英格兰国王。

但是，哈罗德的王位坐得也不稳当，他刚刚登基，就有三个人向他发出了挑战。第一个挑战者是他的亲弟弟。兄弟俩在一年前曾经发生冲突，弟弟被剥夺了爵位，流亡海外，现在他要回国向哥哥复仇。第二个挑战者是当时的挪威国王。这是离英格兰比较近的一位强大的君主，他对英格兰充满野心。第三个挑战者就是诺曼底公爵威廉。威廉大肆宣扬，说爱德华在世时曾经承诺把王位给他，王位就应该是他威廉的。

这三个人都紧锣密鼓地集结军队，准备向英格兰发动进攻，夺取王位。那么，最终鹿死谁手呢？

1066年春，第一位挑战者、哈罗德国王的弟弟带领一支舰队袭击英格兰沿海地区，结果吃了败仗。打败他的是哈罗德国王手下的贵族，而国王本人此时正率领主力部队待在南边，准备迎战随时可能杀到的诺曼底公爵。然而，哈罗德的军队里大部分是民兵，收割庄稼的时间就快到了，他们还要下地干活，不可能永远等下去。哈罗德无奈，只好在9月8日这天让民兵解散回家。

恰恰在这个时候，野心勃勃的挪威国王率领大军从北欧杀入英格兰北部，先前打败仗的哈罗德的弟弟也投奔了挪威人。就这样，挪威军队大举南下，在9月24日抵达了约克郡。

面对挪威人的威胁，哈罗德国王只得赶紧集结军队，去北方对付敌人。他们一天能走40公里路，这在当时可以说是非常惊人的急行军了。很快，哈罗德国王的军队就到了约克郡，打了挪威人一个措手不及，他们没想到哈罗德来得这么快。

在这场激烈的战斗中，挪威军队大败，挪威国王和哈罗德的弟弟都阵亡了。据说，挪威人入侵时足足有300艘船，战争结束时只需要24艘船就能把全部幸存者都送回去。

哈罗德国王这一仗打得很漂亮，但是他的军队也伤亡惨重，士兵们经历了连续的急行军和作战，非常疲惫。最糟糕的是，他只解决了两个挑战者，他的军队此时在英格兰北部，而最大的威胁来自南方的诺曼底。

诺曼底公爵威廉在做什么呢？这一年的上半年，他都在招兵买马，建造船只。按照现代历史学家的估算，威廉的兵力可能在7000人到1万人左右，其中大约四分之一是骑兵，四分之一是弓箭手，二分之一是步兵。

9月28日，也就是哈罗德国王打败挪威人三四天后，诺曼军队就在英格兰南部登陆了。他们在一个叫黑斯廷斯的地方建造了土木工事，然后袭击周边地区，烧杀抢掠，想要以逸待劳，引诱哈罗德主动进攻。

哈罗德国王把一部分兵力留在北方，以防挪威人卷土重来，然后率领剩余的部队南下应战。

10月14日这天，哈罗德带着英格兰军队与威廉的诺曼军队交锋，这就是决定英格兰命运的"黑斯廷斯之战"。哈罗德的兵力可能有七八千人，但是绝大部分是步兵，骑兵和弓箭手都很少。

贝叶挂毯中的黑斯廷斯战役

　　这场战斗非常激烈。一开始，哈罗德的军队摆出了
非常严密的阵型，威廉的军队久攻不下，损失惨重，甚
至出现了谣言，说威廉已经战死了。他手下的一些士兵
恐慌起来，临阵脱逃。

　　在这种局面下，哈罗德的军队当然是乘胜追击了。
他没想到的是，冲锋打乱了原先的阵型，反而被敌人的
骑兵杀得七零八落。威廉的军队抓住机会，两次佯装败
退，引诱对手追击，然后出动骑兵去冲杀这些追兵。

　　战场上的局势逆转。哈罗德作为英格兰的最后一位
盎格鲁-撒克逊国王，英勇地战死沙场。很快，英格兰
军队就溃败了。

得胜的威廉带领大军一路北上进入伦敦城。那一年的圣诞节，他在威斯敏斯特教堂加冕为王，成为"征服者"威廉一世。又过了一些年，威廉彻底平定了盎格鲁-撒克逊人的反抗，在英格兰建立了诺曼王朝。英格兰历史从此进入了一个新的时期。

诺曼人是外来的统治者，他们可能只有8000人，远远少于盎格鲁-撒克逊人。为了稳固自己的统治，诺曼人大兴土木，建造了许多城堡，以维持军队，随时镇压民众的反抗。为了供养这些城堡和军队，诺曼人在英格兰也建立了封建制度。由国王控制全国所有的土地，再分封给贵族和骑士。

在诺曼人的统治下，盎格鲁-撒克逊贵族几乎被消灭殆尽，也就是说，先前的统治集团几乎完全消失了。旧贵族的土地被没收，然后分配给有功劳的诺曼贵族和军人。据说，到了1086年，也就是征服者威廉登基20年之后，整个英格兰的土地只有5%还在盎格鲁-撒克逊人手里。所有的伯爵位置都由诺曼人占据，教会的高级职位，比如主教、大主教和修道院长，也都被诺曼人把持着。

诺曼人保留了旧的政府结构，不过，他们把几乎所有官员都换成了诺曼人。英格兰的上层社会成了诺曼人的天下，他们都说法语。征服者威廉虽然当了英格兰的国王，但他始终没有学会说英语。与此同时，下层劳动人民还是盎格鲁-撒克逊人，他们说古英语。老百姓们养猪，所以猪的单词还是原来的英语词；但他们吃不起猪肉，所以猪肉的单词就变成了贵族使用的法语词。诺曼征服在英语中留下的烙印，一直保留到今天。

作为高高在上的征服者和统治者，诺曼人起初是不愿和盎格鲁-撒克逊人通婚的。但是，过了差不多100年之后，两族通婚已经非常普遍；再往后，就很难分得清谁是诺曼人，谁是盎格鲁-撒克逊人了。他们已经融合成一个新的民族：英格兰人。

27

多元文化的明珠：
诺曼人统治下的西西里

与征服英格兰差不多同一时期，诺曼人在欧洲的另一个角落还做了一件惊天动地的大事：征服了差不多半个意大利。

你也许要问了，诺曼人怎么这么能打呢？有人分析，这是因为他们融合了法国人和维京人的血统。正是维京海盗的血统让他们的性格和脾气都跟法国其他地方的人大不相同。诺曼人聪明机敏、适应力强，像他们的维京祖先一样，总是精力充沛。他们还有一个重要的特点，那就是擅长生孩子，子嗣繁多。这导致诺曼底人口持续爆炸，越来越多的年轻诺曼人离家闯荡，寻找新的生存空间。

这一边，诺曼人的大贵族，诺曼底公爵威廉征服了英格兰；另一边，还有一些没名气的诺曼底小贵族，正在意大利打拼。

当时的意大利南部，正是多股势力混战之地。这里有伦巴第人——他们是日耳曼人的一个分支，有拜占庭帝国的势力，也有来自阿拉伯地区的穆斯林，当然了，还有诺曼人。

这群诺曼人的首领来自诺曼底的欧特维尔家族，他的名字叫作罗贝尔·吉斯卡尔。罗贝尔·吉斯卡尔是一个军事冒险家，行事风格和恺撒很像。"吉斯卡尔"其实是他的绰号，就是"狡猾"的意思。凭借精明狡猾和能征善战，这群外来的诺曼人在意大利打出了一片天地。

诺曼人的势力越来越大，意大利的教皇感到自己的统治受到了威胁。他决定先下手为强，亲自带兵出征，讨伐诺曼人，把威胁扼杀在摇篮中。结果，教皇打了败仗，他本人也被诺曼人俘虏了。不过，诺曼人并没有太为难教皇，而是对他以礼相待，软硬兼施。几年之后，教皇就宣布，把意大利南部的三个公国赐予罗贝尔·吉斯卡尔。

什么是公国呢？在欧洲当时的封建制度中，国王把土地分给封臣，这些地盘就归封臣统治，相当于是国中之国。这样的封建制自治国家当中，比较大的封国就叫公国，由公爵来统治；还有一些比较小的封国，比如侯国和伯国，分别由侯爵和伯爵来统治。教皇把三个公国赐予诺曼人，也就给他们在意大利的政权赋予了合法性。

这三个公国当中，有一个是西西里公国。最近两百年来，它一直处在穆斯林的统治下，教皇也管不得。所以，诺曼人如果想真正得到西西里，就必须自己去攻打。

首领罗贝尔就把征服西西里的任务交给自己的弟弟，罗杰。罗杰可能是他们家族最优秀的政治家，经过31年的漫长战争之后，他终于征服了西西里，享有"大伯爵"的封号。

罗杰统治下的西西里，是一个拥有多元文化的国度。这里生活着阿拉伯人、希腊人、意大利人和犹太人，当然还有来自西北欧的诺曼人。人们的宗教信仰也很复杂，有伊斯兰教、东正教、天主教和犹太教。其中，东正教和天主教虽然都属于基督教的分支，但是互相之间势如水火。

在这种错综复杂的局面下，统治者稍有不慎，西西里就很可能会陷入混乱，甚至爆发战争。

诺曼底公爵威廉在征服英格兰之后，非常残暴，将整个统治集团都换成了诺曼人。那罗杰是不是也和他的诺曼亲戚一样，欺负异族呢？恰恰相反，罗杰对不同的民族和宗教表现出了惊人的宽容和友善。

在西西里，清真寺一如既往地开放；法庭也仍然执行伊斯兰法律；阿拉伯语被宣布为官方语言，与拉丁语、希腊语和诺曼法语享有同等的地位。

在政府层面上，许多穆斯林地方官也都保留了自己的职位。除此之外，希腊人的语言、文化和传统也得到了尊重。罗杰还给东正教社区拨款，让他们重建教堂和修道院。

有了罗杰这样一位宽宏大量的统治者，西西里吸收了多个民族、多种文化的人才、知识和资源，很快就繁荣兴旺起来。

大伯爵罗杰去世之后，他的儿子继承了爵位，这个继承者的名字也叫罗杰。这位罗杰利用罗马教会内部的矛盾，让教皇把他提升为国王。后来，人们就称他为西

西里国王罗杰二世。罗杰二世统治下的西西里王国非常
强大，不仅包括西西里岛，还包括意大利南部的很大一
部分。当时，它是跟英格兰和法兰西齐名的强大王国。

　　刚才说过，大伯爵罗杰对待不同的民族和宗教都是
非常包容友善的。罗杰二世从小在父亲创建的这样一个
宽容又互相尊重的国际化环境中长大，所以他当上国王
之后，继续奉行海纳百川的政策，甚至专门给每个民族分
配他们最擅长的任务。于是，在西西里，很快就形成了一
些惯例，比如，海军总是由希腊人统率，因为希腊人是最
优秀的水手；国家财政总是由阿拉伯人负责，因为阿拉

罗杰二世

伯人的数学能力比别人都好。就连当时西西里的很多教堂也融合了不同民族的风格，既有阿拉伯风格的橙色和朱红色的穹顶，又有拜占庭希腊风格的建筑元素。

罗杰二世的宫廷是12世纪欧洲最璀璨夺目的宫廷。罗杰二世本人就是一位大学者，求知欲极强，非常尊重学术。他在王国的首都巴勒莫为欧洲和阿拉伯世界最顶尖的学者、科学家、医生、哲学家、地理学家和数学家提供了一个理想的家园。

举个例子吧，阿拉伯科学家伊德里西是罗杰二世的好朋友，也是西西里宫廷最卓越的科学家之一。罗杰二世给了他一个任务，请他从世界各地搜集地理知识，编写一部关于世界地理的著作。

西西里位于欧亚非三大洲的十字路口，所以它的港口非常繁忙，什么人都有。要在这里编写一部关于世界地理的著作，是再合适不过了。在国王的支持下，伊德里西带着助手守在西西里的港口，每当有船只停靠，他们就去询问船长和船员去过什么地方、那些地方有什么地理特征、风土人情是什么样的。用这种办法，伊德里西收集了大量珍贵的第一手信息，并将它们一一整理出来。他花了整整十五年时间，在公元1154年1月，终于圆满完成了这项工作，此时罗杰二世国王才离世一个月。。

伊德里西取得了两项成果。第一，他绘制了一幅庞大的银质平面球形图，上面把地球分成了七个气候带，雕刻着各个气候带的不同地区、国家、海岸、海湾、海洋和水道的布局，还有沙漠和耕地的位置，道路的距离，以及各个港口的名称。

伊德里西的第二项成果，也是更宝贵的成果，是一本书，名字叫作《云游者的娱乐》，不过人们一般习惯用国王的名字把它称为《罗杰之书》。这是中世纪最伟大的地理学著作。接下来的300多年里，《罗杰之书》一直是非常权威的世界地图。

书的第一页写着这样一句话：

"大地是圆的，就像一个球体。水附着在大地表面，通过恒久不变的自然平衡与大地维持联系。"

你看，早在12世纪，伊德里西就已经意识到，地球是一个球体。《罗杰之书》里面的很多地理知识都准确得令人吃惊。比如，书中是这样描写英格兰的：

"英格兰位于黑暗大洋之中。它是一个相当大的岛屿，形状像鸵鸟头，岛上有繁华的城镇、高山大川和平原。这个国家土地肥沃；其居民勇敢、活跃而有进取心。"

在西西里的宫廷科学家圈子里，像伊德里西这样的穆斯林科学家，人数很可能是最多的。不过，除了穆斯林，也有很多西欧科学家来到了西西里。

这是因为在那个时代，穆斯林的文明是世界上最先进的文明之一。西欧经过"黑暗时代"的倒退之后，人们已经认识到，当时的穆斯林文明比基督教欧洲文明更优越。尤其在数学和物理科学方面，阿拉伯语已经成为了真正的传播科学的语言。要想接触最先进、最前沿的研究，非得学会阿拉伯语、了解穆斯林的学术成果才行。可问题是，阿拉伯语非常难学，在西欧也很难找到称职的阿拉伯语教师。于是，很多学者就来到西西里，希望能够在那里解开穆斯林世界的奥秘。

本来，人们要想了解穆斯林文明，西西里并不是唯一的选择。当时在西班牙也有穆斯林的王国。但是，相比西班牙，西西里拥有一个很大的优势：它不仅有穆斯林文化，同时也和希腊保持着密切的联系。在西西里王国首都巴勒莫的图书馆，学者们能找到一些希腊文著作原本，而同样的著作在西班牙只能找到一些节选或质量可疑的翻译版本。

在13世纪，甚至14世纪之前，整个西欧对希腊语几乎一无所知；而在西西里王国，不仅能接触到当时最先进的穆斯林文明，而且可以研究希腊文明。相比之下，东边的拜占庭虽然也有希腊研究，但是那里的人对穆斯林文明既不了解，也不信任。只有在西西里，人们才能同时学习和研究第一手的阿拉伯与希腊资料。这一点，在当时的欧洲可以说是独一无二的。正是因为大伯爵罗杰和罗杰二世的宽松政策，西西里缔造了世界历史上令人难忘的文明之一。

28

卡诺莎之行：皇帝与教皇

在11世纪的意大利，罗马教皇可以分封土地，还可以任命国王，听起来他比国王还要高一级。为什么教皇有这么大的权力呢？

今天你可能很难想象，在中世纪的欧洲，宗教的意义有多么重大。我举几个简单的例子。在那个年代，婴儿出生之后就要接受洗礼，成为基督教社群的一分子；人们如果要结婚，婚姻必须得到教会的祝福，否则就是非法的；一个人临死之前还必须请神父做临终涂油礼，否则就不能升入天堂。

可以说，当时欧洲人的一辈子都和基督教紧紧联系在一起，所以教会拥有很大的权力也就不奇怪了。

这还只是一方面。另一方面，在西罗马帝国灭亡之后，西欧的文化开始凋零，识字率非常低。文盲不能当官，统治阶级又需要识字的人来为自己服务，而当时受过教育的人大部分是教会的神职人员。所以，教士当官的现象非常普遍。

另外，根据教会的规矩，教士不能结婚，所以他们不管拥有多大权力，都不可能传给自己的孩子，也就不会形成世袭的权力集团。这一点正好和贵族世家形成对比。所以，国王为了排挤和压制贵族，也会专门挑选忠诚可靠的教士来担任重要的官职。

种种因素积累在一起，教会的力量越来越强大。欧洲也随之出现了两种权力：一种是教会的权力，简称"教权"；还有一种是君主的权力，简称"君权"。"君权"有时候也叫"世俗权力"，这里的"世俗"意思是和宗教相对，它不是一个贬义词。

有的时候，"君权"和"教权"是合作关系。但是，君主和教会不可能永远保持一致，当双方遇到分歧的时候，就得分个高低上下了：国王也好，皇帝也好，和教皇相比，谁更强大？谁应当服从谁呢？

要想弄清这个问题，咱们还得从查理曼说起。查理曼原本是法兰克人的国王，后来通过南征北战建立了一个超级大帝国，几乎覆盖了整个西欧。查理曼是基督徒，在扩张领土的过程当中，他得到了天主教会的大力支持，所以他与教会的关系原本是不错的。

教会的领导人是罗马教皇，从理论上来说，他是整个基督教世界的精神领袖。

公元799年，教皇利奥三世在罗马遭到贵族围攻，于是他向强大的查理曼求助。查理曼帮助他击退了敌人。结果，第二年圣诞节，查理曼在罗马的圣彼得大教堂祈祷时，利奥三世突然为他戴上了皇冠，并宣布查理曼是"罗马人的皇帝"。

这是一个非常复杂并且富有争议的事件。有人认为，利奥三世是在感激和报答查理曼，查理曼之前并不知道教皇会这么做；也有人说，两边早就串通好了，这是教皇和查理曼合演的一场戏；还有人说，查理曼不仅事先不知情，而且事后非常恼火，因为他对教皇的"报答"并不买账。据说，查理曼曾经表示，如果他事先知道教皇会做出这个举动，他绝不会走进教堂。

这天上掉馅饼的好事，查理曼为什么还生气呢？这是因为，教皇这么做可能不只是知恩图报那么简单。教皇给查理曼戴上皇冠，说他是皇帝，他就成了皇帝，那就相当于"皇位是我教皇给你的"。这就暗示了君权出自教会，教权高于君权，皇帝的位置需要得到教皇的认可和"恩赐"。这在支持君权的人看来当然是不可接受的。

无论这件事的真相如何，从此之后，关于君权与教权孰高孰低这件事，欧洲人吵了一千多年。君权与教权之间的争斗也在很多地方接二连三地上演。

在德意志，君权与教权的斗争尤其激烈。教皇毕竟来自意大利，是个外人，所以德意志的君主，也就是神圣罗马皇帝，对教皇总是不太服气的。当时最重要的争议之一是教会职位的任命问题，也就是看谁有权任命新的主教。

主教不仅仅是一个教会职位这么简单，它还意味着崇高的地位与威望，大片的领土和巨额的财富，是一个不折不扣的肥差。所以，很多贵族都愿意把自家的子弟安排去当主教。德意志的皇帝也经常安排自己的亲信当主教，帮助自己治理帝国，同时还能控制教会的土地与财产。

德意志皇帝做的还不止这些，他们的手伸得很长，甚至经常干预教皇的选举，把自己中意的人选安插到教皇的位置上。教会人士当然非常厌恶皇帝和贵族这些所谓的"世俗权威"对教会的干预和操纵，他们尤其讨厌皇帝安排自己的傀儡去当教皇。

1075年，当时的教皇格列高利七世就宣布，教皇的权力是唯一的普世权力。意思就是，只有教皇才能任命、罢免或调动教会人员，皇帝是没有权力干涉的。他还宣布，教皇是有权处置皇帝的，甚至可以罢免皇帝。

当时的德意志皇帝亨利四世听到这个消息之后，勃然大怒。在他看来，自己作为皇帝的权力是上帝直接赐予的，也就是"君权神授"，教皇只不过是一介凡人，无权干涉；教皇要垄断对神职的任命，也是对皇帝权力的冒犯。

于是，亨利四世给教皇写了一封非常不客气的信，里面说："我亨利，并非自立为王，而是得上帝天命的国王，致书于希德伯兰，你并非当今教皇，只不过是个假僧人……你下台，下台，永远受诅咒吧！"

希德伯兰是教皇的本名，亨利四世对他直呼其名，可以说是非常粗鲁了。除了写信，亨利四世还继续任命自己的亲信当主教，用这种方法向教皇挑衅。

教皇自然不肯善罢甘休。第二年，教皇就发出了一招致命的反击，宣布将亨利四世开除出教会，罢免他的君主位置，并解除德意志贵族对皇帝的效忠誓言，允许他们另选新皇帝。

看到皇帝倒了大霉，德意志的贵族们一个个是欢天喜地，马上打着拥护教皇的旗号，掀起反叛，侵占皇家领地，扩大自己的地盘。亨利四世一个人根本抵挡不了这些贵族，眼看这皇帝要当不下去了，他只好忍气吞声，向教皇低头。

1077年，教皇正在意大利北部的卡诺莎城堡逗留，亨利四世就赶到城堡，想要拜见教皇，向他当面道歉。但是，教皇不相信亨利四世是真诚悔过，不肯接见他。

那亨利四世该怎么办呢？他脱去皇袍和铠甲，穿上一种特殊的刚毛衬衣。这种衬衣通常是用粗糙的动物毛做成的，穿起来非常不舒服，只有犯错的人表示真心悔过的时候才会穿。当时下着鹅毛大雪，亨利四世就穿着刚毛衬衣、光着脚，站在城堡门前的雪地里瑟瑟发抖。他的皇后和皇子也光脚站在雪地里，一起恳求教皇的宽恕。传说，亨利四世就这样在雪地里等了三天三夜，也饿了三天三夜。

最终，城堡大门还是打开了，亨利四世获准进去拜见教皇。据说，他进去之后，就跪倒在教皇面前，恳求他

亨利四世在卡诺莎城堡门外

的宽恕。亨利四世都做到这个程度了，教皇也只好赦免了他，邀请他重新回到教会的怀抱。后来，亨利四世去卡诺莎城堡向教皇认错这件事情，就被称为"卡诺莎之行"。

这里我想问问你，你觉得"卡诺莎之行"的本质是什么呢？

有人说，这是皇帝的奇耻大辱，是教皇的辉煌胜利；也有人说，亨利四世是在演戏，骗取了教皇的宽恕；还有人说，不管怎么样，这对教皇来说都是一次失败，因为亨利四世无论是真诚还是演戏，都已经做出了如此卑微的姿态，教皇实际上别无选择，只能宽恕对方，否则就会丧失自己的道德权威。所以，亨利四世选择主动示弱和让步，是非常聪明的做法，他其实是逼迫教皇做出了违心的决定。

果然，亨利四世在得到宽恕之后，花了几年时间整顿江山、镇压反叛的贵族，然后就在1081年入侵罗马，推翻了格列高利七世，立自己的一位亲信为新教皇。曾经不可一世的格列高利七世，最后在逃亡路上凄凉地死去了。

不过，亨利四世的下场也不好，他后来被自己的儿子亨利五世推翻了。亨利五世登上皇位之后，和罗马教廷达成了一定的妥协：皇帝和贵族这些世俗君权不再享有任命神职的权力，但他们仍然对任命过程具有相当大的影响力。

亨利四世和格列高利七世的恩怨只是教会与世俗权威斗争的一个缩影。事实上，教权和君权的紧张关系一直延续到20世纪。"卡诺莎之行"，后来也成了西方文化中一个很有名的成语，人们通常用它来形容一个人被迫忏悔认错，而且带有屈辱的意味。有意思的是，不同时代、不同民族的人们往往会出于不同的目的对"卡诺莎之行"做出不同的解读。比如，后来的德意志民族主义者歌颂亨利四世是民族英雄，因为他坚决反抗外国人对德意志的干预；而在一些意大利人看来，"卡诺莎之行"是意大利人的一次伟大胜利，格列高利七世是他们的民族英雄，因为他代表着意大利人对德意志人的胜利。

29

阿基坦的埃莉诺:

英法两国的王后

　　你在学习中世纪欧洲历史时可能已经注意到,女性人物是比较少见的。不过,千万别因为女性的出场次数不多,就觉得她们在历史上不重要。恰恰相反,如果一位女性拥有较高的社会地位,并且性格坚强、头脑聪明的话,她很可能会扮演至关重要的历史角色。

　　现在,我要向你介绍的就是一位传奇女性。她是两位国王的妻子,也是三位国王和两位王后的母亲;她对欧洲好几个国家的历史都产生了重大影响,而且在很长一段时间里,英格兰的朝政大权都把持在她手中。她的名字叫埃莉诺，因为她的家乡是法国的阿基坦，所以人们常常叫她"阿基坦的埃莉诺"。

公元1122年，埃莉诺在法国出生。中世纪的人结婚很早，埃莉诺15岁就准备出嫁了。此时的她堪称全欧洲条件最好的单身女郎。人人都觉得，能娶到她的一定是最出色、最幸运的人。

为什么这么说呢？首先是因为埃莉诺出身高贵、家世显赫，而且她是阿基坦公国唯一的继承人。阿基坦位于法国的西南部，毗邻大西洋，面积相当于法兰西全部国土的四分之一。人们利用这里的港口来做葡萄酒和食盐生意，所以阿基坦商业发达，非常富庶。当时法兰西王室的势力很薄弱，阿基坦虽然在名义上臣服于法兰西王室，但实际上具有相对独立的地位。所以，谁能娶到埃莉诺，谁就能控制阿基坦，收获数不尽的财富、权力和资源。

其次，埃莉诺内外兼修。她长得非常美。年轻时，有人称赞她"比美更美"。她30岁时，还有一位著名的诗人赞美她"优雅、可爱，是魅力的象征"。除了外表美丽，埃莉诺的性格也很有魅力。她坚强、高傲、聪明绝顶。她从小在一个热爱文学和艺术的家庭中长大，这样的家庭氛围又赋予了她优雅的气质和不凡的眼界。

无论从哪方面来看，埃莉诺都是当时最出色、最高贵的女郎，普通人肯定配不上她，她的归宿只能是嫁入帝王家。事实上，当时迎娶埃莉诺的正是法国国王路易七世。

遗憾的是，这对夫妻的婚姻很快就遇到了麻烦，因为两个人性格差别实在是太大了。埃莉诺个性活泼，为人泼辣，而路易总是冷若冰霜，沉默寡言；埃莉诺平时喜欢奢华享乐，而路易生活简朴，醉心于宗教，把大部分精力都用来礼拜上帝。

除了与丈夫性格不合，埃莉诺在法国王室也很不受欢迎。公元1147年，埃莉诺陪同路易七世参加了第二次十字军东征。就在这个过程中，出现了大量针对她的流言蜚语。人们指责埃莉诺，说她任性胡闹，害得十字军陷入埋伏、损失惨重。还有人诬告她和她的叔叔雷蒙亲王密谋串通，故意破坏这次远征。后来甚至有历史学家造谣，说埃莉诺曾经和敌军领袖萨拉丁有过私情，还企图跟着他坐船私奔。这完全是无稽之谈，因为萨拉丁当时年仅十岁。总而言之，法国人相当不喜欢埃莉诺。

这次东征结束后，埃莉诺和路易七世从耶路撒冷返回法国。在回国途中，他们在意大利短暂停留了一阵，觐见教皇犹金三世。教皇为这对夫妻作了婚姻辅导，鼓励他们和解。但是，埃莉诺与路易貌合神离的时间太久，夫妻关系已经难以修补了。

如果埃莉诺能生下一个男孩作为继承人的话，这段婚姻或许还能勉强维持。但事与愿违，他们只有两个女儿。最后，这对尊贵的夫妻还是离了婚。阿基坦公国仍然属于埃莉诺，直到她再次出嫁，把这片庞大的领土带给她的下一任丈夫。

事实证明，埃莉诺是不愁嫁的。没过几个月，她就再婚了。新任丈夫是刚刚过完19岁生日的诺曼底公爵亨利，他比埃莉诺小了足足11岁。

亨利虽然年轻，身份却很不简单。他的母亲是英格兰诺曼王朝和诺曼底公国的女继承人，父亲是法国的安茹伯爵。安茹是法国北部一个强大的诸侯国。因此，亨利和埃莉诺结婚之后，既掌握了安茹，又得到了阿基坦，一个人就控制了法兰西王国几乎整个西海岸和将近一半的陆地领土。后来，亨利又从母亲那里继承了英格兰的王位，成为英格兰国王亨利二世。

亨利二世统治的领土横跨英吉利海峡，非常辽阔。

埃莉诺和亨利二世

因为他的父亲安茹伯爵喜欢用金雀花来装饰帽子，他们的家族就有了"金雀花家族"的外号。后来，人们也把亨利二世建立的这个强大的王朝叫作"金雀花王朝"。

很明显，亨利从这场婚姻中收获了巨大的利益，那谁受到损失了呢？当然是法国国王。英格兰的实力变得这么强，对法国构成了极大的威胁。从此以后，英格兰和法兰西，就开始了长达数百年的争斗。

好，咱们还是先说回埃莉诺。她与亨利二世结婚之后，夫妻俩一开始也是相亲相爱，一共生了五个儿子和

247

三个女儿。其中两个女儿嫁给了外国君主，另一个嫁给了德意志的诸侯。五个儿子当中，长子很小就夭折了，只有四个儿子长大成人，他们分别是小亨利、理查、若弗鲁瓦和约翰。埃莉诺最宠爱三儿子理查；不过，按照排行，王位的第一继承人应该是小亨利。

公元1170年，亨利二世还在世的时候，就为15岁的小亨利加冕了，所以他被称为"幼王"。但是，小亨利只有国王的头衔，实权仍然掌握在父亲手里。两年后，小亨利娶了法国国王路易七世与第二任妻子的女儿为妻。结婚之后的他依然没有什么权力。

缺乏政治地位的小亨利过着奢侈的生活，又没有足够的收入，结果欠了很多债，他的自尊心也因此受到了伤害。这一切，都被他的岳父路易七世看在眼里。路易七世可是一直想要反对英格兰的。他赶紧抓住机会，煽风点火，让小亨利对父亲亨利二世越来越不满。

法王的挑拨很成功。公元1173年，小亨利偷偷离开英格兰，跑到法王那里，发动了针对父亲亨利二世的叛乱。这个时候，他只有18岁。令所有人大吃一惊的是，小亨利的两个弟弟，15岁的理查和14岁的若弗鲁瓦，居然也加入了叛乱，他们从母亲埃莉诺身边出发，也去投奔了路易七世。

为什么兄弟几个都要反对自己的父王呢？对此，人们普遍认为是埃莉诺在背后煽动。

你肯定要问了，埃莉诺不是和亨利二世关系很好吗？怎么突然要让儿子反对他呢？这个问题的答案，到今天仍然是个谜团。有人说，这是因为亨利二世抛弃了她，但是这种说法没有任何事实根据。更有可能的原因是，亨利二世一步步侵犯了埃莉诺对阿基坦公国的控制权，把阿基坦当作了他自己的财产，而不是妻子的财产。埃莉诺作为阿基坦的女公爵感到非常不甘心，所以她选择发动叛乱来捍卫自己对领地的合法控制权。

为了反对亨利二世，埃莉诺打算与过去自己最讨厌的人，也就是她的前夫、法国国王路易七世联手。传说，埃莉诺假扮成男人，偷偷去跟路易七世会合。不过，半路上她就被亨利二世抓住，并被关了起来。

小亨利的叛乱持续了一年半时间，这个幼稚的年轻人只不过是路易七世手中的傀儡罢了。路易七世希望利用金雀花家族内部的混战来扩大自己的地盘。可是，他们都打不过亨利二世。最后，三个幼稚的英格兰王子不得不向父王投降，也得到了父王的宽恕。

亨利二世虽然原谅了儿子，可是不肯原谅妻子，埃莉诺一直被软禁在英格兰南部的城堡中。

在亨利二世的晚年，小亨利再次发动针对父亲的叛乱，法国人也再次参与其中。当时路易七世已经去世了，和小亨利结盟的是路易七世的儿子、新任法兰西国王腓力二世。而且，小亨利这次又把弟弟若弗鲁瓦拉下了水。不过，他们的兄弟理查已经成长为一名精明强干的军事家，理查选择站在父亲那边，对付自己的兄弟。最后，小亨利和若弗鲁瓦这两个不忠不孝的儿子，分别死于疾病和重伤。

叛乱平息了，可是在法国国王腓力二世的挑拨之下，理查又和父亲发生了激烈的冲突。心力交瘁的亨利二世很快就因病去世，理查继承了王位。此时此刻，最高兴的人可能要数埃莉诺了。毕竟，理查一直是她最心爱的儿子。

理查掌握大权之后，立刻释放了埃莉诺，把之前亨利二世从她那里剥夺的土地和收入都还给了她，还下令在英格兰政府中为她安排一个重要位置。重获自由的埃莉诺马上在国内周游了一圈，将宫廷事务抓在手里，让达官贵人向自己宣誓效忠。可以说，她总算是苦尽甘来，扬眉吐气了。

这对母子已经成了英格兰的新主人。不过，作为国王，理查与勤勉的亨利二世完全不一样，他满脑子都是行军打仗、赢得荣耀。理查一共在位10年，在英格兰却只待了短短几个月。大部分时间，他要么在参加十字军东征，要么在欧洲大陆与腓力二世厮杀。因为这种个性，理查还有一个著名的外号："狮心王"理查。意思是说，他就像狮子一样勇敢。

在理查外出征战期间，就由他的母亲埃莉诺代为主持英格兰的朝政。远征结束后，理查在回国路上被仇人俘虏，命在旦夕。关键时刻，也是埃莉诺到欧洲各国去游说，用尽千方百计，为理查争取到了赎回自由的机会。在埃莉诺的领导下，英格兰人民团结起来，砸锅卖铁，凑齐了15万马克的巨额赎金，总算把理查赎了回来。

有意思的是，在理查被扣押期间，他的小弟约翰曾经想要借助腓力二世的力量来篡夺王位，但被埃莉诺阻止了。理查恢复自由之后，腓力二世就给篡位不成的约翰发了一封十万火急的信，告诉他："魔鬼已出笼，你好自为之。"不过，腓力二世这一次的挑拨并未奏效。理查没有报复约翰，在埃莉诺的劝说下，他宽恕了弟弟。

几年后，理查在一次战斗当中中箭身亡了。于是，埃莉诺帮助最小的儿子约翰登上了王位。后来，若弗鲁瓦的儿子、也是埃莉诺的孙子阿尔蒂尔发动叛乱来反对约翰的时候，埃莉诺又帮约翰平定了叛乱。

公元1204年，阿基坦的埃莉诺去世了，享年82岁，这在中世纪是非常罕见的高寿。这位传奇女性一直到生命的最后一天，都在为金雀花王朝的事业奋斗。根据她的遗嘱，埃莉诺最后葬在法国的丰泰夫罗教堂，长眠在她的丈夫亨利二世和她最心爱的儿子理查身边。

金雀花家族的这三位成员在世时争斗不休，死后总算可以安安静静地躺在一起了。

30

英雄惜英雄：狮心王与萨拉丁

我们已经认识了欧洲历史上的传奇女性阿基坦的埃莉诺。她曾经陪第一任丈夫法国国王路易七世参加了第二次十字军东征。后来，她的儿子、英格兰国王狮心王理查，又参加了第三次十字军东征。那么，十字军东征是怎么一回事呢？

它其实是11世纪到13世纪，信奉基督教的西欧人向地中海东岸的伊斯兰教政权发起的一系列战争。

基督教的创始人耶稣是在耶路撒冷受难而死的，所以耶路撒冷是基督教的圣城。其实，对伊斯兰教来说，耶路撒冷也是圣地。从公元638年开始，耶路撒冷就处在伊斯兰教政权的统治之下。

一座城市同时是两种宗教的圣地，你肯定能想到，这很容易引发一些冲突。

不过一开始，统治阿拉伯帝国的是阿拔斯王朝，也就是我国史书里面的"黑衣大食"。前面说过，这个王朝的几位哈里发还是很开明的，允许基督徒在耶路撒冷建造教堂、从事礼拜活动。所以，耶路撒冷的穆斯林和基督徒相处得比较和睦。

然而，公元9世纪之后，阿拔斯王朝开始使用突厥人当雇佣兵，朝政后来被突厥人把持，哈里发也成了他们的傀儡。突厥人是能征善战的游牧民族，来自亚洲中部，也信仰伊斯兰教。但他们对基督徒的态度就没有那么友善了。于是，穆斯林和基督徒之间的矛盾变得越来越多，也越来越严重。

差不多同一时间，埃及也有一个伊斯兰教政权，法蒂玛王朝，在中国的古书里叫"绿衣大食"。这个政权属于什叶派，而控制"黑衣大食"的突厥人则是逊尼派。什叶派和逊尼派是伊斯兰教内部两个水火不容的派别，所以黑衣大食和绿衣大食就开始不停地你争我抢，都想得到圣地耶路撒冷。这个过程中，当地基督徒的日子就更不好过了。消息传到西欧，引起了很多人的愤怒和担忧。

到了11世纪，拜占庭帝国被突厥人打败，向西欧人求援。想到这些新仇旧恨，西欧人更恼火了。当时的罗马教皇就鼓励基督徒一起去东方，把耶路撒冷抢回来！就这样，西欧的基督徒自发成立了一支军队，要向东方进军，夺回耶路撒冷。这支军队的构成非常复杂，士兵来自不同的国家，由各行各业的人组成。这支军队被称为"十字军"。这场战争也就叫作"十字军东征"了。

对耶路撒冷的争夺，涉及好几股力量。有黑衣大食，也就是阿拉伯帝国；有绿衣大食，也就是埃及；有拜占庭帝国，还有西欧的罗马教会。这个时候，耶路撒冷一带没有统一的政权，只有很多不同的穆斯林派系，不够团结。所以，第一次十字军东征特别顺利，西欧的基督徒轻松地取得了惊人的胜利。

1099年夏天，十字军攻克了耶路撒冷，在那里烧杀抢掠，血洗全城。然后在那一带建立起了好几个新的基督教国家。但是，几十年之后，穆斯林开始反击，而且取得了胜利。西欧人大吃一惊，又发动了第二次十字军东征，也就是法国国王路易七世参加的那一次。结果，这次十字军惨败而归。

与此同时，在中东地区，有一个叫萨拉丁的人崛起了。他建立了自己的王朝，叫作阿尤布王朝，统治今天的埃及和叙利亚等地。他的势力越来越大，成了西欧十字军的头号敌人。萨拉丁这个人很有魅力，他既有敏锐的政治眼光，又有卓越的军事才华，而且为人慷慨、风趣，还算是个仁慈的君主。事实上，不仅穆斯林崇拜他，

萨拉丁

256

西方人对他的评价也很高。

1187年，萨拉丁的军队攻克了耶路撒冷，全城的基督徒都成了他的俘虏。不过，萨拉丁并没有大开杀戒，还允许基督徒用赎金换取自由。一些穷人出不起钱，萨拉丁就让基督徒权贵替他们出钱。他还主动释放了老弱病残的俘虏。所以到最后，真正成为俘虏的并没有几个人。

对于萨拉丁的仁慈，欧洲人称赞有加，但他们也为耶路撒冷的陷落而感到震惊，无法接受这个结果。于是，欧洲人又发动了第三次十字军东征。这一次，由英格兰、法兰西和德意志这三个国家的君主集体御驾亲征。不过，德意志皇帝巴巴罗萨很倒霉，他在过河的时候不小心掉进河里淹死了，出师未捷身先死。所以，德意志人在这次东征中就没有发挥多少作用，参与战争的主要是英法两国。

其中，英格兰的领袖是"狮心王"理查；法国的领袖是理查的老对手腓力二世。在第三次东征期间，双方表面上结成了盟友，但你肯定能想到，他们并不能真的团结一心，而是互相猜忌，继续斗个不停。

当时，耶路撒冷一带残存的基督徒正在攻打港口城市阿卡。他们希望把阿卡变成大本营，再向敌人发起反击。理查到达后，当仁不让地接过了最高指挥权，带领士兵一起猛攻阿卡。

经过漫长的厮杀，阿卡的穆斯林守军终于坚持不下去了，向十字军投降。没想到，取得胜利的十字军内部也开始分崩离析。原来，敌人投降之后，奥地利公爵抢先进了阿卡城，还把自己的旗帜挂了起来。霸道的理查看到这一幕很不高兴，他把奥地利公爵的旗帜扯下来，扔到了一边。理查的行为对奥地利公爵而言可是极大的羞辱，他这样就给自己制造了一个仇家。

理查的仇人还不止这一个。一路上，理查对法国国王腓力二世也屡次怠慢和羞辱，还撕毁了两边的婚约。所以，在拿下阿卡城之后，腓力二世认为自己已经履行了誓言，而且他想要赶紧避开傲慢无礼的理查，就动身返回法国了。

法国人的十字军东征到此结束，但是理查可没有走。他准备在东方大展拳脚。他的计划是，先沿着海岸尽可能多地收复港口和定居点，然后转入内陆，拿下耶路撒冷。他先是在阿卡屠杀了大约2600名穆斯林俘虏——这也是他人生的一大污点；紧接着又在一次战役中大败萨拉丁军队。之前，萨拉丁并没有将理查放在眼里，但现在他开始对理查重视起来。

有意思的是，双方并没有立刻决战，而是先开展了外交对话。理查说，为了收复耶路撒冷，基督徒愿意战斗到最后一兵一卒；萨拉丁则坚决拒绝交出耶路撒冷。虽然两边的立场针锋相对，但在谈判过程中，理查和萨拉丁可以说是英雄惜英雄。萨拉丁还派人给理查送去了消暑解渴的水果和冰块。

为了解决争端，他们提出了一项非常惊人的提议，那就是由穆斯林和基督徒联合在耶路撒冷建立一个新的国家，让萨拉丁的兄弟和理查的妹妹结婚，然后一起统治这个国家。这个提议听起来很好，但是它太理想化了。理查的妹妹很生气，绝不肯嫁；萨拉丁的兄弟对这个计划也没有兴趣。

谈判失败之后，理查带着一支强大的军队出发，想强攻耶路撒冷。然而，恶劣的天气让这次远征出师不利，很多牲口死于暴风骤雨，士兵穿的甲胄生了锈，新鲜的食物很快就腐烂了。尽管基督徒克服了重重困难，一直走到了距离耶路撒冷不远的地方，但是目标已经无法实现了。理查的手下不愿强攻，他们已经打不动了。更何况，萨拉丁已经明确表示会死战到底。

眼看东征希望渺茫，英格兰又传来了坏消息。原来，理查的弟弟约翰已经和理查的死对头腓力二世勾结在一起，想要篡夺英格兰王位。理查的身体也每况愈下，实在撑不下去了。于是，理查与萨拉丁签订了为期三年的停战协定，规定把疆界维持在当前状况，并允许基督徒去耶路撒冷祈祷。一个多月后，理查登船回国。

不过，要想回家可没那么容易。理查出发之后不久就遭遇了海难，后来又落入仇人奥地利公爵手中。奥地利公爵可还记得理查当初是怎样羞辱自己的，现在理查成了他的阶下囚，当然不会轻易放过他。理查被囚禁了将近一年半，后来他的母亲埃莉诺好不容易才把他救了回去。

狮心王理查抵达耶路撒冷时，只是一位新登基不久的国王，需要马上证明自己。待到离开的时候，他已经是一个传奇了。有人仇恨他，有人崇敬他，所有人都畏惧他。据说，在理查去世五十年后，穆斯林母亲还会这样吓唬顽皮的小孩子:"安静!要不然我让英格兰国王理查来找你!"而萨拉丁建立的王朝,后来一直统治着埃及,持续了将近两百年。

31

寻求共识：英格兰《大宪章》

前面讲过，狮心王理查参加十字军东征期间，他的弟弟约翰勾结法国人，企图篡夺王位。理查死后，因为他没有合法的儿子，弟弟约翰终于梦想成真，继承了王位。可惜的是，约翰后来成了英格兰历史上最臭名昭著的暴君之一。在英国甚至流传着一种说法：尽管约翰是英语里最常见的名字，但英国历任国王列表上却只有一个约翰王。因为约翰王的名声太臭了，没有哪个国王想成为"约翰二世"。虽然这个说法没有根据，但正可以说明，约翰王名声差，早已是大家的共识了。

约翰名声之差，从外号上就能看出来。他哥哥理查是以勇敢著称的"狮心王"，约翰则号称"软剑王"，意思是他没有军事才干，非常软弱。他还有另一个更有名的外号"无地王"，就是说他没有封地。因为约翰是亨利二世最小的儿子，他出生时，亨利二世已经把可以分封给儿子的土地全都分完了。所以，约翰就没有土地可封了。另外，约翰继位之后，很快就跟法国国王打起来了。可他又打不过，连家族祖传的诺曼底地区都失去了。因此，"无地王"这个说法是很贴切的。

打仗输得一塌糊涂，约翰在英格兰人民心目中的地位跌到了谷底。这还不算完，他还千方百计、不择手段地搜刮钱财。约翰的人品也不好。据说，他性格凶狠残忍，谋杀了自己的亲侄子……总之，这是一个不折不扣的小人。

这样一位坏名声的国王约翰不仅招来了普通民众的反感，还狠狠地得罪了英格兰的贵族们，导致了一件改变英格兰历史、甚至改变了世界历史的大事。

在英格兰，贵族对国王负有一种特殊的义务，那就是纳税。这是一种专门针对贵族的税种。具体来说，就是贵族家庭在办理一些重要的事情时，要给国王支付一笔费用，比如儿子受封为骑士或继承父亲的爵位、女儿出嫁等，都要交钱给国王，算是征求国王的批准和确认。

一位大贵族一生中可能会因为这些事务欠国王一大笔税款。但是，这种欠钱的状况往往只是名义上的，贵族们可以分期偿还。如果国王慷慨大方，贵族甚至根本都不用付钱。总之，一般来讲，正常的国王不会真的去找贵族讨债。与其说这是贵族欠国王的，不如说这是国王和贵族之间一条特殊的纽带。

但是，约翰不是一位正常的国王。他一门心思想要多捞钱，所以把贵族这种特殊义务变成了搜刮钱财的手段。

本来，一个贵族要继承伯爵头衔，通常需要向国王缴纳100镑。约翰却狮子大开口，一下就涨到了700镑。他还要求贵族们尽快把之前欠王室的债务都还清；如果还不上，他就要没收贵族的土地作为惩罚。他的做法当然令英格兰的贵族相当不满。

当然，这还只是约翰的第一个问题。约翰第二个让贵族讨厌的地方，就是他不信任贵族，反而信任平民和外国人。在约翰的统治下，英格兰的官职越来越多地被出身卑微的人和外国人占据，宫廷和政府里的重要官员，没有一个出身于大贵族家庭。贵族们被排挤在权力核心之外。此外，传统上，贵族们拥有自己的军队，如果要打仗了，他们就带着自己的军队为国王效力。这些军队往往是效忠于贵族本人的，而不是直接效忠于国王。约翰想要改变这种局面，于是越来越多地使用雇佣兵，他宁可花钱雇一支完全属于自己的军队，也不用贵族手下的兵。这进一步削弱了贵族的影响力，也导致贵族对王国的归属感大大减弱。

在传统的英格兰贵族看来，王权不仅仅是上对下简单粗暴的统治，国王和贵族之间还应该存在一种密切的私人关系。理想情况下，国王对贵族慷慨友好，贵族也真心爱戴国王。国王要想顺利统治这个国家，就需要对贵族展示出自己的善意，不能说"我是国王，所以你要听我的，不然砍你脑袋"。

但是在约翰的统治下，这种亲密的关系已经荡然无存，只有赤裸裸的压制和掠夺。许多贵族开始意识到，不能任由约翰为所欲为，必须对这个肆无忌惮的国王加以约束，换句话说，要想办法把他管起来。

问题是，怎么管呢？最直接的做法就是推翻约翰，把他给换掉。1215年5月5日，一群贵族忍无可忍，发动了叛乱。他们宣布与约翰断绝君臣关系，否认他是英格兰国王。内战打了一个月，叛军占领了伦敦。约翰没办法，只能坐下来跟贵族们谈判。

经过针锋相对的谈判，双方达成了协议。约翰命令手下的军队停止攻击叛军，贵族们则重新向约翰宣誓效忠。与此同时，约翰和叛乱贵族都要宣誓遵守一份文件。这份文件被称为《大宪章》，它是英格兰历史上乃至世界历史上最著名的协议之一。

约翰王签署大宪章

仔细阅读《大宪章》就会发现，国王和贵族应该是好不容易才达成了妥协，而且双方很可能都不太满意。一方面，《大宪章》赋予了国民一系列权利，规定"英格兰教会应当享有自由……伦敦应当享有自由"，这样的条款肯定是贵族的诉求。另一方面，里面还具体规定了在哪些情况下可以向国民收税，贵族在继承爵位和领地时应该向国王交多少钱。很明显，这是约翰想要的。此外，他还做了一个非常重要的承诺：国王不能随心所欲地收税。想收税，就要得到"全国公意"的批准。当然了，那时的"全国公意"指的不是英格兰全体公民，而是贵族阶层。

《大宪章》不仅限制了约翰肆意收税捞钱的行为，更重要的是，它对臣民的权利作了仔细深入的解释，并对国王的权力作了限制和约束。比方说，《大宪章》中规定不能随便惩罚人，必须先依法判定一个人有罪，才能加以惩罚。哪怕是国王也不能任意抓人去坐牢。再比如，里面还规定了任何国民都有权利得到公正的审判。800多年前，《大宪章》能率先提出这样的条款，真可以说是石破天惊了。

不过，无论是约翰，还是跟他谈判的贵族，谁也没有超越时代的眼光，能够认识到《大宪章》有多么伟大；

谁也想不到，约翰国王的名字和《大宪章》的神话会永远和英格兰的历史紧密地联系在一起。

更有意思的是，《大宪章》在当时并没有带来和平。谈判结束后几个星期，约翰就撕毁协议，宣布《大宪章》无效，又跟贵族们打了起来。过了一年，他就在内战中病死了。

约翰死后，《大宪章》又经过多次重新修订和发布。这倒不难理解，站在国王的立场上，没有谁会喜欢这样一份限制自己权力的文件；但是，如果国王碰到了麻烦事，需要贵族们的支持时，他就有可能会强调自己接受《大宪章》，甚至有可能修改当中的一些条款，对自己的权力增加一些限制。在这个过程中，《大宪章》的精神越来越深入人心，成了全英格兰人人皆知、人人认为必须遵守的东西。

《大宪章》朴素而简单的思想深刻地影响了英格兰的历史。到了17世纪，英国国王与议会之间的矛盾激化，内战爆发，《大宪章》还被人们当作争取权利的依据，发挥了重要作用。不夸张地说，今天英国的"议会内阁制度"的源头，其实就在《大宪章》。虽然它的大部分条款都已经过时了，但是，它限制王权、保护国民私有财产的精神，却深刻影响了现代世界很多国家的法律。

　　就在英格兰国王约翰和贵族集团斗争的几乎同一时间，地中海世界出现了一个奇特的海洋强国——威尼斯共和国。威尼斯共和国的崛起，与之前的大多数国家都截然不同。

32

向海而生：威尼斯共和国的崛起

说到威尼斯，你的第一印象是什么呢？是水城、大运河，还是刚朵拉小船和五颜六色的房子？

今天的威尼斯是一座美丽的旅游城市，不过你可能想不到，几百年前，威尼斯不仅是一座城市，还是一个称霸地中海的强权。

在中世纪，绝大多数欧洲国家都是以农业为基础的封建制国家。国王把土地分封给贵族，农民依附于贵族。这就是当时社会的金字塔结构。但威尼斯是一个例外：它没有农业，甚至没有国王，而是一个由商人组成的共和国。

如此特别的国家是如何形成的呢？首先，这跟它的地理位置有关系。威尼斯位于意大利北部的亚得里亚海边，处在大海、沼泽和盐碱地的包围之中，缺少肥沃的农田，不能种地，也就发展不了农业。

不过，正是因为土地贫瘠，又缺乏便捷的陆路交通，威尼斯躲过了中世纪初期的血雨腥风，很长时间都维持着和平的状态。

既然威尼斯没有农田，没有封建制度，自然也就没有了骑士与农奴的区分。在不能种地的情况下，做生意成了威尼斯人谋生的主要手段。威尼斯的"贵族"也不是骑士，而是做海上贸易的商人。海上贸易的高风险塑造了威尼斯人的性格，他们习惯于保持自律，注重公平；而且因为所有人不分贵贱都要面对大海的危险，所以格外地精诚团结。

除此之外，威尼斯人也有特别圆滑务实的一面。俗话说，"背靠大树好乘凉"，威尼斯在比较弱小的阶段，就选择臣服于拜占庭皇帝。事实上，威尼斯的艺术和礼仪都源自于拜占庭，在相当长的一段时间里，拜占庭也是威尼斯最重要的贸易伙伴。可威尼斯人毕竟也是西欧人，信仰天主教，名义上也得臣服于罗马教皇。而当时拜占庭信仰的是基督教的另一个支派东正教，与罗马教皇势同水火。威尼斯夹在中间，努力维持着自身的自由，不想跟任何一方把关系搞僵。毕竟，做生意就是要笑迎天下客，和所有人都打好交道。

不过，说到底，拜占庭人也属于基督徒，威尼斯与拜占庭做生意，教皇还可以容忍。但是，威尼斯人还要和穆斯林打交道。早在9世纪，威尼斯人就因为贩卖武器给信仰伊斯兰教的埃及而与拜占庭皇帝和教皇发生了矛盾。大约在828年，教皇宣布，禁止基督徒与伊斯兰世界开展贸易。威尼斯人对教皇的命令阳奉阴违，还是想和谁交易就和谁交易。他们也很理直气壮："如果没有了商业，我们不知道该如何生存。"

在中世纪的欧洲，宗教比天大，皇帝都要向教会低头。威尼斯是完全为了经济目的而组成的国家，对威尼斯人来说，宗教不如他们的生意重要。

随着威尼斯商人掌握的财富越来越多，观念本来就大不一样的拜占庭和威尼斯之间，关系也变得越来越复杂。一方面，富有的威尼斯人对拜占庭人的态度越来越傲慢，但威尼斯还必须依靠拜占庭，因为拜占庭是伟大的帝国，也是通往东方的门户；另一方面，拜占庭人受不了威尼斯人的傲慢，可是又离不开他们的商品。

11世纪末，拜占庭帝国日渐衰落，权力天平开始向威尼斯倾斜。这更加激化了双方的矛盾。1171年，拜占庭皇帝扣留并关押了帝国境内的所有威尼斯人，多年后才将他们释放。过了整整20年，双方的关系才终于恢复正常。1190年，威尼斯商人再次获准进入君士坦丁堡。不过，苦涩的记忆已经让两国失去了对彼此的信任，曾经的密切关系也烟消云散了。

正是在这样的背景下，罗马教皇英诺森三世号召发动第四次十字军东征。他预计能集结33 000人的兵力。可是，要怎么去东方呢？

历史经验告诉他们，走陆路险象环生，拜占庭也不会允许大批外国军队通过其领土。只能走海路，既安全又便捷。但是，全欧洲只有一个国家拥有足够多的船只、称职的水手和优越的航海技术，能够把如此庞大的军队送到地中海的另一端。你肯定猜到了，那就是威尼斯。

当时威尼斯共和国的执政官，也就是最高领导人，名字叫作恩里科·丹多洛。他是一位90多岁的盲人。丹多洛失明的原因，对之后的历史有着非常大的影响。传说，在1171年，也就是拜占庭和威尼斯的那场冲突当中，丹多洛也在君士坦丁堡，拜占庭皇帝曾经"下令用玻璃亮瞎他的眼睛；他的眼睛没有受外伤，但他什么也看不见了"。有人认为，这件事让丹多洛对拜占庭人抱有刻骨

威尼斯执政官丹多洛

铭心的仇恨。

总而言之，丹多洛响应了教皇的呼吁和十字军的求援，愿意承担十字军的海运工作。不过，威尼斯人这么做不是因为宗教信仰，而纯粹是把这当成一笔生意来做。丹多洛开出了94 000马克白银的价码。如果按人均费用来算，他的要价其实不算过分，但是这个总金额实在太过庞大，相当于当时法国一年的财政收入。这是整个中世纪历史上规模最大的商业合同。

从威尼斯的角度来看，这是一次巨大的商业机遇，不过也有相当大的风险。因为它需要集中所有人的力量，在整整两年时间里威尼斯人几乎就不能干其他任何事：第一年做准备工作——造船、安排后勤、招募人手、采购食品；第二年，威尼斯大部分男性人口都要投入进来，还要加上所有的船，才能完成任务。在合同期内，其他交易活动一律停止；威尼斯必须投入全副家当，不管在哪个环节遭到失败，结果都将是灾难性的。

不过，威尼斯人毕竟是经验丰富的商人，他们接下了这个挑战，还在合同里加了一句不起眼的话："不管去往何方。"十字军当时并没有理解它的意思，他们的代表只考虑了一个晚上，就非常爽快地同意了。

1202年，十字军集结到威尼斯之后，大家才发现，他们根本拿不出这么多钱。十字军砸锅卖铁，四处借贷，还是欠威尼斯人34 000马克白银。威尼斯人当然是不会吃亏的，他们利用合同里面那条"不管去往何方"的约定，强迫十字军为自己打工，去攻打威尼斯的海上贸易竞争对手——巴尔干半岛沿海的扎拉城。

这个决定非常不妥——十字军东征的第一站竟然是另一座基督教城市。更糟糕的是，扎拉当时的宗主是匈牙利国王，他本人也是十字军战士。也就是说，两支十字军要互相残杀。

很快，十字军攻克了扎拉城，威尼斯消灭了竞争对手，巩固了自己的制海权。如果没有十字军的帮助，威尼斯是很难做到这一点的。这种借力打力的做法，足以体现威尼斯人的精明和狡猾。

但是，打下扎拉之后，十字军欠威尼斯人的债还是没有还清。这时，威尼斯人变本加厉，竟然要求十字军去攻打拜占庭帝国的首都君士坦丁堡。

今天人们分析，这也许是因为威尼斯的执政官丹多洛想要报仇雪恨；也许是因为威尼斯人对君士坦丁堡的财富垂涎已久；也许是因为威尼斯人想消灭拜占庭这个麻烦的商业伙伴；也许，这几种原因都有。

十字军没有拒绝。尽管遭到了教皇的严厉谴责，他们还是做出了与东方基督徒兄弟相残的事。他们利用拜占庭内部的政变和内乱，推翻了拜占庭皇帝，占领了君士坦丁堡。

1204年，十字军血洗君士坦丁堡，在城内大肆抢劫，就好像那是仇人的城市。延续千年的拜占庭艺术遭到了严重的破坏，这群征服者为了搜刮贵金属和铜来铸造钱币，把大量精美的金属雕像都投进了熔炉。其中很多艺术品甚至是公元4世纪君士坦丁堡建城时，君士坦丁大帝从罗马和希腊世界搜集来的宝物。

相比之下，威尼斯商人就像鉴赏家一样，把自己看中的艺术瑰宝完好无缺地带回家，去装点美化他们的城市。他们运走了很多圣像、镶嵌珠宝的宝物、雕像、大理石柱和浮雕，其中不少都用来装饰圣马可大教堂了。据说，有四尊镀青铜的骏马像还是丹多洛亲自挑选的。这些象征着骄傲、威权与自由的青铜骏马至今仍然摆在圣马可大教堂外，成了威尼斯的标志。每天，成千上万的游客经过它们，不过怕是很少有人知道，它们其实是威尼斯抢来的战利品。

还有一件事也体现出威尼斯人与十字军的差别。十字军取得胜利之后，在拜占庭帝国的土地上建立起了一系列国家，把西欧的封建制也搬到那里。

深谋远虑的威尼斯人没有这么做。他们已经和拜占庭做了几百年的生意，了解拜占庭有什么，也清楚地知道自己想要什么。压榨贫苦的希腊农民是发不了财的，真正的财富在海上。所以，当法兰西和意大利的封建领主们在希腊大陆的贫瘠土壤上划分地盘的时候，威尼斯人索要的是足以控制战略性航道的港口、通商口岸和海军基地，他们要求的领地距离海岸都不超过几英里的距离。控制了航线，来自东方的货物自然而然地进入了威尼斯的市场。后来，威尼斯共和国就把自己的海外领地称为"海洋帝国"。

威尼斯的海洋帝国从来就没有占据过太多土地，它的核心是由许多港口和基地组成的松散网络，就像后来大英帝国的各个中转站一样。同样，威尼斯也是依靠海军的力量将分散的势力范围连接起来。可以说，这个海洋帝国就是一个早期版本的大英帝国。威尼斯海洋帝国的统治一直延续到1797年。

　　威尼斯共和国的故事就讲到这里，下一站，我们要去东方看一看。

33

阿音札鲁特：蒙古人在巴勒斯坦

　　说起大名鼎鼎的成吉思汗，你肯定不陌生。他是蒙古人最著名的英雄，本名铁木真，"成吉思汗"是他的称号。当时很多游牧民族的首领都叫"可汗"或"大汗"，"成吉思汗"大意就是指伟大的君主。

　　成吉思汗和他的后代创建了历史上最庞大的陆地帝国，也就是从中国东海一直延伸到波兰的蒙古帝国，来自不同民族的千百万人曾处于蒙古人的统治之下。

　　从13世纪初开始，世界各地的人们听到蒙古人的威名都不免瑟瑟发抖。不过，我们现在要讲的不是蒙古人的辉煌胜利，而是他们的一次重大失败。

故事得从成吉思汗去世说起。1227年，成吉思汗死后，他的子孙继续对外扩张，并且把蒙古帝国分成了四个庞大的汗国。这四大汗国，一个是窝阔台汗国；一个是中亚的察合台汗国；一个是西北方的金帐汗国，它从西伯利亚延伸到东欧；还有一个是从波斯向外扩张的伊儿汗国。当然，除此之外，蒙古人还在中国建立了元朝。

1251年，成吉思汗的孙子蒙哥被拥立为蒙古大汗，成为蒙古人的最高领袖。第二年，他就命令弟弟旭烈兀，

旭烈兀

也就是伊儿汗国的统治者，率领军队征讨西南边的穆斯林国家。

据说，在旭烈兀出征前，蒙哥曾经嘱托他："从阿姆河两岸到埃及尽头的土地，都要遵循成吉思汗的习惯和法令。对于顺从你命令的人要赐予恩惠，对于顽抗的人要让他们遭受屈辱。"

蒙哥这番话反映出当时蒙古大军惯用的征服手段：先勒令敌人无条件投降，如果对方不肯屈服，那就屠杀他们，把敌人彻底消灭。蒙古人有非常优秀的骑兵，还有技艺娴熟的军事工程师，特别擅长攻城拔寨。此外，他们善于在尚未涉足的地方传播恐慌情绪，在心理上提前打垮对手。他们会有意识地摧残平民百姓，残酷地镇压任何敢于反抗的人，因此格外令人闻风丧胆。

旭烈兀就这样率领蒙古大军出征了。1258年，他们攻克了阿拉伯帝国的首都巴格达，还把阿拔斯王朝的哈里发卷在地毯里，然后残忍地纵马将他踩死了。

蒙古军队在巴格达大肆洗劫，摧毁了这座城市著名的图书馆——智慧宫，传说书本里的墨水染黑了底格里斯河。

　　值得一提的是，在攻克巴格达的蒙古军队当中，有一位来自中国的汉族将军，郭侃。郭侃是当时极少数为蒙古人效力且身居高位的汉人之一。金庸的小说《射雕英雄传》的男主角郭靖，有一部分就是以这位郭侃为原型的。

　　巴格达的陷落是一场弥天大祸。眼看整个中东地区伊斯兰世界的生存都遭到了威胁，中东最强大的伊斯兰政权——埃及的马穆鲁克王朝不能坐视不管。

　　我们之前讲过，大英雄萨拉丁在埃及建立了一个新王朝：阿尤布王朝。阿尤布王朝到了后期特别依赖所谓的"马穆鲁克集团"，最后，连朝政都被该集团把持了。"马穆鲁克"这个词本来是奴隶的意思。阿拉伯世界的统治者习惯于将买来的奴隶培养成军人，因为他们是外国人，而且地位很低，只听统治者本人的话，不会效忠于地方上的显贵，所以比较好控制。

　　马穆鲁克奴隶军人骁勇善战，逐渐取得了很高的地位和很大的权势。结果到了1250年，他们干脆鸠占鹊巢，推翻了阿尤布王朝，建立了新的马穆鲁克王朝。新王朝从尼罗河两岸崛起，一路扩张到地中海以东的穆斯林土地。他们野心勃勃，企图彻底铲除东方的基督教势力，攻克当年十字军建立的耶路撒冷王国的残余据点。要知道，这可是当初萨拉丁也能没做到的事情。

在马穆鲁克军人的威胁之下，近东地区的基督徒过着朝不保夕的日子。所以，当听说蒙古大军占领巴格达、兵锋直指埃及的时候，有些基督徒就开始积极地欢迎蒙古人。他们觉得蒙古人是救星，强大的蒙古军队一定会击败穆斯林，解救圣地耶路撒冷。基督徒中间很早就流传着一种预言，称会有一位伟大的国王从东方而来，恢复基督在世间的荣耀。很多欧洲人觉得蒙古人符合这种预言，但也有的基督徒认为与马穆鲁克王朝相比，蒙古人才是更严重的威胁。

旭烈兀和他的蒙古大军消灭阿拔斯王朝之后，继续向西进发。他们渡过幼发拉底河，在叙利亚北部为所欲为，摧毁了许多城市。蒙古人看上去似乎真的是战无不胜，势不可挡。接着，旭烈兀就按照老习惯，派使者去马穆鲁克王朝的首都开罗，命令开罗人立刻投降。马穆鲁克王朝的最高统治者苏丹忽秃斯却下令砍掉了蒙古使者的头，还把首级示众。这么一来，两边势必会爆发战争。

　　大战一触即发，埃及到处人心惶惶。可就在这个时候，旭烈兀却率领大部队返回了波斯大本营，在近东只留下了大约1万人，由手下大将怯的不花率领。

　　旭烈兀为什么突然离开？过去的说法认为，这是因为蒙哥大汗在1259年驾崩了，旭烈兀需要回去参加新大汗的选举；但20世纪80年代新发现的史料表明，旭烈兀撤走大部队，其实是因为近东的资源无法维持庞大的军队，粮草不足，而且蒙古人的习惯是撤到比较凉爽的地方度过夏天。

　　虽然蒙古人的主力走了，但马穆鲁克王朝的危机并没有解除。苏丹忽秃斯没有坐以待毙，而是带着大军穿过巴勒斯坦去对抗蒙古人。

　　这次行动十万火急，耶路撒冷王国的基督徒甚至允许埃及军队自由地通过他们的土地，以便尽快赶去抵挡蒙古大军。但也有一些基督徒认为穆斯林比蒙古人的威胁更大，他们选择支持蒙古人，甚至还有人直接加入了蒙古军队，因为他们相信这是两害相权取其轻。

　　1260年9月3日，在位于今天以色列境内的阿音札鲁特这个地方，马穆鲁克军队与蒙古人打了一场著名的战役。马穆鲁克军队的优势是熟悉地形，苏丹先把主力部队藏在高地上，让自己的盟友、一个叫拜巴尔的军阀指挥一支规模较小的部队去诱敌深入。

拜巴尔运用"打了就跑"的战术，不断骚扰蒙古军队，又假装撤退，把敌人引诱到主力部队近前。蒙古将军怯的不花果然中计，当他率领全军抵达高地时，苏丹的大部队突然出现，从侧面袭击，打了蒙古人一个措手不及。

蒙古军队并没有那么容易被打败，他们的战斗力超强，几乎把马穆鲁克军队的左翼全都消灭干净。危急关头，苏丹摘掉了自己的头盔，好让士兵都能清楚地看见他。然后他纵马狂奔，一边冲向战斗最激烈的地方，一边高声大喊："我的伊斯兰！"他用这种方式来激励士兵拼死战斗。在苏丹的鼓舞下，马穆鲁克军队大获全胜，最终蒙古军队几乎全军覆没，大将怯的不花也丢了性命。

马穆鲁克王朝赢得了一场奇迹般的胜利，挽救了穆斯林统治下的叙利亚。后世一般认为，阿音札鲁特战役标志着蒙古帝国在亚洲西部扩张的极限，这也是蒙古大军第一次在战场上被永久性地打退，再也不能卷土重来。

这场胜利也让忽秃斯苏丹的那位盟友拜巴尔变得极度自信、充满野心。他在回埃及的途中，冷酷无情地杀死了忽秃斯，自立为新的苏丹。他放弃了巴格达的废墟，选择在开罗建立新的阿拔斯哈里发国。他扶植了一个名义上的哈里发做傀儡，然后开启了好几项辉煌的建筑工程，还大规模地重整军备。

大权在握的拜巴尔有两个目标。第一个是将埃及和叙利亚的伊斯兰各民族团结起来，建成一个统一的马穆鲁克国家，培养一支兵多将广、训练有素、纪律严明的常备军，防止蒙古人卷土重来。第二个目标更加远大，那就是消灭巴勒斯坦和叙利亚的基督徒。最终，在1291年，拜巴尔彻底消灭了耶路撒冷的十字军残余。从1096年开始的十字军东征运动，在持续将近两百年之后，就此宣告结束，基督徒彻底退出巴勒斯坦圣地。

那么，蒙古人遭遇了这么大的失败，会轻易善罢甘休吗？当然是不可能的。

旭烈兀回去之后一直很不甘心，可是由于蒙古帝国内部的矛盾和斗争，他始终没有办法再次发起进攻。而且，另一个汗国——北方的金帐汗国，皈依了伊斯兰教，他们对旭烈兀摧毁巴格达、杀死哈里发的暴行非常震惊和愤怒。马穆鲁克王朝在得知金帐汗国对旭烈兀的敌意之后，就秘密与金帐汗国取得联系，双方缔结了同盟。

1262年，蒙古大汗的继承问题终于得到解决，忽必烈成为新任大汗。旭烈兀返回自己的伊儿汗国，集结军队，打算为阿音札鲁特一战的失败复仇。

就在这时，金帐汗国向他的领地发动了进攻，双方爆发了战争。金帐汗国的可汗和旭烈兀原本是亲戚，而这也是蒙古人内部的第一次公开战争，它标志着统一的蒙古帝国不复存在。旭烈兀被金帐汗国打败，而他应战之前只派了一支小部队去对付马穆鲁克王朝，结果也被打败。1303年，旭烈兀的曾孙曾经再次进攻马穆鲁克王朝，仍然惨败。后来这位曾孙皈依了伊斯兰教，伊儿汗国也完成了伊斯兰化。从那以后，蒙古人再也没有试图征服近东的穆斯林土地。

34

不战而屈人之兵：弗里德里希 二世皇帝征服耶路撒冷

我们已经介绍了好几次十字军东征的故事。西方基督徒执着地想要夺取耶路撒冷，打了许多场血腥的战役，但就连狮心王理查那样的猛将也没能成功。然而，有一个人没有动刀动枪，只用和平手段就得到了耶路撒冷。他就是神圣罗马皇帝弗里德里希二世。

弗里德里希出生于1194年，他的父亲是神圣罗马皇帝亨利六世。还记得我们说过在第三次十字军东征的时候，德意志皇帝巴巴罗萨在河里淹死了吗？他就是弗里德里希的爷爷。弗里德里希的母亲是西西里王国诺曼王朝的女继承人，弗里德里希就是西西里国王罗杰二世的外孙。

因为母亲的缘故，弗里德里希在拥有多元文化的西西里岛度过了童年。中世纪的风气是崇尚刀剑，优秀的君主一般都是军事家，弗里德里希却是一位超越时代的知识分子，这一点很像他的外祖父罗杰二世。

弗里德里希很小的时候就表现出极强的求知欲。他不仅精通六种语言，而且对自然科学、文学、哲学、法律等各种学科都兴趣盎然。他还写过一本科学专著，叫《鹰猎的艺术》，展现了他渊博的野生动物知识，这在13世纪可是非常罕见的。

弗里德里希二世皇帝

弗里德里希对伊斯兰文化也非常感兴趣。他精通阿拉伯语，还任用了很多阿拉伯人当手下，连他的私人护卫都是阿拉伯人。

当时是基督教与伊斯兰教对立的年代，所以弗里德里希对伊斯兰的兴趣简直可以说是惊世骇俗。很多基督徒因此憎恨他，甚至指责他是无神论者。要知道，被视作或指控为无神论者在当时可是一项严重的罪名。这一点也为弗里德里希后来遭遇的挫折埋下了种子。

1220年弗里德里希当上皇帝之后，多次承诺要参加十字军东征，但他一直没有派兵出发，教皇对他很恼火。教皇施加的压力越来越大，后来干脆要求他兑现承诺，发动一次新的十字军东征。恰巧在这个时候，弗里德里希的妻子去世了，他需要续弦再娶。

当时，教皇为弗里德里希建议的人选是耶路撒冷女王约朗德，她的年纪只有十二岁。虽然她号称女王，但十字军当初建立的耶路撒冷王国早就荣光不再，只剩下沿海的一些残余据点，而耶路撒冷城本身被萨拉丁占领已经有半个世纪了。

新娘约朗德只是个孩子，又没有多少财产和领土，所以弗里德里希一开始对这门婚事并不热衷。不过，如果他娶了约朗德，就能成为耶路撒冷国王。而耶路撒冷国王的头衔不管多么苍白无力，多少还是能增加他对耶路撒冷城的主张权。

距离弗里德里希第一次宣誓要参加十字军东征已经过去7年了，教皇明确表示，如果他继续拖延，就将遭到绝罚，也就是被开除出教会。弗里德里希看再拖下去实在无法交代，于是在深思熟虑之后，宣布他的东征将于1227年8月15日开始。

1225年11月，弗里德里希迎娶了少女约朗德。两年后，也就是弗里德里希预计按承诺出兵的那一年，教皇去世了。新任教皇格列高利九世写了一封信给弗里德里希，信上说："你要注意，你的智力与天使相同，而你的理智与野兽和植物相同，你不要把自己的智力放到理智之下。"

在教皇如此严厉的警告之下，弗里德里希终于开始紧锣密鼓地筹备东征。年轻的德意志骑士们翻越阿尔卑斯山，沿着意大利的朝圣道路蜂拥南下，去意大利南部与皇帝会合，他们将在那里一起乘船去往耶路撒冷。

可就在这个时候，军队中突然爆发了一场流行病。可能是伤寒，也可能是霍乱。总之，大批十字军病倒了，连弗里德里希自己也被传染了。不过，他还是坚持启航了。

一两天后，弗里德里希意识到自己病得太重，没法继续前进。于是他让剩下的十字军继续准备远征，他自己则返回了意大利，承诺等身体好转就去追赶大部队，继续完成东征。同时他派遣大使去罗马，向教皇解释这个情况。

格列高利九世拒绝接见大使，还言辞激烈地指控皇帝，说他明目张胆地忽视自己的东征誓言：皇帝难道不是在多次拖延之后，自己定下的出征日期吗？他难道预见不到，成千上万的士兵大热天聚集在一起，必然会引发疫病吗？谁能保证皇帝是真的病了呢？他是不是又想逃避义务？9月29日，格列高利九世宣布对弗里德里希实施"绝罚"，将他开除出教会。

教皇没想到的是，他这么做反而给自己制造了麻烦。很显然，被绝罚的人不能担任十字军东征的领导者，而弗里德里希恰恰决心亲自领导东征。弗里德里希很快就向所有宣誓参加东征的人发出了公开信，心平气和而通情达理地解释了自己的处境。

这封公开信发挥了效力。1228年复活节星期日，格列高利九世在讲道时怒气冲冲地抨击弗里德里希，结果却导致罗马群众掀起了暴乱。格列高利九世被赶出罗马城。仅仅几个月前，他还在急迫地呼吁弗里德里希动身东征，如今却同样急迫地反对弗里德里希东征。这真是太荒谬了。格列高利九世心里清楚，如果皇帝取得了胜利，那么教皇的威信一定会遭到沉重打击。

此时的耶路撒冷仍然被萨拉丁当初建立的阿尤布王朝统治着。阿尤布王朝如今由三兄弟一起主宰，其中有一个名字叫卡米勒，是埃及的苏丹。卡米勒听说弗里德里希即将出征，就去信向他求援，信里承诺说：如果弗里德里希能够将卡米勒的兄弟、大马士革统治者穆阿扎姆赶走，卡米勒就将耶路撒冷王国的失地还给皇帝。

弗里德里希明智地做出了判断。他认为这是一个好机会，可以利用敌人的内乱来收复基督徒丢失的一些领土。弗里德里希的兵力不足，所以不可能向阿尤布王朝发动全面进攻；但是他或许能说服卡米勒做一些让步，甚至归还耶路撒冷给基督徒。在弗里德里希自己的西西里王国，穆斯林和基督徒的文化水乳交融，所以他比之前任何一位十字军领袖都更懂得穆斯林的心理与习俗。

1228年底，弗里德里希终于抵达巴勒斯坦地区。这就是第六次十字军东征。不过这个时候，穆阿扎姆已经病死了，卡米勒正在蚕食穆阿扎姆的土地，他对自己之前的那封求援信感到非常后悔。

于是，弗里德里希派出了一位使者，向卡米勒指出：皇帝是因为得到您的邀请才来的；现在全世界都知道皇帝到了，他怎么能两手空空地回去呢？不但皇帝会颜面扫地，而您可能永远找不到一个基督徒盟友了。至于耶路撒冷，它如今已经是一座不那么重要的城市了，没有像样的军队，人口稀少；即便从宗教角度来看，目前它对伊斯兰教的意义也远远小于它对基督教的意义。为了穆斯林与基督徒之间的和平，也为了让皇帝赶紧离开，将耶路撒冷交给他，其实是很小的代价。

使者没有对卡米勒发出任何威胁。但弗里德里希的军队已经赶到，正虎视眈眈地等着卡米勒兑现诺言，把耶路撒冷给他。卡米勒陷入了非常尴尬的境地，如果不能满足皇帝的愿望，他恐怕是不会自己离开的。

1229年2月18日，卡米勒正式同意将耶路撒冷和耶稣的墓交给基督徒管理，以换取为期十年的停战。基督徒和穆斯林都可以去耶路撒冷，卡米勒还认可基督徒是好几座城市的合法统治者。就这样，几十年前被萨拉丁分割的十字军王国如今有一部分终于得到了光复。

新条约虽然没有让十字军王国彻底恢复原貌，但这仍然是惊人的成就。弗里德里希曾经在给自己的亲戚、金雀花王朝的英格兰国王亨利三世的信中骄傲地说："区区几天之内，通过奇迹而非武力，此事得到圆满解决……世界上的很多领袖与统治者……在此之前借助武力从来没有成功过。"

1229年3月17日，弗里德里希进入耶路撒冷，正式占领这座城市。他实质上已经达成了自己起初设定的全部目标，也就是收回耶路撒冷，并且没有让一个基督徒或穆斯林因此流血。可是别忘了，这个时候他仍然处于被绝罚的状态。

他本来指望得到基督徒的感激和赞扬，然而，他得到的回应却是愤怒。很多基督徒认为，弗里德里希仍然处于教皇绝罚之下，是大逆不道的罪人，竟敢涉足基督教最神圣的圣地，太不像话了。在很多极端的人看来，只有通过战争夺得耶路撒冷才是正道，而他是通过与埃及苏丹"沆瀣一气"才得到圣地的，非常可耻。

最让人无法忍受的是，皇帝显然对伊斯兰文明兴趣盎然，并且对其颇为尊敬和仰慕。比方说，他坚持要求访问清真寺，还对圆顶清真寺整座建筑作了细致研究。他对遇见的每一位受过教育的穆斯林发问，询问他们的信仰、生活方式或者他想知道的任何话题。对东方的基督徒来说，这简直是大逆不道了。就连皇帝能说一口极好的阿拉伯语，也被当成坏事。

弗里德里希在耶路撒冷待得越久，基督徒对他就越不满。最终他只能黯然神伤地离开圣地，返回欧洲。在他的余生中，他陷入了和教皇的长期斗争。在教权与君权的漫长斗争中，弗里德里希是一个重要的角色。

今天，很多人认为，弗里德里希是查理曼以后、拿破仑以前，欧洲最出色的统治者之一。这不是因为他的政治成就，而是因为他在文化上的成就。

因为从小在西西里长大，弗里德里希拥有宽广的视野、广泛的兴趣、超凡的语言天赋，以及对艺术与科学的热爱。1224年，他创办了那不勒斯大学，这是世界上最古老的大学之一，直到今天，它的正式名称仍然是弗里德里希二世大学。

弗里德里希和诗人交往密切，他自己也是一位诗人。他所在的圈子发明了十四行诗，意大利的本族语文学也在那里诞生。

另外，他还同时与基督教和伊斯兰教的科学家、思想家保持联系。他给意大利卡普阿城的凯旋门亲自设计的雕塑一直保存到今天，这足以证明他作为建筑师的天分和他作为艺术赞助者的慷慨大方。与两百多年后文艺复兴时代贤明的君主相比，弗里德里希二世也毫不逊色。只可惜，他比自己的时代超前太多了。

35

哈布斯堡的崛起

神圣罗马皇帝弗里德里希二世巧妙地通过和平手段收复了耶路撒冷。但是，这位皇帝的晚年非常不幸，不仅教皇一直反对他，连亲生儿子都起来造反。弗里德里希成了孤家寡人，心灰意冷，在1250年凄凉地去世了。

在接下来的权力斗争当中，弗里德里希的儿子和孙子也都是年纪轻轻就死于非命。他们的家族，也就是施陶芬皇朝，就这样悲剧性地灭亡了。

之后，德意志天下大乱。本来按照传统，诸侯应该选出一位新的德意志国王，国王再经过教皇的批准和加冕成为神圣罗马皇帝。但是，这个时候的德意志实在是太乱了，每个人想推举的国王都不一样，所以经常出现同时有两位国王的尴尬局面。

德意志一团糟，欧洲其他国家又在干什么呢？英格兰、法兰西等国都在加强中央集权，建立强大的王权制度，只有德意志反其道而行之，国王完全丧失了权威。德意志在后来的几百年中一直处于分裂状态，也和这个混乱时期有着密切的关系。这场混乱持续了二十多年，在历史上被称为"大空位时期"，意思是说，皇位是空荡荡的。

德意志人当然也不满意国家一盘散沙的状态，也渴望拥有一位强大的皇帝，所以，人们对之前的施陶芬皇朝充满了怀念。慢慢地，在德意志的土地上，开始流传一个传说。人们把弗里德里希二世和他的爷爷巴巴罗萨（这是他的绰号，意思是"红胡子"）混淆成了同一个人，并且相信这位伟大、睿智又公正的君主并没有死，更没有抛弃德意志，他只是被施了魔法，困在一个山洞里面，常年沉睡不醒。等到德意志人需要他的时候，他就会回来，拯救万民于水火之中。

这个传说成了德意志人的精神寄托。局势越混乱，大家就越期待奇迹的出现。在他们的想象里，皇帝每天坐在山上，他那红得像火一样的胡子已经长得比桌子还长了。他已经睡了太久，而且隔一百年才醒来一次。他每次醒来，都会问身边的侍从："山顶上还有乌鸦在盘旋吗？"如果侍从说还有乌鸦，他就会继续沉睡。只有侍从说"没有了，主人，我什么也看不到"的时候，皇帝才会站起来，拿起宝剑劈开桌子，劈开那座被施了魔咒、将他囚禁的大山，穿上盔甲，骑马而出，去拯救德意志。

这是一个让德意志人魂牵梦萦的传说。在真实历史上，为德意志重新建立秩序的既不是传说中的红胡子皇帝，也不是显赫的诸侯，而是一位地位相对较低的贵族。论头衔，他只是一位伯爵。他的城堡位于今天的瑞士，名字叫哈布斯堡，意思是"鹰堡"。他的本名叫作鲁道夫，人们通常称他为哈布斯堡的鲁道夫。

在全德意志范围内，这位鲁道夫既不算富有，也不算出名，可就是这么不起眼的他，却在1273年的诸侯选举中成功被选为德意志国王。这个结果出乎所有人的意料，因为候选者中比鲁道夫更高贵、更富有、更强大的人可多得是。比如，波希米亚国王奥托卡二世是当时德

301

意志地区最强大、最富有的诸侯，本来是德意志国王的热门人选，结果没选上。

为什么德意志诸侯会选择平平无奇的鲁道夫，而不是其他更强大的人呢？这个问题很值得讨论。

首先，在施陶芬皇朝灭亡之后，德意志诸侯获得了前所未有的自由和独立性。他们希望继续保持这种自由，并不希望出现一位特别强大的新皇帝。但是，他们也不希望新皇帝是个软弱无能的人，因为那样的话，德意志会很容易遭到强大的邻居法国和罗马教皇的干涉。

其次，施陶芬皇朝和教皇的关系一直很糟糕，双方的冲突持续了很多年，所以选新皇帝时，教皇肯定不希望施陶芬家族的支持者当选。鲁道夫和施陶芬家没什么关系，当时最强大的候选人波希米亚国王的母亲却是施陶芬家族的成员，所以教皇非常反对他当国王。

最后，除了这些原因，还有一种说法是因为诸侯之间的竞争太激烈，谁也不能占上风，于是大家决定先选出一个临时人选，凑合一下。这个人不能对任何一位诸侯构成威胁，并且年纪应该大一点，最好是时日无多，这样大家就有机会再展开新一轮的竞争。

鲁道夫不是最强的诸侯，也不是最弱的，他已经55

岁了，这在中世纪算是高龄；所以综合来看，他就成了最符合大家要求的候选人，能够当选也就不奇怪了。

可惜这些德意志诸侯没想到，鲁道夫根本不是人微言轻的小角色。他不仅聪明能干，而且很长寿，一直活到73岁，足足当了18年国王。（他没有获得教皇加冕，所以不算皇帝，只是德意志国王。）

哈布斯堡家族的地盘本来并不多，也没有太大的权势；但鲁道夫深谙扩张势力之道。当选之后，他先和教皇谈判，请求教皇认可他的当选。他放弃了神圣罗马帝国对意大利的权利，还承诺要领导一次新的十字军东征。这样一来，罗马教皇与神圣罗马帝国的紧张关系总算告一段落，双方终于握手言和。

先前在"大空位时期"，很多诸侯趁机侵占了皇帝的领地。鲁道夫即位之后，就开始加强中央集权，他发布命令，要求诸侯们把非法侵占的土地都交回来。

与此同时，他还安排自己的儿女与各大诸侯缔结婚姻，尤其是他的几个女儿都嫁给了当时的"选帝侯"，也就是有权选举皇帝的诸侯。鲁道夫希望通过这些姻亲关系为儿子提前锁定下一任皇帝的位置。

鲁道夫忙着稳固和扩张权力，他最大的对手波希米亚国王奥托卡也没闲着。在德意志，有一个奥地利公国，是由巴本贝格家族统治的。我们前面讲过一位和狮心王理查结仇的奥地利公爵，他就是这个家族的人。当时，最后一位巴本贝格家族的奥地利公爵去世了，由于他没有子嗣，他的姐姐就成了奥地利的继承人。为了得到奥地利，波希米亚国王奥托卡赶忙娶了这位比他年长26岁的女继承人。而在他得到奥地利之后，就和妻子离婚了，是不是很无耻？

奥托卡二世

奥托卡原本的领地，也就是波希米亚王国，大致包括了今天的捷克和斯洛伐克，而捷克、斯洛伐克、奥地利三个国家相邻。这么一来，奥地利和奥托卡原有的领地连成了一片，他一下子就成了欧洲最强大的君主之一。

奥托卡是个很记仇的人，他一直对没有当选德意志国王、输给鲁道夫感到耿耿于怀。他从心底里瞧不起鲁道夫，还骂后者是"叫花子伯爵"。他给鲁道夫起这个外号也是有原因的，鲁道夫年轻时曾经参加过奥托卡的远征军队，所以在他眼里，鲁道夫只不过是个可笑的暴发户而已。

可无论他再怎么嘲笑鲁道夫，鲁道夫也是正式当选的德意志国王。按照帝国的法律，奥托卡得到了奥地利公国，就应该以新任奥地利公爵的身份向德意志国王，也就是鲁道夫，宣誓效忠。

没想到，鲁道夫召奥托卡一次，他不肯来。鲁道夫又召唤他，他不但不来，还派了一位主教替他发言。主教用优美而高深的拉丁语高谈阔论，为奥托卡辩护。聪明的鲁道夫打断了他："如果你是在向教士讲话，当然可以用拉丁语；但现在我们谈的是我的权利和帝国诸侯的权利，你为什么不用大家都能听懂的语言？"这个"大家都能听懂的语言"，指的就是德语。

拉丁语是教会的语言，德语是德意志民族的语言。鲁道夫的言下之意是，奥托卡宣誓效忠是世俗君权的事情，不容教会插嘴。鲁道夫这一席话收到了很好的效果，在座的诸侯都怒不可遏，认为奥托卡的做法不仅是侮辱了皇帝，也是侮辱了他们所有人。另外，奥托卡是捷克人，而其他诸侯都是德意志人。鲁道夫特意指出语言的问题，激起了在座诸侯的仇外情绪，让他们团结在他这个德意志人周围，去反对奥托卡这个捷克人。

两边的冲突越来越严重，没过多久，战争爆发了。在1278年8月26日的马希菲尔德战役中，鲁道夫率领德意志诸侯打败了奥托卡的波希米亚军队，奥托卡本人在战场上阵亡。

值得注意的是，这场战役中，鲁道夫这边都是清一色的德意志骑士，而奥托卡那边是一支多民族混杂的军队，有捷克人、斯洛伐克人、罗马尼亚人、波兰人等。于是，鲁道夫就把这场战役宣扬成德意志人对其他野蛮民族的胜利，好让德意志人"同仇敌忾"。

取得胜利之后，鲁道夫与奥托卡的儿子议和，把女儿嫁给他；然后以德意志国王的身份，把奥地利公国册封给了自己的儿子。

就这样，哈布斯堡家族入主奥地利，他们统治这片土地长达六百多年。在这六百多年里，哈布斯堡家族不再是一个小小的伯爵之家，他们开辟了一个中东欧的超级大国，垄断神圣罗马皇帝的位置数百年之久，统治一直持续到了1918年。

36

非洲雄狮：松迪亚塔

　　我小时候特别喜欢一部迪士尼的动画电影，你可能也看过，那就是经典动画片《狮子王》。《狮子王》讲的是非洲大草原的狮群王子辛巴复仇的故事。按照电影出片方迪士尼公司的说法，这个故事的原型是大文豪莎士比亚的戏剧、讲述丹麦王子复仇的《哈姆雷特》。

　　不过有人不同意这个说法。他们说《狮子王》的故事在历史上有真实的原型，而且就发生在非洲大陆。辛巴的命运与13世纪非洲一位伟大国王的经历非常相似。

公元9世纪到11世纪，西非出现了一个强大的加纳王国。加纳王国很独特，它本身并不出产重要的资源，但占据着非常关键的地理位置，当时的商人如果想要跨越撒哈拉沙漠去做生意，就必须向加纳王国交税。这些税收带来了巨额财富，促进了加纳王国的扩张，也加强了它对贸易线路的控制。有一段时间，整个西非的黄金交易都被加纳王国垄断，当地的日常生活又几乎都与黄金有关，所以加纳王国也被称为"黄金国度"。

11世纪之后，因为外敌侵略，加纳王国逐渐衰落。到了13世纪，在西非，一个新的王朝——马里帝国逐渐兴起。马里帝国的创建者是一位很了不起的英雄，名字叫作松迪亚塔。他身世很传奇，还有一个特别响亮的外号："非洲雄狮"。你可能猜到了，前面提到有人相信小狮子辛巴的原型是古代非洲的一位君主，说的正是松迪亚塔。

在古代非洲，人们主要通过口口相传的方式来记录历史，松迪亚塔的故事也是这样传下来的。今天咱们对他的了解，主要来自于一部用他的名字命名的口传史诗：《松迪亚塔》。

故事是这样的。在13世纪的西非，有一个民族叫曼

非洲雄狮：松迪亚塔

丁卡人。曼丁卡人有一位国王，长得非常英俊，大家都叫他美男子。美男子国王娶了一位美女做王后，还和她生了一个孩子。

突然有一天，一位占卜巫师来到宫廷里，作了一个奇怪的预言。他说：如果这位美男子国王娶一位丑陋的女人，那么他们的孩子会成为非常强大的君王。

巫师这个莫名其妙的预言，被旁边的有心人记住了。过了一段时间，就有人把一个长得很丑的驼背女人送到国王面前，国王想起了预言，于是娶了她。

没过多久，丑女人给国王生了个儿子，取名为松迪

亚塔。松迪亚塔一点也没有继承父亲的英俊，而是像他
母亲一样长相丑陋。他还患有小儿麻痹症，不能站起来
走路，只能在地上爬着走。周围的人一看，都觉得上了
巫师的当——这么一个连路都不会走的丑孩子，怎么可
能成为强大的国王呢？

国王的元配妻子美女王后本来觉得自己受到了威胁，
结果看到松迪亚塔的样子，她可真是喜出望外。她幸灾
乐祸地嘲笑和欺负松迪亚塔和他的妈妈，母子俩在王宫
吃尽了苦头。

国王驾崩之后，他和美女王后所生的大儿子继承了
王位，美女王后也就成了太后。母子俩大权在握，开始
变本加厉地欺负松迪亚塔和他的妈妈。

松迪亚塔虽然身体不好，却是个很有志气的孩子。
他下定决心，一定要站起来，学会走路，变成强大的男
子汉。一开始，他想试着用一根铁棍把自己的身体掰直，
但是，连铁棍都断了。后来，他终于用猴面包树的树枝
成功地把身体掰直，站了起来。经过艰苦的努力，松迪
亚塔学会了走路，逐渐成长为一名优秀的猎手。

新国王与太后容不下他，被逼无奈之下，松迪亚塔

带着母亲和两个妹妹逃离了曼丁卡人的王国，去其他国家讨生活。一开始，几个邻国都害怕得罪曼丁卡国王，不敢接纳他们。最后是麦马国王怜悯他们，给了他们一个家。

日子一天天过去，松迪亚塔长成了一名非常出色的武士，深得麦马国王的器重。只要松迪亚塔留在那里，将来必定前途无量。但是松迪亚塔的妈妈鼓励儿子：他身为王子，应该勇敢追寻自己的命运，回到家乡去争夺王位。

而这个时候，曼丁卡王国的日子很不好过。强大的索索王国开始侵略曼丁卡，一时间，大片国土沦丧，曼丁卡人损失惨重。国王和太后本该带领人民反抗侵略者，结果这两个没有骨气的胆小鬼却是闻风丧胆，听到敌人来了，自己先跑了。曼丁卡王国也就灭亡了。

侵略者索索国王是个迷信巫术的暴君。占领曼丁卡王国期间，他先后杀害了九个部落酋长，还砍下他们的头做图腾。曼丁卡人民受到他的压迫，简直快要活不下去了。于是，有人找到流亡在外的松迪亚塔，希望他回来领导人民抵抗侵略。

这个时候的松迪亚塔还不到二十岁，传说，他长得像狮子一样威严，像水牛一样壮实；他的声音像洪钟一样响亮；他的眼睛像火焰一样明亮炽热；还有他的两条臂膀，就像铁铸的一样强壮有力。松迪亚塔回到故乡之后，与许多部落领袖结为盟友，组成一支大军，打败了残暴的索索国王，消灭了所有的侵略者，重新统一了曼丁卡王国。

之后，松迪亚塔加冕为"曼萨"，建立了马里帝国。"曼萨"在曼丁卡语言里就是皇帝的意思。巫师的预言果然实现了。松迪亚塔召集贵族们开会，向他们颁布了一部宪法。这部法律通过口头形式流传到今天，深刻影响了西非社会。

有意思的是，史诗《松迪亚塔》把松迪亚塔描绘为先知穆罕默德的一位早期追随者的后代，而把索索国王描绘为邪恶的巫师。换句话说，索索国王其实是非洲土著传统宗教的捍卫者，而松迪亚塔代表传播到非洲的伊斯兰教。

实际上，没有任何证据表明松迪亚塔是穆斯林，不过，他的后代确实皈依了伊斯兰教。所以有人认为，这也许是他的后代的一种宣传，用这种方式把松迪亚塔与伊斯兰教联系在一起。

在松迪亚塔统治期间，马里帝国逐渐繁荣昌盛。前面说过，西非的加纳王国垄断了跨越撒哈拉沙漠的商业贸易。马里帝国也是这样，商人要想跨越撒哈拉去贩卖黄金、食盐和奴隶，都必须经过马里帝国，交纳税金。

马里帝国从13世纪延续到17世纪，是西非最强大的帝国，深刻影响了很多民族。松迪亚塔有一个后代叫作穆萨，今天人们一般称他为"曼萨·穆萨"。在他当皇帝期间，马里帝国的统治达到巅峰。当时马里的黄金产量占到全世界的一半，穆萨也就拥有了惊人的财富。

穆萨是一位虔诚的穆斯林，曾经下令建造了许多清真寺，并将伊斯兰教定为官方信仰，不过，他并没有压制国内的其他宗教。1324年，他前往伊斯兰教的圣地麦加，进行了一次著名的朝圣之旅。据说，他在经过开罗的时候大肆挥霍，用掉了很多黄金。开罗一下子得到这么多的黄金，以至于后来的20年时间里，黄金一直都在贬值，越来越不值钱。我猜想穆萨花出去的金子，说不定有一座大金矿那么多。

穆萨还致力于拓展马里帝国和世界其他地方的贸易，利用本国丰富的可乐果、象牙、食盐与黄金资源，与非洲、欧洲和亚洲的各个国家做生意。

另外，他也非常尊重知识。马里帝国的首都廷巴克图也因此成为重要的学术与艺术中心，当地的桑科雷大学是穆斯林世界最著名的学府之一，各地的学生都可以在那里免费获得教育。

中国读者往往对古代非洲的历史了解不多。其实在古代，非洲就有过马里帝国这样强大的国家和发达的文明。今天，史诗《松迪亚塔》也已经成为一部世界文学名著。如果你有兴趣，可以找来看一看。

37

勇敢的心：

华莱士与苏格兰独立战争

在开始这一站的历史之旅前，我先问你一个问题：你觉得今天的"英国"和"英格兰"能划等号吗？有不少中文图书会把"英格兰"和"英国"混淆，把它们说成一回事，其实这是不准确的。今天的英国，全名是"大不列颠及北爱尔兰联合王国"，它由四个部分组成：英格兰、威尔士、苏格兰和北爱尔兰。除了北爱尔兰，前面三个部分都在不列颠岛上，英格兰只是其中之一。

咱们这就来说一说，在中世纪的不列颠岛上，英格兰和苏格兰之间的交锋。

如果你留意国际新闻，可能听说过"苏格兰独立运动"——有一部分苏格兰人希望苏格兰脱离英国，建立一个独立国家。

实际上，在1603年之前，苏格兰确实一直是个独立国家；英格兰是它南边的邻居。英格兰人口更多，也更加强大和富庶，还曾经多次侵略苏格兰。所以，两边可以说是世仇。

苏格兰动荡的起点是1286年国王亚历山大三世的驾崩。这位国王没有儿子，他死后，苏格兰就陷入了一片混乱。所幸国王的一个女儿嫁给了挪威国王，生了一位公主，名叫玛格丽特。人们就决定推举这位玛格丽特公主来当苏格兰的女王。

此时的玛格丽特还不到六岁，让她来统治国家显然是不现实的，于是，苏格兰人就和邻居英格兰国王爱德华一世缔结了盟约，安排英格兰的王太子与玛格丽特订婚，将来夫妻俩一起治理国家。1290年，英格兰和苏格兰签订条约，确认了这次联姻，条约里面保证："苏格兰王国将独立于英格兰王国……永享自由，不臣服于后者。"

不幸的是，条约签订后刚过了两个多月，小姑娘玛格丽特在从挪威前往苏格兰的途中突然去世了。人们至今还不知道她的死因是什么，有人推测她很可能是在海上吃了变质的食物，食物中毒而死的。

总之，苏格兰现在又回到了群龙无首的局面，很多贵族都想得到王位。经过一番争夺，最终剩下两名竞争者，一个叫约翰·巴里奥，另一个叫罗伯特·布鲁斯。苏格兰贵族争执不下，最后就想了一个办法：请隔壁的英格兰国王爱德华一世来仲裁，让他来决定哪位竞争者胜出。可他们万万没想到，这是引狼入室，灾难马上就要来了。

长腿爱德华

爱德华一世是个什么样的人呢？今天咱们回头看，他是中世纪英格兰最精明、最有才干的国王之一。他还有个外号"长腿"，因为他身高大约有1米88，这么魁梧的身材在中世纪可是非常罕见的。你在看书或者看电影的时候如果见到"长腿"爱德华这个名字，那说的就是他了。

爱德华一世对苏格兰的王位斗争很有兴趣。他自称是苏格兰的"朋友和睦邻"，看起来好像一心为了苏格兰打算，其实他真正的盘算是趁火打劫，利用苏格兰内乱的好机会来加强英格兰对苏格兰的控制。事实上，爱德华一世的野心，是成为整个不列颠岛的主人。

在仲裁当中，他支持巴里奥。于是，在1292年的冬天，巴里奥登基，成为苏格兰国王。

苏格兰和英格兰原本是平起平坐的，但如果巴里奥认为他当了国王就能与爱德华一世这位"朋友和睦邻"平起平坐，那他就大错特错了。靠着爱德华一世的帮助，巴里奥才当上国王，现在，轮到他付出代价了。

爱德华一世很快就露出了真面目。首先，他要求苏格兰国王完全地、公开地臣服于他。无奈之下，巴里奥只好当着23位苏格兰权贵的面向爱德华一世俯首称臣——巴里奥这一低头，也就代表着苏格兰对英格兰的臣服。

其次，爱德华一世还宣称，英格兰的法庭对苏格兰的司法事务享有最高管辖权。这就意味着，苏格兰法庭对一起案件做出判决之后不能最终算数，如果英格兰法庭有不同意见，就要以英格兰的判决为准。甚至有一次，爱德华一世直接传唤巴里奥本人到英格兰议会来答话。堂堂苏格兰国王，怎么可以这样被人呼来唤去呢？

一开始，巴里奥拒绝承认英格兰议会有权听取来自苏格兰的上诉；但是，在爱德华一世的威胁下，他不得不让步，撤回抗议，并再次向爱德华一世宣誓效忠。这次奇耻大辱令巴里奥痛苦、遗憾了一辈子。苏格兰人终于认识到，有爱德华一世这样一位霸道的邻居，他们就算有了国王，那也不过是对方手里的傀儡罢了。

不甘忍受屈辱的苏格兰人奋起反抗，1295年，他们剥夺了巴里奥的权力，并且与英格兰的死敌——法国结为盟友。这可惹恼了爱德华一世。为了给苏格兰一个教训，1296年2月，他下令军队开拔北上，向苏格兰发起进攻。他要让苏格兰人知道，胆敢与法国结盟是什么下场。

这是一场残酷的战争。为了征服苏格兰，爱德华一世的三万大军不断向北推进，无情地屠杀所有胆敢反抗的人，甚至连平民百姓也不放过。苏格兰的贵族根本不是他的对手，只迎来了一次又一次耻辱的失败。

这场战争只打了不到五个月，英格兰人全程基本没遇到什么像样的抵抗。胜利后，爱德华一世就开始在苏格兰耀武扬威地到处巡视。他还要狠狠报复不听话的巴里奥。

爱德华一世举行了公开仪式，专门来羞辱巴里奥，巴里奥大衣上的纹章都被英格兰人扯了下来。苏格兰人还给巴里奥取了一个外号："空荡荡的大衣"。这位前任国王最后被送到伦敦塔，和其他被俘虏的苏格兰贵族关在一起。

更大的耻辱还在后面。爱德华一世的部下抢走了苏格兰政府的档案，甚至还抢走了王室的珍宝，也就是所谓的"斯昆石"，也叫"命运石""加冕石"。这是苏格兰历代国王加冕时使用的一块石头，是苏格兰的国家象征之一。爱德华一世把这块命运石送到英格兰的威斯敏斯特教堂，放在英格兰国王加冕用的宝座下面。苏格兰的国宝反而成了英格兰王权的象征。

这是苏格兰历史上最黑暗的时刻，亡国灭种的悲剧似乎已经近在眼前。就在这时，一位传奇般的民族英雄崛起，他的名字叫作威廉·华莱士。

关于华莱士的早年经历，众说纷纭。有人推测，他可能是苏格兰小贵族出身，可能当过雇佣兵，所以有着丰富的军事经验；另外，华莱士用的印章上有弓箭手图案，所以他可能还当过弓箭手。

1297年5月，华莱士发动起义，杀死了一名专横跋扈的英格兰官员。随后，他率领一批勇士，打起了神出鬼没的游击战。在中世纪，人们普遍推崇的战术是骑士"堂堂正正"地正面交锋，像华莱士这样打游击是很少见的。英格兰人就骂他，说他的打法是卑鄙的偷袭。

但是，眼看都要亡国了，谁还在乎什么偷袭、丢脸呢？很快，华莱士就受到了人们的爱戴，越来越多的苏格兰人前来投奔他，一起抵抗侵略者。华莱士自己也曾这样反驳英格兰人："我们不是为了苟且偷安，而是为了决一死战，为我们自己报仇雪恨，也为了解放我们的王国！"

1297年9月11日，华莱士领导的苏格兰起义军在斯特灵桥大败英格兰军队，这就是著名的斯特灵桥战役。这场战役中，英军的兵力比华莱士的人马多得多，两边力量对比非常悬殊。不过，华莱士做过精心的侦察，巧妙地利用了那里的地形。

当时英军要从南向北过桥，而斯特灵桥的桥面非常狭窄，只能容纳三个人并排走，所以兵力再强，这时也很难发挥作用。苏格兰人等英军有一半人过了桥之后，突然发动进攻，把敌人堵在桥上，然后拼命砍杀。

关键时刻，华莱士率领骑兵发起了一次冲锋，英格兰步兵败退，与后面正准备过桥的英格兰骑兵挤成一团，一时间阵脚大乱。大桥承载不了这么多人的重量，一下子塌了，很多英格兰士兵落水淹死。

斯特灵桥战役是苏格兰人的一次辉煌胜利，苏格兰人士气大振。靠着这次胜利，华莱士将苏格兰王国重新团结了起来。同胞们册封他为骑士，并宣布他就是苏格兰的代理统治者。华莱士继续领导独立运动，决心死战到底，从侵略者手中恢复苏格兰王权。

然而，爱德华一世的野心和华莱士的决心同样强烈。1298年，爱德华一世亲自率领大军北上。7月22日这一天，他和华莱士各自率军在福尔柯克发生了一次激烈而血腥的正面交锋。

华莱士将他的人马分成四个刺猬阵型，密密麻麻的长矛指向敌人。爱德华一世则兵分两路，从两个方向夹击苏格兰人。在强大的敌人面前，苏格兰骑兵临阵脱逃。与此同时，英格兰军队发射弓箭、投掷石块，将对方的刺猬阵型分割开来。阵势被破坏之后，苏格兰人的防御迅速瓦解，溃不成军。最后，英格兰军队损失了两千步兵，苏格兰人则遭受了灭顶之灾，死伤极其惨重。

这场失败对华莱士来说是奇耻大辱，严重损害了他的军事声誉。不过，华莱士和其他苏格兰贵族的人马都没有什么伤亡，他们安全逃离了战场，继续带着同胞反对侵略者。

随后几年里，英格兰不断地集结军队去镇压苏格兰人，但苏格兰人已经吸取了教训。他们不再和敌人正面交锋，所以爱德华一世始终没有办法彻底征服苏格兰。

但是，苏格兰人也不是个个都像华莱士那样有骨气。曾经参与苏格兰王位争夺战的罗伯特·布鲁斯有一个孙子和他同名，也叫罗伯特·布鲁斯。这个年轻的布鲁斯在1301年冬天背叛祖国，变节投靠了英格兰人。

几年以后，威廉·华莱士的手下也背叛了他。这位大英雄不幸被英格兰人俘虏，被判为"国王的叛徒"，尽管他从来都不是英格兰国王的臣民。华莱士在伦敦惨遭杀害。他的头颅被涂上焦油，插在伦敦桥的矛尖上示众。

但苏格兰仍然不肯屈服。曾经背叛祖国的罗伯特·布鲁斯也重新回到了同胞这边，带着人们继续斗争。

1307年，爱德华一世驾崩，他的儿子爱德华二世是一个软弱无能之辈。趁这个机会，罗伯特·布鲁斯加大了反抗运动的力度，最终狠狠教训了侵略者，让苏格兰取得了事实上的独立。1320年，苏格兰的独立地位获得了罗马教皇的认可。

又过了8年，爱德华二世的儿子爱德华三世终于承认苏格兰是独立国家，并许诺让妹妹与罗伯特·布鲁斯的小儿子联姻。苏格兰的第一次独立战争就这样结束了，威廉·华莱士的在天之灵总算得到了慰藉。

好景不长，不久之后，英法百年战争爆发，苏格兰作为法国的盟友，也卷入了这场漫长而血腥的战争。苏格兰人需要再打第二次独立战争，才最终获得独立。

讲到这里，你肯定要问了：那苏格兰和英格兰又是怎么成为一个国家的呢？是不是英格兰后面又侵略了苏格兰呢？恰恰相反。有句俗话说，笑到最后才笑得最好。罗伯特·布鲁斯的外孙——罗伯特·斯图亚特开创了斯图亚特王朝，他的家族统治了苏格兰三百多年时间。因为联姻的关系，斯图亚特王室还获得了英格兰王位的继承权。1603年，苏格兰国王詹姆斯六世登上了英格兰王位，于是英格兰和苏格兰就成了一个"共主邦联"，意思是两个独立国家共同拥戴同一位最高统治者。所以，严格来说，并不是英格兰征服了苏格兰，而是苏格兰的君主得到了英格兰。

38

三战三捷：英法百年战争的爆发

前面我们提到，苏格兰作为法国的盟友卷入了英法百年战争。现在，我们就来聊聊这场战争是如何爆发的，战争的前半期又发生了哪些有名的故事。

英法两国之间长期存在矛盾，关系很复杂。一方面，英格兰国王和法兰西国王是平起平坐的两位君主；另一方面，英格兰国王同时又拥有诺曼底公爵和阿基坦公爵的身份，是法国国王的封臣和下属。

在整个14世纪，在欧洲西北部，英格兰和法国接连发生利益冲突：法国王室进入大举扩张的新阶段，这导致法国与英格兰在低地国家（今荷兰、比利时、卢森堡一带）的贸易战中发生了直接的竞争；苏格兰自1295年起就与法国结盟，这是英法矛盾的另一个根源；英吉利海峡的航道和贸易路线的控制权也是双方争夺的焦点，英格兰人需要渡过海峡向佛兰德输送羊毛（后来还有纺织品），并从波尔多进口葡萄酒，所以海峡与航道对英格兰来说至关重要。

在这些互相挑衅和冲突的表象之下，是两国王室地位的根本变化。1328年，法国国王查理四世驾崩，卡佩王朝的主系灭亡。王位传给了卡佩王朝的一个分支，也就是查理四世的堂弟瓦卢瓦伯爵腓力，称号为腓力六世。

当时的英格兰国王爱德华三世是查理四世的外甥，他认为自己的血缘更接近，更有资格获得法国王位。况且，腓力六世还在1334年决定支持苏格兰人，这对英格兰来说是不可接受的挑衅。

此时还发生了一件事情。腓力六世最亲信的谋臣和密友阿图瓦的罗贝尔非常不幸地得罪了国王，于是逃到英格兰，得到爱德华三世的庇护。

1336年12月，腓力六世要求遣返罗贝尔。英格兰朝

爱德华三世

廷拒绝了这个要求。不到一年之后，爱德华三世撤销了
英格兰国王对法国国王的效忠誓言。腓力六世立即没收
了英王在法国的一些领地。战争就这样爆发了。

1340年，爱德华三世正式宣称对法国王位享有权利，
自称为"法兰西与英格兰国王"。他随即率领一百多艘战
船，渡过英吉利海峡，前往佛兰德地区的斯勒伊斯。当
时的佛兰德名义上是法国国王的臣属，但在战争中是英
格兰的盟友。腓力六世的两百多艘战船严阵以待，准备
守株待兔。

6月24日，爱德华三世的舰队接近了斯勒伊斯。他向海岸眺望，可以看见庞大的法国舰队排成了密集队形，或许也感到焦虑，甚至是畏惧。他即将迎战的是英吉利海峡上集结过的最庞大的海军力量之一。一旦战败，他必将彻底垮台。

中世纪的海战和陆战很相似，很少有机动作战或追击。两支海军交锋时，先是船只猛烈冲撞，然后武士登上敌船，展开血腥的近距离厮杀。尽管战船会携带投石机和巨型弩弓等重型武器，但发挥作用的主要还是弩箭、钉头锤和棍棒的凶残猛击。

法国舰队为了密集阵型的所谓安全感，牺牲了全部机动性，用铁链将船只锁在一起，分成三列，排布在河口。这个决定毁掉了整个舰队。后两排船只被最前方的一排挡住，没有办法参加战斗。英格兰人进攻的时候，法国人发现自己没有办法躲避正面冲击。

英格兰舰队向法国人发动了一波波攻击。每艘英格兰战船都撞上一艘敌船，用钩子和多爪锚死死咬住对方。同时，双方的弩手和弓箭手向对方射出箭雨。弓箭手们占据制高点，要么是在战船高高的艉楼，要么是在桅杆上。英格兰弓弩手杀死足够多的守军之后，武士们就登上敌船，展开白刃战。

法国人被困在原地，动弹不得，惨遭屠戮。此役中，法国方面的死亡人数令人震惊；有1.6万至1.8万法国士兵死亡，要么是在甲板上战死，要么是溺死。有一位编年史家写道："有人讥讽地说，鱼儿吃了那么多死人，如果上帝给它们说话的本领，它们一定会说流利的法语。"

斯勒伊斯战役是英格兰早期历史上最伟大的海战胜利之一。英格兰人自己也不敢相信取得了如此辉煌的胜利，不禁欢呼雀跃。法国舰队几乎全军覆没，要么被俘，要么被摧毁，英格兰商船在英吉利海峡受到的威胁一下子就解除了，腓力六世则丧失了海战能力。

1346年8月26日的克雷西战役是英格兰的又一次辉煌胜利。爱德华三世和他的儿子"黑太子"爱德华亲自指挥作战。国王命令士兵们各就各位，和他们说笑打趣；然后，他摆好了指挥后卫的阵势。步兵的两翼各有一大群长弓手，他们已经下马，周围是辎重大车，以保护他们免遭骑兵的冲杀。这些弓箭手将决定这场著名战役的结局。

法军是分批抵达克雷西的，但总兵力远远超过英格兰人。腓力六世向战场投入的兵力可能多达2.5万人，其中包括大量热那亚弩手。英军的兵力不足对方的一半。法国国王将他的军队分成三路：最前方是弩手，后面是两支骑兵，侧翼是步兵。

双方士兵互相咒骂，等待命令。傍晚6点左右，飘起雨来。在震耳欲聋的军号和战鼓声中，命令传达下来，法国弩手和英格兰弓箭手开始齐射。英军的箭矢杀伤力极强：每名弓箭手每分钟能射出五六支箭，箭雨从天而降，如同暴雪一般。而腓力六世这边热那亚弩手的射速不到对方的一半，而且射程不够。

这就是双方的关键差别，而英格兰的这个优势将在百年战争的大部分时间里发挥作用：长弓是战场上最厉害的武器。

法国骑兵长久以来是法国的骄傲，令全欧洲胆寒。他们看到前方的弩手溃乱，以为他们胆小怯战。法国骑兵追逐溃败的热那亚弩手时，冲进了致命的箭雨，白色木杆和金属箭头如倾盆大雨一般，将骑兵掀翻下马。箭杆深深插入士兵和马匹的身体，中箭的战马嘶鸣踢打，尖声惨叫，垂死的人则魂飞魄散，扭曲挣扎，造成了极大的混乱。

箭矢嗖嗖地射向敌阵之时，爱德华三世命令发动一场非常新颖的攻击。法国的战场上第一次响起了炮声。英格兰人带来了几门大炮，这些是非常原始的火器，利用火药的力量将金属箭和弹丸向敌人的大致方向发射，精度很差。大炮的杀伤力没有长弓那么强，但是声音非常吓人。

根据后来的评判，这场战役的英雄首推黑太子。他勇猛搏斗，斩杀敌人。有一次，他被击倒在地，他的旗手在绝望之下不得不暂时丢弃旗帜，将负伤的王子扶起。这个故事后来成为英格兰传说的一部分。战况越来越激烈，王子担心自己的部下损失太大，于是传话给父亲，请求增援。

"我的儿子死了？还是负伤了？"爱德华三世问道。得知王子并未战死，而是处境艰难后，爱德华三世答道："回到他那里，告诉他，不准再向我索要援兵……只要我的儿子还活着，就应当给他机会，在今日建功立业。"

激战几个钟头之后，腓力六世国王及其盟友溃不成军。他们的骑兵冲锋非常有技巧。骑兵每次冲锋失败，都会重新组队，以极大的勇气和技艺再一次发动进攻。但他们面对英军的巩固阵地，无计可施。法军损失了数千人，许多重要贵族也丢了性命。

克雷西战役是中世纪军事史上的一座里程碑。英格兰人凭借长弓的威力，打败了法国骑士。

1356年9月19日的普瓦捷战役是百年战争前半期英格兰人的第三场辉煌胜利。黑太子爱德华这次面对的是腓力六世的儿子约翰二世。

英国有六千至八千兵力，法军的兵力几乎是英军的两倍。但英军训练有素、组织有序，而约翰二世的人马纪律涣散，缺乏有效的领导，无法将己方的兵力优势发挥出来。法国人似乎也没有从克雷西战役中吸取教训，仍然没有想出办法来对付英格兰的长弓。

黑太子的部下在法国战线前方来回运动时，两名法国指挥官按捺不住，发动了进攻。他们向英军的前锋和后卫发起了传统的骑兵冲锋。两军之间有茂密的树篱阻挡，法国骑兵在企图突破树篱时惨遭屠戮。

对法国人来说，这是损失惨重的一天，死伤超过两千人，其中包括波旁公爵和多位高级将领。他们还丢失了法军神圣的红色战旗"黄金火焰"。被俘的法国贵族不计其数，包括国王的幼子腓力、桑斯大主教、多位伯爵和高级将领，以及约翰二世自己，这是最糟糕的。

英军伤亡仅数百人。这是黑太子爱德华对法国国王最具压倒性的辉煌胜利，永久性奠定了黑太子的军事荣誉。得胜之后，英军举行了宴会。黑太子以翩翩君子之风，彬彬有礼地招待大批法国俘虏，向他们敬酒。黑太子赞赏约翰二世是伟大的国王，在战场上比任何人都英勇。

但在这具有骑士风度的礼节之外，政治的现实是很残酷的：国王被俘，法国陷入了危机。漫长而复杂的和谈之后，约翰二世的赎金被敲定为400万金埃居。这是不可能凑齐的天文数字。为了筹集约翰二世的赎金，整整一代法国人掏空了腰包。

英格兰虽然在战场上已经战胜了法国，但是好景不长。一方面，连年用兵让英格兰国库空虚、人民不满。另一方面，更可怕的敌人出现了，那就是黑死病。

39

幼主与农民：瓦特·泰勒起义

1346 年爆发的黑死病，是欧洲历史上最大的灾难之一。病人的皮肤会因为皮下出血而变黑，死亡率很高给人们带来了极大的恐慌，整个欧洲都被笼罩在阴暗、绝望的黑色气氛中，因此这种病被叫作"黑死病"。人们到今天还没有彻底搞清楚黑死病的本质是什么。很多人认为，它可能是一种鼠疫。

黑死病造成的死亡人数很难精确估算。历史学家们推测，全世界可能有 7500 万到 2 亿人患病而死，欧洲总人口损失了 30% 到 60%。在黑死病之后，过了 200 年时间，欧洲的人口才恢复到黑死病爆发之前的水平。

1348年，黑死病通过海路传到英格兰后，就以每天1到5英里的速度从港口向内陆传播，每天都有大量人群染病。无论是高高在上的英格兰公主，还是大街上穷困潦倒的乞丐，没有人能够逃脱黑死病的魔爪。最后，整个英格兰有将近一半的人悲惨地死去了。

人口急剧减少，会产生什么后果呢？你可能想不到，有一个重要的后果，是工人的工资变高了。黑死病爆发之前，英格兰人口众多，所以劳工市场是"买方市场"。需要工作的人实在太多了，要雇佣工人的大财主不但可以挑三拣四，还可以压低薪水。在这样一个市场里，底层阶级需要花费很大的力气才能找到工作，拿到的薪水也很少。

黑死病爆发后，人口少了将近一半。先前不值钱的工人，一下子成了雇主争抢的宝贝，于是，工人们占据了优势地位，可以讨价还价，要求得到更多的报酬。底层工人的薪水涨得越来越高，富有的大地主、各行各业的商人和作坊主的日子变得非常不好过。这种情况让英格兰政府感到很担心——他们并不在乎底层工人，但如果贵族和大地主不满意，那会直接威胁到朝廷的统治。

该怎么办呢？ 1351年，英格兰议会通过了《劳工法》，为各行各业的工人制定了固定的最高工资标准，人为地将工资压制在一个比较低的水平。换句话说，哪怕市面上就剩下一个工人，大家都想要雇他，他的工资也不能超过法律规定的水平。

我们今天知道，一个人付出劳动，就有权获得公平的回报。可是《劳工法》非但不保护劳工阶级，还专门压迫他们，不让他们获得应得的报酬。一时之间，英格兰的劳工阶层感受到来自国家法律的沉重压力。他们觉得这部《劳工法》是对自己利益的严重侵犯。薪水变少了，他们想要提升社会地位的梦想也破灭了。

另外，由于英法百年战争，英格兰国库被掏空，国家没有钱了。于是，政府又开始大规模征收"人头税"。顾名思义，人头税就是按人的数量收税。无论是贵族、地主，还是穷苦的贫民，都要缴纳相同数额的税。又因为穷人多，富人少，最后，人头税的主要负担就落在了劳工阶层头上。政策是由贵族制定的，而劳工根本没有机会在议会表达自己的意见，这当然很不公平了。

为了尽可能地从民众手里搜刮钱财，英格兰政府派遣大批调查委员深入乡村，挨家挨户去强行征税，一个人也不放过。

先是一部《劳工法》，强行压低了人们的收入；再来一个"人头税"，让大家缴纳不合理的税金。苦不堪言的英格兰农民终于忍无可忍，发动了一场起义。这就是1381年夏天的大起义。

农民起义军的领袖叫瓦特·泰勒。虽然有传闻说他是英法战争的老兵，但人们对他的真实生平几乎一无所知。泰勒身边有一位脱离教门的神父，特别擅长用歌谣和口号来宣扬他们的理念：废除封建领主地位，土地和财富由全民共享。这位神父最有名的一句口号是："亚当耕种、夏娃织布的时候，哪有什么贵族？"

农民起义军很快冲进伦敦城。起初他们还能遵守纪律，但没过多久，领袖泰勒就管不住他们了。起义军一边惩罚他们眼中的贪官污吏和奸臣，一边也开始胡作非为，烧杀抢掠。伦敦城陷入了混乱。

这个时候的英格兰国王是爱德华三世的孙子、黑太子的儿子理查二世，当时他只有14岁。朝廷大臣们束手无策，没有人能主持大局。结果，恰恰是这个14岁的幼主，凭借极大的勇气平息了叛乱。

理查二世

　　这个故事非常离奇。当时，泰勒已经控制整个伦敦一个周末的时间了，而控制了伦敦，就相当于控制了英格兰。于是，在伦敦郊外，国王理查二世与起义军领袖泰勒开始当面谈判。

　　这是英格兰历史上最诡异的会面之一。此时的泰勒已经有点飘飘然了。他抓住小国王的手晃来晃去，告诉他："请您尽管放心，两周之内会有新的四万平民到此，我们会成为好伙伴。"

　　小国王虽然被泰勒吓了一跳，但还是保持镇静，和他谈判。少年问泰勒希望讨论哪些问题，并且许诺说一定会以书面方式、加盖御玺，批准他的要求，绝不食言。

于是泰勒提出了他的诉求。他要求全体国民只尊崇国王一个人的宗主权，除此之外任何领主都不应拥有宗主权，而应由所有人分享权力。泰勒的意思是，要求废除社会和法律上的一切等级制，没有贵族和封臣，大家只遵奉国王一个人，其他人都是平等的。泰勒还要求，教会的财产不应该由教会人士控制，只要给教士们提供足够的生活费，剩余财产都应当分给教民。他还要求，英格兰不应当再有奴仆、农奴或佃农，所有人都应该享有自由、互相平等。

这听起来是一种绝对公平的思想，但它太不切实际了，用今天的眼光来看，它是一种空想；而在中世纪，它几乎就是一种疯狂的想法。但是，小国王为了稳住泰勒，表示可以批准他的要求。然后，他就命令泰勒立即回家，不得延误。

在国王和泰勒谈判的时候，没有任何一位贵族敢和起义的平民说话，只有国王一个人有这样的勇气。14岁的理查二世表现出了和年龄不相符的镇静自若。

自以为占了上风的泰勒表现得更加无礼。他要求国王给自己送一瓶水来，并且粗鲁地往国王脚下吐口水。王室的人看不下去了，有人张口辱骂了这位起义领袖。然后，两边就打了起来。混战当中，伦敦市长抽出匕首刺向泰勒，给了他重重的一击。随后市长离开了现场，去召集忠于国王的当地民兵，准备将起义军驱散。

当时，泰勒的起义军都等在距离谈判地点比较远的地方。受伤的泰勒骑上小马，逃回到自己的部下那边，高呼国王背信弃义。看到半死不活的泰勒从马上摔下来，起义军才意识到自己被耍了。他们开始弯弓射箭。这是非常危险的时刻，在场的国王和贵族很可能要被一网打尽。

理查二世马上判断出必须采取行动，于是他做出了令所有人大吃一惊的事情：这个14岁的少年催动坐骑，直接冲向起义军并宣布：我才是你们的统帅和领袖，你们应当服从我。

理查二世表现得如此勇敢，反应如此敏捷，起义军被他的威严震慑住了。他们纷纷向国王鞠躬。就在这个时候，忠于国王的民兵陆续抵达。民兵包围了起义军，将他们赶出伦敦，没有造成多少伤亡。

14岁的少年国王挽救了局势，化险为夷。然而，这只是暂时的。理查二世实在太小了，这次传奇般的胜利严重扭曲了他的性格，让他变得极度自负和傲慢，沉迷于说一不二的霸道作风。

虽然理查二世曾经答应要赦免起义军，但是当他控制局势之后，就开始了疯狂的报复。有人记录了他对农民起义军说的一段话：

"你们是农奴，将来也永远是农奴；你们永远是奴才，将来我对你们不似先前，而是比先前不知严酷多少倍……我将永远奴役你们，让你们做牛做马，以警后世……"

理查二世长大成人之后，对自己的臣民、尤其是贵族抱有深刻的不信任感。他变得斤斤计较，而且一天到晚觉得别人要迫害他。如果有人想要引导他，或者建言改善他的治理，都会让他暴跳如雷。

就这样，当年那个令人惊喜、给人希望的少年，最终成长为英格兰历史上最糟糕的暴君之一。人民受不了他，贵族集团也反对他。最后，理查二世被堂亲亨利推翻，死于非命。亨利建立了新的兰开斯特王朝，他的称号是亨利四世。

在这个动荡时期，英格兰没有继续向法国用兵。英法战争暂时告一段落。但是，等兰开斯特王朝坐稳了江山，就要再次向法国发难了。

40

长弓手发威：阿金库尔战役

假如我们说，在英法百年战争前半期，英格兰的英雄是爱德华三世和他的儿子黑太子，那么亨利五世当之无愧就是战争后半期的英雄。

亨利五世是精力充沛、魅力十足的国王，才华横溢的军事家，也是睿智的政治家。莎士比亚写过一部著名的戏剧《亨利五世》来歌颂他的事迹。这部戏剧还多次被搬上银幕，成为英国的文化符号。我们这就来讲讲亨利五世的故事。

亨利五世

亨利五世于1413年登基，他继承的是一个躁动不安的国度。主要原因之一就在于，他的父亲亨利四世是靠篡位上台的。

亨利四世在1399年废黜了暴君理查二世。后来，有人企图营救被囚禁的理查二世，于是亨利四世就派人把他杀了。理查二世在位时不得民心，但亨利四世的篡位和弑君，触发了一场合法性的危机。在他统治时期，发生了多次反对他的叛乱。英格兰政治出现了长期的分裂，只有亨利四世的死，才能弥合这样的分裂。

因此，年轻而有才干的亨利五世登基之后首先致力于和解，赦免曾反叛他父亲的人，还发掘出理查二世的遗骸，将其转移到威斯敏斯特教堂内，算是代表兰开斯特王朝向被谋杀的理查二世忏悔和道歉。通过这些做法，亨利五世很快把英格兰团结在自己的旗帜周围。

解决了国内矛盾之后，出于开拓进取的雄心，亨利五世再度向法国用兵。百年战争进入了一个新阶段。

此时的局势对英格兰特别有利，因为法国国内的情况一团糟。当时的法国国王是查理六世。三十年来，他一直受到被害妄想、幻想、精神分裂和严重抑郁症的折磨。他的精神病每次发作可能持续好几个月。

第一次发作是1392年8月一个炎热的日子，当时他正率领一支队伍在乡村行进。当时，他因为中暑而脱水，还因为前不久一位密友遇刺而高度焦虑。突然，当地一个疯子对他大喊大叫，说前面路上有人要背叛他。这让国王感到很害怕，精神病发作了。他挥剑砍杀身边的人，横冲直撞，一个小时内连杀五人。

后来，他会经常忘记自己的名字，也忘了自己是国王。他还忘了自己有妻儿，敌视妻子。他有时浑身战栗，叫嚷说他感觉有一千根尖利的铁刺穿透了他的身体。他到处疯跑，直到累垮。他的仆人非常担心，于是封闭了王宫大部分出入口，以防他跑到大街上出丑。他一连几个月不肯洗澡、换衣服，也不肯睡觉。有一次，仆人闯入他的房间，企图给他洗澡换衣，发现他浑身都是疥癣和痘疮，还涂满屎尿。

查理六世的疯病在法国造成了权力真空。中世纪所有的王室都需要精神正常而稳定的君主，而查理六世造成或者说至少激化了一场激烈的动乱和内战。

1407年，法国的两群贵族发生内战。一派的首领是国王的弟弟奥尔良公爵路易，另一派是国王的堂亲勃艮第公爵"勇敢的腓力"。他们因土地纠纷、个人分歧而争吵，也拼命争夺对朝政的控制权。1407年11月23日，奥尔良公爵路易在巴黎街头被十五名蒙面歹徒刺杀。刺客正是勃艮第公爵的门客。从此，法国政坛就变得乌烟瘴气，背叛和谋杀事件时有发生。

之后，路易的儿子查理与他的岳父阿马尼亚克伯爵结盟。法国迅速分化为两个互相争斗的阵营——勃艮第党和阿马尼亚克党。国内的权贵纷纷站队。疯疯癫癫的国王根本无法控制局势，甚至可能根本不知道发生了什么。

这对英格兰国王亨利五世来说是天赐良机。鹬蚌相争，渔翁得利。亨利五世在法国的内战中玩弄和操纵双方，取得了惊人的成功。1412年，他与阿马尼亚克党缔结条约，同意支持他们，以换取对方承认英格兰对法国西南部几个重要领地的宗主权。这个条约没有维持多久。1415年，亨利五世提高了价码，要求将诺曼底、安茹和布列塔尼等地都纳入英格兰主权之下。这些地方可不是随意挑选的。他索要的，都是他的祖先、12世纪金雀花王朝的亨利二世与狮心王理查曾经控制的地区。

阿马尼亚克党拒绝了他的要求，于是亨利五世与他们撕破脸皮，入侵诺曼底，攻打并占领塞纳河河口的港口城镇阿夫勒尔。莎士比亚在《亨利五世》一剧中把这场战斗写得很精彩。

随后亨利五世一路烧杀抢掠，穿过法国乡村，最后于1415年10月25日在阿金库尔这个小村庄与一支庞大的法军决战。

两军相遇的战场是一块犁过的农田，他们脚下的泥土因为倾盆大雨而化为烂泥。尽管法军兵力强大，可能是亨利五世兵力的六倍之多，但英军凭借着优越的战术和精彩的指挥大获全胜。

亨利五世非常依赖长弓的运用，它们能对队形密集的敌人造成毁灭性打击。为了保护长弓手，使其免遭敌人骑兵的冲杀，国王命令把削尖的木桩插入长弓手周围的土地。

法国人则似乎完全没有从之前的克雷西战役和普瓦捷战役当中吸取教训，仍然用骑兵去冲击英格兰长弓手。

长弓手给亨利五世送上一份大礼。他们向法军骑兵、战马，以及企图徒步穿过战场的武士发出一轮轮齐射。箭如雨下的时刻，法军士兵的数量优势就没有意义了。

这是一场恐怖的大屠杀。用一位目击者的话说，"活人倒在死人身上，倒在活人身上的人也被残杀"。双方的损失非常悬殊：超过1万名法军阵亡，英军的死亡人数可能只有150人。

战斗结束之后，为了防止敌军重整旗鼓，亨利五世命令屠杀了数千名战俘和敌军伤员，只留下级别最高的敌人以换取赎金。这应当说是亨利五世的最大污点。不过，他毕竟赢得了一场惊人的大胜，因此被英格兰人赞誉为英雄。

阿金库尔战役之后的几年里，亨利五世重返法国，取得了更加辉煌的战绩。到1418年夏末，亨利五世已经成为自1204年他的祖先约翰国王被法国国王腓力二世逐出诺曼底以来第一位实际控制诺曼底的英格兰国王。巴黎近在咫尺。

法国人心惊胆寒，全国陷入混乱。若是勃艮第党与阿马尼亚克党能够不计前嫌，联手对抗亨利五世，国家也许还有希望，但双方仍然势同水火。1419年9月10日，在一座桥上，勃艮第党与阿马尼亚克党紧急会晤。控制法国国王和宫廷的勃艮第公爵"无畏的约翰"被一名阿马尼亚克党成员用斧子砍碎了脑袋和脸。

至此，勃艮第党主张，无论战争走向怎样的结局，他们都绝不与阿马尼亚克党议和。于是勃艮第党当了"法奸"，向亨利五世求和，把他们拥有的最贵重的礼物——法国王冠献给了他。查理六世疯得厉害，无法参加谈判，任凭勃艮第党摆布。

1420年5月21日，英法在特鲁瓦大教堂缔结和约。和约的第一条就是，查理六世的女儿凯瑟琳公主嫁给亨利五世；然后查理六世要剥夺自己当时唯一的儿子查理的王位继承权，而将法国王位继承权转移给亨利五世及其后代。

对英格兰来说，形势一片大好。持续数百年的英法争霸，似乎即将以英格兰人大获全胜而告终。然而，果真如此吗？

41

圣女贞德

亨利五世多次打败法国军队，迫使法国人签订城下之盟，娶了法国公主凯瑟琳，从而获得了法国王位的继承权。

尽管凯瑟琳的弟弟、被剥夺王位继承权的法国太子查理仍然率领阿马尼亚克党在抵抗，但亨利五世的前景无比光明。他年富力强，春风得意，处于人生的巅峰。只等疯王查理六世去世，亨利五世就可以顺理成章地成为英法两国的国王了。

然而，意想不到的事情发生了：亨利五世在卫生条件恶劣的前线染上了痢疾。这在当时简直就是不治之症。1422年8月31日，亨利五世驾崩，此时距离他的三十六岁生日仅剩两周多一点。他唯一的儿子、此时还不到九个月大的亨利被加冕为英格兰国王，称号为亨利六世，后来又继承了外祖父的法国王位。

法国太子查理仍然在抵抗。此时，就是法国的至暗时刻。

亨利五世临终前，嘱托弟弟贝德福德公爵约翰执掌法国事务。贝德福德公爵精明能干，是优秀的军事家，而且对哥哥和侄子忠心耿耿。

亨利五世死后，英格兰贵族派系之间因争权夺利发生了冲突。其中最重要的两派分别是贝德福德公爵的弟弟（也就是亨利五世的弟弟）格洛斯特公爵，与亨利五世祖父的私生子的后代，即博福特家族。不过，在贝德福德公爵主政期间，他还能够压制派系斗争，迫使大家团结在婴儿国王亨利六世周围。

1424年8月17日，在诺曼底东部的城镇韦尔纳伊之外的平原上，贝德福德公爵又一次大败法军。这是英格兰在欧洲大陆的国运的最高点。

韦尔纳伊战役之后，对英格兰来说，战争总的来讲还很顺利。1428年9月，法国太子的军队几乎全部被打退到了卢瓦尔河以南。当月，英军开始攻打卢瓦尔河畔的奥尔良城。这原本应当是一次简单的战斗，然而从此役开始，英格兰人就开始走下坡路。

奥尔良是一座大城市，得到卢瓦尔河天险的保护，还拥有坚固的城墙、城门与防御塔。英军将领索尔兹伯里伯爵先是猛攻奥尔良周边的乡村，然后攻打城市，炮轰城墙，并指示他的坑道工兵在城市的防御工事底下挖掘坑道。

一切进展顺利，不料祸从天降。10月27日，索尔兹伯里伯爵在观察城防设施时，河对岸奥尔良的防御塔上开了炮。石弹越过河面飞来，掀起的碎石击中了索尔兹伯里伯爵，他脸上的一半肌肉被碎石打落。这是致命伤，他痛苦挣扎了一周才死去。

索尔兹伯里伯爵的死是一场灾难。英军失去了唯一有能耐打下这座城池的指挥官。接替索尔兹伯里伯爵的是三十二岁的萨福克伯爵威廉·德·拉·波尔，他是一位勇敢而经验丰富的军人，但水平与他的前任相比还是差得远。

英军努力在萨福克伯爵指挥下重整旗鼓，炮轰奥尔良城墙；同时在乡村设防，坚壁清野，以防援军赶来救援奥尔良市民。但英军毕竟兵力不足，没有足够的人手强攻这座防御巩固的城市，甚至不足以构建一个完整的包围圈。

奥尔良城内的人们着手准备应对漫长的冬季围城战。城墙外的英军尽其所能地阻止城内的人出来或者城外的人进去。冬季的几个月里，双方僵持不下。

圣女贞德

1429年2月底，圣女贞德登场了。十七岁的贞德是农家姑娘，她女扮男装，打扮得土里土气，而且是个文盲。她后来说，自她十三岁起，就有神圣的声音指引她的行动。大天使告诉她，她的使命就是救国。

虽然饱受嘲笑，贞德还是来到了法国太子的大本营所在地希农城堡。她相信自己的使命是征集一支军队为奥尔良解围，之后护送太子去兰斯，以便他能加冕为法国国王。

查理太子对这个农村姑娘的主动请战感到很困惑，于是让一些教士多次审讯贞德。他们最后决定，让她试试也无妨。贞德的心愿得到了满足。4月底，她身穿男人的铠甲，骑着一匹白马奔向奥尔良。

她背后是数千军队，她身旁有一群教士，他们捧着一支古剑，传说是"铁锤查理"的剑。铁锤查理是8世纪的法兰克传奇统治者，曾经打退穆斯林对西欧的进攻。4月29日，贞德和法军抵达奥尔良，发现围城的英军很弱，并且缺少粮草。

英军第一次听说贞德的时候，不禁哈哈大笑。贞德在抵达奥尔良的几周前从法国太子的宫廷写信给英军，警告萨福克伯爵及其部下，他们若不离开占领的地区，她就要他们的性命。当时英军觉得这实在荒唐，以为只是个笑话而已。

没想到她真的来了，并且得到相当强大的军队的支持。她打算率领这支军队把英军从奥尔良城墙下赶走，解救被围困了很长时间的奥尔良守军和市民。

贞德抵达之后，没有浪费时间，指示部下立刻攻击稀薄的英军战线上最脆弱的地方：城东。他们一次集中力量进攻，就轻松占领了英军一座孤零零的小工事。就这样，法军轻而易举地在围城战线上打出了一个缺口，并且维持这个缺口足够长的时间，让兴高采烈的贞德纵马奔入城市，城内的人们欢呼雀跃。她手舞旗帜，仿佛是从天而降的神迹。

贞德在城内，城外的法军则由迪努瓦伯爵指挥，为奥尔良解围的作战正式开始了。5月4日，法军开始袭击和烧毁英军的攻城工事，从城东最薄弱的地点开始，也就是贞德之前冲入城的那个位置。在一天的作战中，迪努瓦伯爵的部下就对敌人造成了足够的打击，建立了城市与外界的一条永久性交通线。

这对萨福克伯爵的攻城努力来说是灭顶之灾：长达六个月、令人疲惫不堪的围城战在二十四小时内就宣告结束。次日，贞德又给敌军送去一封信，警告他们这才只是开始而已。

5月5日，一名弓箭手将这封信射入英军军营："你们英格兰人在法兰西王国没有任何权利。天堂之王通过我，少女贞德，来命令你们放弃自己的要塞，回到你们自己的国家。如果你们不走，我会发出一声让人永志不忘的战斗口号。"

英军又一次嘲笑她，但这一次他们没有先前那么淡定了。

5月6日，法国军队又一次发动进攻，少女贞德的爱国热情激励了大家。贞德骑马在战斗最激烈的地方驰骋，她周围鲜血四溅，她的白色大旗迎风招展。有一次，她自己也负了伤：英军从一座塔楼上射出的箭穿透了她的肩膀。但贞德跌跌撞撞地继续作战，几乎对自己的伤置之不理，激励法军奋勇拼杀。

法国援军和得到解放的市民如潮水般冲入英军阵地，杀戮敌人，英军顿时惊慌失措。夜幕降临，奥尔良的教堂发出庆祝胜利的钟声，男女市民欢欣鼓舞地敲响了大钟，他们知道自己将赢得自由。

仅仅三天之内，法军就成功为奥尔良解围，英军只得火速沿着卢瓦尔河撤退，逃跑过程中连大炮和其他重武器都丢下了。

奥尔良战役后来成为法国历史上的一个传奇事件。

失去了奥尔良，英军的处境开始严重恶化。他们派出了增援部队，但卢瓦尔河沿线有更多要塞被法军攻占。

1429年6月18日，英军稀里糊涂地在帕提（奥尔良以北不远处）与法军交战，这是一场英军完全没有做好准备的战斗。他们被法军一举歼灭，超过2000名英军战死，几乎所有军官都被俘虏。仅仅几个月内，法国占领区的战局就发生了戏剧性逆转。法国太子的军队开进英格兰人的领地，许多城镇未经一战就开门献城。

7月16日，法国太子进入兰斯；次日加冕为查理七世，圣女贞德自豪地站在他身旁。

但是，1430年5月23日，与英格兰人结盟的勃艮第军队在一场战斗中俘获了圣女贞德。尽管她多次试图越狱，但始终未能逃脱。最后她被卖给英格兰人，被当作异端分子审判。

英格兰人一心要报复这个羞辱了他们的女人。在被俘一年多之后，贞德于1431年5月31日在鲁昂的市集广场被处以火刑。她的骨灰被收集起来，撒进塞纳河。

查理七世后来成为法国历史上最成功的国王之一，把四分五裂的法国重新团结起来，最终于1453年结束了百年战争，赶走了英格兰人，并为法国后来的强盛奠定了基础。贞德也成为法国人爱戴和信仰的伟大英雄。

42

改变英格兰的家族之战：

玫瑰战争

前面我们讲了英法百年战争的故事。英格兰国王亨利五世智勇双全，却英年早逝，最终还是没能继承法国国王查理六世的王位。正如莎士比亚对亨利五世的评价：

"一颗英格兰的明星——命运成就了他的宝剑，他的宝剑赢得了世界上最美的花园——这锦绣山河后来又归皇太子继承。亨利六世在襁褓里，就加上王冠，登上宝座，君临着法国和英格兰。只可叹国政操在许多人手里，到头来丧失了法国，又害得英格兰遍地流血。"

莎士比亚说的"英格兰遍地流血"，指的就是那场改变了英格兰历史的长期内战："玫瑰战争"。

为什么这场战争会有这么好听的名字呢？这是因为当时英格兰有两大家族都以玫瑰花为标志。一个是前面说过的兰开斯特家族，亨利五世和亨利六世就属于这个家族，他们的标志是红玫瑰；另一个是约克家族，他们的标志是白玫瑰。这两个家族都是金雀花王朝的分支，彼此之间是堂亲关系。为了争夺王权，他们展开了激烈的战争。

不过，在战争期间，还没有"玫瑰战争"的说法。后来，莎士比亚在他的剧作《亨利六世》里面写了这段历史，里面有一个经典情节，说有很多贵族在花园里吵架，结果有的人摘了红玫瑰，有的人摘了白玫瑰，以此来表明自己的立场。正因为莎士比亚用摘玫瑰花这件事来喻示战争的爆发，所以后人就把兰开斯特家族和约克家族的内战叫作"玫瑰战争"了。

玫瑰战争的起因是什么呢？咱们还是从头说起。

亨利五世临死的时候，由于继承人太小，他就嘱托几个弟弟和亲戚一起来辅佐朝政。但是，这几个人为了权力打来打去，搞得英格兰一片混乱，对法国的战争也逐渐走向了失败。

雪上加霜的是，继承王位的亨利六世是一个精神病患者。法国的疯王查理六世有精神病，后来亨利五世娶了他的女儿凯瑟琳公主，生下了亨利六世。换句话说，查理六世是亨利六世的外公；所以亨利六世很可能是从外公那里遗传了精神疾病。再加上他本来就个性软弱、掌握不了朝政，所以英格兰贵族中间就发生了很多严重的纷争。一些人甚至想要推翻亨利六世。

1455年，约克公爵理查，也就是理查·金雀花，发起叛乱，公开反对亨利六世，标志着玫瑰战争的开端。一开始，约克公爵占据上风，还曾经一度俘虏国王；但最后他还是失败了，被砍掉了脑袋。

不过，约克公爵理查有三个儿子，他们"子承父业"，把这场叛乱延续了下去，最终打败了亨利六世。约克公爵的长子爱德华当了新国王，他也是约克王朝的第一位国王，称号是爱德华四世。

爱德华四世是一位非常优秀的军事家，而且身材高大，仪表堂堂。在当时的欧洲，他可以说是一颗耀眼的明星，很多王族都想把自家的女儿嫁给他。英格兰的大臣也在到处帮国王参谋，希望能找到合适的王室家族联姻，巩固政权。

爱德华四世的身边有一位非常受他信任的大臣，沃里克伯爵理查·内维尔。为了国王的婚姻大事，他专程前往法国，多方运作，最终与法国王室订下了婚约。

沃里克伯爵兴高采烈地回到英格兰，去向国王道喜。可是，国王的话让他目瞪口呆。爱德华四世告诉他：我已经结婚了。

更糟糕的是，爱德华四世娶的不是名门闺秀，而是一名寡妇，她的名字叫伊丽莎白·伍德维尔。

伊丽莎白本来是个小贵族，丈夫是兰开斯特家族的支持者，在战争中阵亡了，家产也被没收。于是，她亲自跑到国王面前去求情，说她有几个儿子，要维持生计，希望国王能网开一面，把家产还给她。可是谁也没想到，爱德华四世一见到美丽的伊丽莎白，就被她迷住了。国王不但同意了她的要求，还对她展开了疯狂的追求。伊丽莎白非常聪明，她坚持要求与国王结婚，否则就不接受他。神魂颠倒的爱德华四世答应了她，娶了她做王后。

现在，沃里克伯爵已经代表爱德华四世和法国王室签订了婚约，这边国王却自作主张，撕毁了约定。这一切当然会让伯爵非常难堪。

火冒三丈的沃里克伯爵做了一个惊人的决定：他背叛了爱德华四世，又跑到正在流亡的亨利六世那里，帮助他反对爱德华四世。由于沃里克伯爵对局势产生了很重要的影响，人们给他起了一个绰号，叫"立王者"。意思就是，他能够左右谁来当国王。

这一回，爱德华四世费了好大一番功夫，才最终彻底打败亨利六世。亨利六世和沃里克伯爵都被他杀死，约克王朝总算安定下来。

但是，爱德华四世的安稳日子并不长久。亨利六世死后，兰开斯特家族只剩下一个人，可正是这个人成了约克王朝的心腹大患。他的名字叫作亨利·都铎。

亨利·都铎是什么人？为什么他会对约克王朝构成威胁呢？这就要说到他的家族血统了。

亨利的父亲是一位小贵族，姓都铎，跟王位继承权没什么关系。但是，他的母亲身份不一般：她是兰开斯特家族私生子的后代，她的爷爷和当初篡位的亨利四世是同父异母的兄弟。

私生子的后代能继承王位吗？通常情况下是不能的。但问题是这个时候兰开斯特家族已经没什么人了，只剩下这位私生子的后代亨利·都铎能代表兰开斯特家族。在约克王朝的压力下，亨利·都铎流亡去了法国，不过，只要时机成熟，他就会回到英格兰。

1483年，爱德华四世驾崩，把王位传给了自己的长子，当时只有12岁的爱德华五世。同时，爱德华四世的弟弟理查被指定为摄政王，辅佐年幼的小国王，并照顾爱德华四世的另一个儿子。

谁也没有想到，这两个小男孩被叔叔理查送进了伦敦塔，然后神秘地失踪了。没过多久，理查就登上了英格兰王位，称号是理查三世。

关于两个孩子的下落，人们普遍都很悲观。大多数人都怀疑是叔叔理查谋害了两个侄子，篡夺了王位。今天，在英国还流传着"塔楼小王子"的故事，人们非常同情他们，很多艺术家都曾经以这个故事为主题创作绘画和文学作品。

理查三世虽然成了英格兰国王，但是他的王位坐得一点也不稳当。一方面，约克王朝是靠叛乱起家的，得位不正，合法性本来就有问题；另一方面，人人都相信，理查三世是个残忍的凶手。

最让理查三世焦虑的是，兰开斯特家族的后裔亨利·都铎已经在法国人的帮助下，带兵杀回了英格兰。

1485 年，爆发了著名的博斯沃斯原野战役，理查三世对阵亨利·都铎。战火席卷了整个英格兰，最后，亨利·都铎在战场上杀死了理查三世。和理查相比，亨利有道义上的正当性，也得到了很多贵族的支持，他顺理成章地当上了英格兰国王，建立了新的都铎王朝，他的称号是亨利七世。

亨利七世

在这场改变王朝命运的战争当中，有一个人很值得一提：英格兰的德比伯爵托马斯·斯坦利。从阵营上来说，斯坦利是英格兰贵族，应该是理查三世那一边的；但如果从亲戚关系上来说，他是亨利·都铎的继父。

斯坦利手里有强大的兵力，他的选择将会决定这场战争的结果。他会选择忠于国王还是忠于家人呢？事实上，在博斯沃斯原野战役当中，斯坦利很晚才带兵赶到。他没有冒风险，而是等双方已经分出明显的胜负之后，才加入了胜利的一方。换句话说，斯坦利看到理查三世已经要失败了，才带兵加入了亨利·都铎的阵营。

亨利七世登上王位，玫瑰战争就彻底结束了。

刚才说过，按照血缘，亨利七世应该是兰开斯特家族的代表。不过，为了促成英格兰的和解与安定，他娶了约克家族的伊丽莎白，也就是爱德华四世和"寡妇王后"伊丽莎白的女儿。于是，兰开斯特家族和约克家族最终融为一体。都铎王朝也继承了兰开斯特家族的红玫瑰和约克家族的白玫瑰，他们以红白玫瑰作为自己的标志。

在都铎王朝的统治下，英格兰终于进入了稳定而繁荣的新阶段。

玫瑰战争为不少文学家提供了灵感，他们都以这段曲折的历史为素材，写了很多出色的作品。比如，大文豪莎士比亚写了《亨利六世》和《理查三世》，这些都是他的代表作。著名的推理作家约瑟芬·铁伊也写了一本很经典的历史推理小说《时间的女儿》。在这本书里，她对杀害小王子的凶手提出了另一种猜测。如果你感兴趣的话，不妨找来看一看。

43

瘸子与闪电：帖木儿与巴耶济德

　　讲完英法之战和玫瑰战争的故事，我们在欧亚大陆的历史之旅还在继续。现在，我们就来看看14世纪到15世纪两个伊斯兰强国——帖木儿帝国和奥斯曼帝国的冲突。这两个国家可以说是古代历史上最后两个伊斯兰超级大国。故事标题中的"瘸子"与"闪电"正是这两个帝国的统治者的外号。

　　先说帖木儿帝国。这个帝国是以建立者帖木儿的名字来命名的。帖木儿和成吉思汗一样，也来自欧亚大草原，也是通过军事征服在很短的时间内建立起了一个横跨欧洲、亚洲的大帝国，震撼了全世界。

1336年，帖木儿出生于今天的乌兹别克斯坦，他是一个突厥化的蒙古人。突厥化，指的是一些原本不属于突厥人的民族，出于自愿或者被迫，放弃了本民族的传统，在语言、文化和身份认同上和突厥人保持一致。

在当时的中亚，很多民族都经历了突厥化，蒙古族也在其中。这些突厥化的蒙古人大多已经皈依了伊斯兰教。所以，帖木儿其实继承了两种传统：一个是成吉思汗蒙古帝国的传统，一个是伊斯兰的传统。

帖木儿

在帖木儿的一生中，他会根据形势来巧妙地运用这两种传统：有时候把自己打扮为成吉思汗的继承者；有时候又夸耀自己是伊斯兰圣战者，自称"伊斯兰之剑"。

虽然帖木儿自称成吉思汗的继承者，但他并不是成吉思汗的后代，没有"黄金家族"的血统。前面讲过，蒙古有四大汗国，帖木儿的父亲只是察合台汗国的一个小贵族。

帖木儿因为身体有残疾，一条腿是瘸的，所以就得了一个"瘸子"的外号。关于他的腿到底是怎么瘸的，有好几种说法。有人说，帖木儿年轻的时候经常和伙伴们一起拦路抢劫，抢夺别人的牛羊和马匹。结果有一次，他被牧羊人的箭射中，右手失去了两根手指，右腿也瘸了。从那以后，他就有了"瘸子帖木儿"的绰号。还有一种说法是，他的腿是在当雇佣兵打仗时负伤致残的。1941年6月，就在纳粹德国入侵苏联的前几天，苏联考古学家发掘了帖木儿的墓，检查了他的骸骨，证明他腿部确实有残疾。

除了"瘸子"，帖木儿还有一个绰号叫"驸马"，因为他娶了察合台汗国的一位公主。这位公主是成吉思汗的后裔，所以帖木儿也算是黄金家族的驸马爷。这一层身份给了他一种传奇色彩，增强了他的合法性，让他更加堂而皇之地宣称自己是成吉思汗伟大事业的继承者。

凭借着出色的军事才华，帖木儿很快就控制了察合台汗国，随后又征服了另一个汗国伊儿汗国，还把第三个汗国金帐汗国彻底打垮。1405年帖木儿驾崩之前，他的帝国面积达到了近500万平方公里，今天的整个中亚、西亚的大部分地区，甚至印度的部分地区，都在帖木儿的统治下。

说到这儿，你可能也猜到了，帖木儿能够建立如此庞大的帝国，靠的不是以德服人，而是战争与流血。有人估算，帖木儿一生中发动和参与的战争和军事行动，直接和间接共导致了1700万人伤亡，这相当于当时全世界总人口的5%。

和成吉思汗家族一样，帖木儿的手段也极其残酷。在伊朗，曾经有一座城市的人们想要反抗他，结果他在征服这座城市之后，竟然把大批俘虏活活砌在了墙里面。这样的例子有很多，所以对当时伊朗、伊拉克等地的人们来说，帖木儿是个恐怖的杀人魔王。

不过，对欧洲基督徒来说，帖木儿却是令人钦佩的大英雄，是值得结交的对象。西班牙、法国等许多基督徒君主，都和帖木儿保持着友好联系。

为什么会这样呢？道理很简单：远交近攻。

帖木儿帝国和基督教欧洲并不接壤，当时的欧洲正被另一个咄咄逼人的伊斯兰大国威胁着，那就是新生的奥斯曼帝国。

奥斯曼帝国是从哪里发展起来的呢？其实，它也和突厥人有关系。

前面讲过，很早以前，突厥人就以雇佣兵或者奴隶的身份为阿拉伯帝国的君主效力。著名的马穆鲁克奴隶军人集团中就有大量的突厥人。这些突厥人也信仰伊斯兰教。从这个角度来说，他们和帖木儿的手下很像。

11世纪中叶，巴格达出现了一个新的王朝——塞尔柱王朝，它的最高统治者苏丹就是由突厥人来担任的。到了11世纪末，从中亚到埃及的伊斯兰世界，大部分地区都已经在突厥人的统治之下了。

西边的拜占庭帝国此时已经衰败、腐朽，面对突厥人的一次次攻击，他们丢盔弃甲、丧失土地。最后，突厥人夺走了小亚细亚，在那里建立了许多小型的国家和部落，其中有一支部落叫奥斯曼。

奥斯曼部落的崛起很有神话色彩。传说，他们的早期领袖奥斯曼曾经做过一个奇怪的梦。他梦见一轮明月沉入他的胸膛，一棵大树从他的肚脐里面长出来；他还梦见拜占庭的首都君士坦丁堡，它"坐落在两片大海和两块大陆的连接点，看起来像两块蓝宝石和两块绿宝石之间的一颗钻石"。梦里的君士坦丁堡镶嵌在一枚囊括全世界的戒指上，而奥斯曼正要戴上这枚戒指。

人们相信，这个梦预示着奥斯曼注定会成就一番伟大的事业，奥斯曼人将来一定会打败拜占庭帝国，占领君士坦丁堡。大约从1280年开始，奥斯曼人迅速崛起，从一个小小的部落，逐渐成长为他们梦想中的超级霸权。

历史上，很多伟大的君主，其继承人都格外令人失望；而奥斯曼人的厉害之处就在于，在国力上升期，奥斯曼连续涌现了好几代精明强干的雄主。奥斯曼帝国的第四代君主巴耶济德一世就是其中之一。

巴耶济德一世是一位卓越的军事家。他戎马一生，打过大大小小几十场战役，只输过一场。他也有一个绰号——比帖木儿的"瘸子"好听很多，叫"闪电"，这是形容他在战场上表现勇猛。

在巴耶济德的带领下，奥斯曼帝国吞并了小亚细亚的其他一些突厥小国，攻打了塞尔维亚，一路前进到今天的罗马尼亚境内。1394年，巴耶济德开始攻打君士坦丁堡，企图实现祖先奥斯曼的梦想。

情况十万火急，拜占庭危险了！瑟瑟发抖的拜占庭皇帝向罗马教皇求助，教皇组织了一支新的十字军去解救拜占庭。可是，这支军队完全不是巴耶济德的对手，最后几乎全军覆没。

巴耶济德消灭了远道而来的十字军之后，又得意洋洋地转身回去继续攻打君士坦丁堡。看样子，拜占庭帝国难逃一劫。

就在这个时候，一个意想不到的人出现了。他带着大军前来攻打奥斯曼帝国，拯救了拜占庭。这个救星，就是来自东方的帖木儿。

帖木儿和巴耶济德是当时伊斯兰世界最强大的两位军事领袖。帖木儿帝国和奥斯曼帝国是当时全世界最强大的两个军事帝国。

两边都是野心勃勃的征服者，一山难容二虎，战争爆发是迟早的事情。其实，他们之前就经常写信辱骂对方。比如，帖木儿就给巴耶济德写过这样一封信：

"你只不过是蝼蚁而已，不要企图和大象对抗，因为大象会把你踩死。你这样的小角色怎么敢跟我争斗？"

1402年7月20日，在今天的土耳其首都安卡拉，帖木儿和巴耶济德打了一场大战，也就是著名的安卡拉战役。

帖木儿的兵力约14万，大多是骑兵，还有战象；巴耶济德手下差不多有85 000人，比对方差得不少。

巴耶济德本来正在围攻君士坦丁堡，听到帖木儿打来的消息之后，他很不情愿才撤军回去迎战大举入侵的帖木儿。当时正是炎热的夏天，巴耶济德的军队经过长途行军，十分疲惫，但他们没有时间休息，帖木儿就杀到了。

战斗打响之前，帖木儿的军队已经截断了当地唯一的小河，把河水引向一个水库，所以他们有足够的水喝。巴耶济德的部队赶了很远的路，又累又渴，却没有水喝。种种不利因素之下，奥斯曼军队虽然打得很顽强，最终还是失败了。巴耶济德自己也落到了帖木儿的手里。

传说，帖木儿和巴耶济德见面的时候，帖木儿一见对方就哈哈大笑。巴耶济德很恼火，说帖木儿嘲笑落难的人，不是有气量的好汉。帖木儿解释道："我并不是在笑你，我之所以笑，是因为对命运来说，权力和土地显然一钱不值，命运居然把权力和土地分配给你这样的驼背和我这样的瘸子。"巴耶济德有点儿驼背，所以帖木儿这么说。

还有一个传说是，帖木儿俘获巴耶济德之后问他："如果是我落到了你的手里，你会怎样对待我？"巴耶济德回答："我会把你关在铁笼子里。"帖木儿说："这不是个聪明的回答。"于是他就下令，把巴耶济德关进了铁笼子。

巴耶济德最后死在帖木儿的囚禁之中。根据一些记载，帖木儿对他百般虐待和羞辱，最后巴耶济德实在受不了，就服毒自杀了；也有人说他是用头猛撞铁笼子的栏杆自杀而死的。但是，还有一些人称，这些说法都是无稽之谈，帖木儿其实对巴耶济德以礼相待；巴耶济德病死后，帖木儿还哀悼了他。总之，这段历史的真相究竟是什么样，我们恐怕永远也没法知道了。

帖木儿在击败巴耶济德之后，又一鼓作气打到了爱琴海边。不过，因为后方不稳，他后来又撤回了中亚。

值得一提的是，帖木儿回中亚之后，曾经想要发动一场空前绝后的远征，攻打明朝统治下的中国。因为明朝取代了蒙古人建立的元朝，而帖木儿希望恢复成吉思汗的基业。不过，1405 年 2 月，帖木儿的军队还没有接近中国的边疆，他就突然病死了。

和蒙古帝国一样，帖木儿建立的帝国在他去世之后很快就四分五裂，最终消亡了。不过，帖木儿的后代巴布尔在 16 世纪初征服了印度，建立了莫卧儿帝国，这个帝国一直延续到了 1857 年。

对奥斯曼帝国来说，安卡拉战役是一场弥天大祸。原本蒸蒸日上的帝国一下子陷入了混乱，巴耶济德的几个儿子为了争夺苏丹的宝座，打了一场长达 11 年的内战。但熬过这种种灾难之后，奥斯曼帝国很快就变得更加强盛，成为伊斯兰世界的主宰。

而垂死挣扎的拜占庭躲过了巴耶济德，却未能躲过他的后人。

44

君士坦丁堡的陷落

我们之前讲过1204年的第四次十字军东征。十字军本来要去攻打伊斯兰世界，但是被狡猾的威尼斯人"带偏"了路线，结果，十字军居然占领了拜占庭的首都君士坦丁堡。拜占庭也是基督教世界的一份子，所以这可以说是一场自相残杀。因为这场灾难，拜占庭曾经一度亡国，后来好不容易才重建。了解了这一历史背景，你就很容易理解，拜占庭人和西欧人之间的关系有多么糟糕。

此外，西欧信奉天主教，拜占庭信奉东正教。虽然这两个教派都是基督教的分支，但它们在历史上曾经发生过不可挽回的大分裂，所以，两派教徒互相把对方看成"异端"。在一些人看来，异端比异教徒更可恶。奥斯曼帝国是信仰伊斯兰教的，而在西欧一些天主教徒眼里，拜占庭比奥斯曼帝国更令他们厌恶。

就是由于这些原因，遭遇奥斯曼帝国进攻的时候，东西方的基督徒始终不能真正团结起来。拜占庭虽然讨厌天主教徒，但在生死关头曾经多次向西欧求救，西欧却总是犹犹豫豫的，就算真的提供了援助，也总是给得太少、来得太晚。这是拜占庭帝国最终覆灭的一个很重要的原因。

梳理了拜占庭和西欧的关系，咱们再来说说东边。

在东方，拜占庭一千多年来一直是罗马帝国的继承者，它的首都君士坦丁堡也是东方贸易与文化的中心。奥斯曼人作为亚洲游牧民族的后代，对君士坦丁堡无比向往。前面我们讲过巴耶济德一世攻打君士坦丁堡的故事，不过他没有成功；真正完成这项功业的是巴耶济德的曾孙穆罕默德二世。

穆罕默德二世是个非常有意思的人，他的个性非常

穆罕默德二世

复杂，充满矛盾。有时候，他是残忍的暴君；有时候，又表现得慷慨仁慈。穆罕默德二世一生最著名的事迹，就是在1453年带领军队攻占了君士坦丁堡，消灭了已经延续一千多年的拜占庭帝国。从那之后，君士坦丁堡就成了奥斯曼帝国的首都。今天，它的名字叫伊斯坦布尔，是土耳其最大的一座城市。

1453年君士坦丁堡陷落的这段历史非常精彩，也非常复杂。我们可以从其中穆罕默德二世和大炮的一段故事，来了解奥斯曼帝国究竟是一个什么样的国家。

奥斯曼人本来是游牧民族，擅长骑马射箭，攻城拔寨起初并不是他们的强项。不过，奥斯曼人是一个特别有好奇心、善于学习的民族。公元1400年前后，奥斯曼人攻入欧洲南部的巴尔干半岛，在那里缴获了不少和火药武器相关的资源，还俘虏了一些工匠。就这样，火药传入了奥斯曼帝国。奥斯曼人开始兴办铸炮厂和火药厂，自己制造火炮。

他们的进步很快，但是君士坦丁堡是一座千年古城，城墙极其坚固，奥斯曼人现有的大炮很难对付。就在这个时候，突然有铸炮专家主动上门，给奥斯曼人帮忙来了。

这个人的名字叫作乌尔班，是一个来自匈牙利的铸炮工程师。有意思的是，他还是个基督徒。基督徒怎么会跑去给奥斯曼人帮忙呢？其实，乌尔班最开始找的并不是奥斯曼人。

大约在1452年之前，乌尔班来到拜占庭的首都君士坦丁堡，想要在帝国宫廷飞黄腾达。他有一流的技术，现在就想找一个好买家。

拜占庭皇帝对乌尔班的本事很感兴趣，但是他没有钱，留不住这样的高级人才。于是，乌尔班离开拜占庭，转头跑到奥斯曼帝国去求见穆罕默德二世。

穆罕默德二世热烈欢迎了这个匈牙利人，赏赐他锦衣玉食，并且仔细地询问他能否造出一门足够强大的大炮，射出足够大的石头炮弹，来摧毁君士坦丁堡的城墙。穆罕默德二世还对乌尔班比划了一下他估计的炮弹尺寸，看来穆罕默德二世早就在琢磨怎么用大炮征服君士坦丁堡了。

乌尔班的回答很明确。他胸有成竹地说："如果陛下需要的话，我可以铸造一门能够发射这种石弹的铜炮。我仔细观察过君士坦丁堡的城墙，我的大炮不仅能把这些城墙炸为粉末，连巴比伦的城墙也不在话下。铸造这种大炮的工作我是完全胜任的。"

大约在1452年夏天，乌尔班开始铸造他的第一门巨炮，穆罕默德二世也开始大量储存制造大炮和火药所需的物资，并且命令工匠们制造花岗岩的弹头。他要的不只是巨炮，而是一整支大炮组成的队伍。

事实证明，乌尔班没有吹牛，他真的造出了一门巨大无比的炮。巨炮的炮管由坚固的青铜铸成，长度超过8米，和三层楼的高度差不多。炮管厚度达到20厘米，口径也很大，足够让一个成年人钻进去。它能够发射重量超过半吨的超重型石头炮弹。

1453年1月，穆罕默德二世下令进行一次试射。全城的人们都提前得到了警告：第二天"炮声将有如雷霆，大家务必多加小心，免得毫无准备，耳朵被震聋，或者孕妇被惊吓导致流产"。

果然，当巨炮"砰"的一声响起来的时候，所有人都吓坏了，十里外都能听得见爆炸声。试射成功后，穆罕默德二世特意让人把消息传到君士坦丁堡，渲染恐怖的气氛。事实证明，巨炮不仅可以轰开城墙，还能攻破拜占庭人的心理防线。

大炮全部造好之后，工人把大炮装到车上，冒着春雨，沿着泥泞的道路，向着君士坦丁堡缓缓前进。由于大炮实在是太大太重了，老远之外就能听见运输队伍的嘈杂声。

4月11日，奥斯曼人终于把所有大炮都集结到君士坦丁堡城下。穆罕默德二世把它们分入十多个炮兵连，每一门重炮都由一些较小的火炮来支持，然后部署在城墙沿线敌人防守比较薄弱的地方。乌尔班所制的超级巨炮就被安排在穆罕默德二世的营帐前方，直接威胁君士坦丁堡最薄弱的那道城门。穆罕默德二世坐在营帐里就可以看到巨炮的表现。

按照乌尔班的设计，超级巨炮专门配备了重达700公斤的巨型石弹。根据一位目击者的说法，炮弹的高度"分别有人的膝盖和腰那么高"。这样的炮弹制造起来肯定不会太简单。事实上，这些大炮需要极其麻烦的后勤支持，工匠需要在黑海北岸开采专门的黑色石料，将它们制成炮弹的形状，再用运输船将它们运往前线。

4月12日，在6公里长的战线上，奥斯曼炮手们将火把凑近大炮引线，准备点火。世界上第一次大规模集中炮击马上就要开始了。根据当时的记载，当巨大的石弹击中薄弱地段的城墙时，产生了毁灭性的效果："有时它能将整段城墙摧毁，有时能打垮一半，有时能或多或少地摧毁部分塔楼，或者是一堵胸墙。"

超级大炮发射的炮弹可以穿越1.6公里的距离，直接射进君士坦丁堡的心脏地带，凭借可怕的力量摧毁房屋或教堂，将城里的居民一片一片地打倒，很多人直接被埋在了倒塌的建筑物里面。一名目击者目瞪口呆地发现，一发炮弹击中了一座教堂的墙壁，教堂当场土崩瓦解。还有人说，方圆两英里内的大地都在发抖，连海峡对岸的亚洲也听到了炮声。

　　大炮的确威力巨大，不过一开始，它对人们心理的震撼比实际的杀伤效果更强大。火炮产生的噪音、震动和浓厚的烟雾，还有石弹撞击城墙产生的巨大冲击力，就连久经沙场的老兵也忍不住瑟瑟发抖。按照一位奥斯曼历史学家的说法，炮声"如同世界末日的恐怖号角"。

　　对奥斯曼人来说，大炮的效果虽然好，但操作它们也是非常艰难的工作。首先，乌尔班巨炮的装填和瞄准需要花费很大力气，所以每天使用的次数很有限，一天只能发射七次。奥斯曼人的做法是，每天黎明前先打一发来警告敌人，宣告这一天的炮击开始了。其次，火炮的表现不稳定，经常出事故。奥斯曼人攻打君士坦丁堡的时候正是春天，一天到晚下雨，地上都是泥浆，要把大炮固定在阵地上都很困难。又因为大炮的后坐力非常大，每当一枚炮弹发射出去，大炮就会像狂暴的犀牛一样向后猛冲，常常脱离炮台，陷到泥浆里面。附近的人如果不多加小心，就有可能被大炮压死。更糟糕的情况是炸膛，炮弹卡在炮管里面发生爆炸，旁边的人就极有可能被炸得粉身碎骨。

　　日子一天天过去，乌尔班的巨炮也出了故障。15世纪的冶金技术不够先进，炮管使用的金属纯度不够，经受不住火药爆炸产生的高温，发射次数多了，炮管上就出现了头发丝一样细细的裂纹，说不定什么时候就会炸得粉碎。

这件事让乌尔班非常头疼。有人说，他很快就尝到了自己种下的苦果。传说乌尔班发现炮管裂缝非常严重，就希望把巨炮撤走，重新铸造。但是，急于求成的穆罕默德二世不愿意等，坚持要继续发炮。乌尔班没有办法，因为与大炮炸膛相比，他更害怕穆罕默德二世生气，于是他重新装填炮弹，并且请穆罕默德二世站远些。结果，火药点燃之后，巨炮在开炮时果然炸得四分五裂，碎片乱飞，打死打伤了附近的很多人，也包括乌尔班本人。

虽然这种说法广为流传，但可信度不高。今天的历史学家有充分的证据表明，乌尔班并不是这么死的。不过，他的巨炮确实在战争初期就坏了。奥斯曼军队迅速用铁圈对炮管进行了加固，重新投入作战，可没过多久，巨炮又炸膛了。这件事让穆罕默德二世暴跳如雷，但他也没什么好办法。很显然，这门超级大炮超越了当时冶金技术的极限。

就在这个时候，一个匈牙利外交使团前来拜访穆罕默德二世。于是，又一条无法证实的谣言流传开了。据说，一名匈牙利使者兴致勃勃地观看了大炮的发射，当他看见一发炮弹击中城墙的某个地方，然后炮手们装填第二发炮弹准备轰击同一位置时，他哈哈大笑，嘲笑炮兵们的技术不行。这个匈牙利使者说，炮手们在瞄准的时候应该让三发炮弹打中城墙的点构成一个三角形，这样才能更快地摧毁城墙。

听了使者的话，奥斯曼炮兵们马上开始紧密协调配合。他们先用较小的火炮在已经被削弱的中段城墙上打出三角形的两个底点，再用一门乌尔班巨炮瞄准顶点，完成这个三角形。根据传说，"魔鬼般的力量和不可阻挡的动力将炮弹射往城墙，造成了不可修复的破坏"。

这个匈牙利使者来访的故事是不是真的呢？很难说。今天来看，这个故事其实反映了当时欧洲基督徒对奥斯曼人的一些刻板印象，即奥斯曼军队只有得到了欧洲人的优越技术知识，才能赢得胜利；君士坦丁堡的陷落不是因为奥斯曼人有多厉害，而是由于基督教世界的衰败和内讧。从另一个角度来说，基督徒给奥斯曼人铸造大炮，还给他们提供技术支持，这个故事也能够体现出奥斯曼人的特点。他们之所以能迅速发展，一个重要的原因就在于，他们不会因为信仰和民族的差别而束缚自己的手脚，他们拥有广阔的视野和开放的胸怀，愿意学习一切值得学习的东西，哪怕是从敌人那里学习也没关系。

不管基督徒怎么想，君士坦丁堡最终还是被奥斯曼人占领了。从公元330年到1453年，这座城市一直是罗马帝国和拜占庭帝国的首都；在接下来的600多年里，它依然是奥斯曼帝国的首都。被奥斯曼人占领之后，这座城市还是被人们习惯性地称为君士坦丁堡，之后才叫作伊斯坦布尔。

45

坦能堡的真相：条顿骑士团战败

咱们讲了很多次"十字军东征"，也就是西方基督徒企图攻打耶路撒冷的故事。这些故事都发生在炎热的地中海东部沿岸。其实，欧洲历史上还有过另外一场"十字军东征"运动，它发生在寒冷的东北欧，是西欧的基督徒向东北欧的多神教徒发起的战争。

中世纪早期，德意志人和波兰人都信仰基督教。不过，在他们东边，还有一些民族没有皈依基督教，而是信奉万物有灵的多神教。在基督徒看来，这些多神教信徒是一群野蛮人。于是，在罗马教皇的支持下，西方基督徒就向这些东北欧的多神教徒发起了进攻，并且最终征服了这片土地。这就是所谓的"北方十字军东征"。在这一过程中，所谓的"条顿骑士团"发挥了重要的作用。

那么，骑士团是一种什么组织呢？

骑士团是中世纪以来，由骑士建立起来的军事组织。骑士团主要分两种：一种叫军事修会，带有鲜明的宗教性质，为基督教信仰、为罗马教廷而战，听命于罗马教廷；还有一种是由王室建立、专为国王作战的世俗骑士团。

条顿骑士团是第一种骑士团，也就是军事修会。它的成员具有双重身份，既是骑士，也是修道士。他们效忠于罗马教皇。条顿骑士团的大部分成员都是德意志人。

条顿骑士团最主要的敌人，是古普鲁士人。今天我们说到"普鲁士"，你可能马上会想起普法战争、铁血宰相俾斯麦、德意志军国主义等等，其实，最早的"普鲁士"和德意志一点关系都没有。

古普鲁士人原本是波罗的海沿岸地区的一个小民族。相对于西欧来说，波罗的海这片区域的经济和社会发展比较落后。12世纪和13世纪，德意志和波兰都已经发展出了封建国家，而古普鲁士人还以氏族和部落为单位生活，他们没有统一的政权，并且信奉万物有灵的原始宗教。普鲁士西边紧邻信奉基督教的波兰人，所以双方之间不断地发生冲突。

于是，1226年，波兰人就邀请德意志人组成的条顿骑士团一起讨伐古普鲁士人，并向这片所谓的"野蛮人的土地"传教，强迫古普鲁士人也信仰基督教。

条顿骑士团花了几十年时间，借助残酷的武力征服了普鲁士。于是，最早期的古普鲁士人有的被同化，有的就灭亡了。条顿骑士团占了古普鲁士人的地盘，建立起自己的国家，也就是所谓的"骑士团国"，并且成了波罗的海沿岸的一大强权。

不过，在当时的波罗的海一带，并不是只有古普鲁士人一个民族。在普鲁士东边，还有一个立陶宛民族。几乎在条顿骑士团崛起的同时，原本处于割据混战状态的波兰也逐步统一并崛起；立陶宛民族皈依了基督教，和波兰联合建立了一个新国家，叫作"波兰-立陶宛联邦"，我们在这里简称它为"波立联邦"。波立联邦成了波罗的海沿岸的另一大强权。俗话说，一山不容二虎，波立联邦与条顿骑士团不断地发生摩擦，爆发大规模冲突只是时间问题。

1410年7月15日，条顿骑士团与波立联邦在波兰北部的田野上爆发了一场决定性的大战。条顿骑士团被杀得大败，大团长容金根也阵亡了。这场战役是条顿骑士团的转折点。从此以后，骑士团就走了下坡路。因为战斗发生在几个村庄之间，其中一个村庄叫坦能堡，还有一个叫格伦瓦德，所以这场战争也叫坦能堡战役，还有人称它为格伦瓦德之战，我们这里就叫它坦能堡战役。要注意的是，1914年第一次世界大战时，也有一次德军大败俄国人的坦能堡战役，不要搞混了。

1410年的坦能堡战役是一个很有意思的历史事件，关于它的作战地点、作战路线和详细经过，参战各方后来的说法完全不一样，还都一口咬定只有自己说的才是真相。直到今天，不同国家的历史学家们还在为它争吵不休。

事情经过大概是这样的：

战斗打响之前，两名条顿骑士先给对面的波兰国王和立陶宛大公（他俩是堂兄弟）送了两柄剑，挑战他们出来决斗。波兰国王谢绝了，然后发出开始战斗的讯号。波兰人的风格是稳步推进，立陶宛人则是狂野地冲锋，打散了对面的德意志轻装部队。然后，两边厮杀了大约一个钟头。

到这里，大家的记载还是大差不差的。关于随后发生的事情，德意志人、波兰人和立陶宛人的说法就完全不同了。先来看看历史上最有影响的一种说法，它出自波兰历史学家扬·德乌戈什笔下。

据德乌戈什记述，经过一个钟头的激烈战斗，一部分条顿骑士打败了立陶宛骑兵。立陶宛人抱头鼠窜，逃命去了。条顿骑士看到敌人乱哄哄地逃跑，自觉已胜券在握，就离开了阵地去追击敌人，这导致他们的战线上出现了一个缺口。与此同时，波兰军队在另一边和条顿骑士打得难解难分，此时看到对方的战线出现缺口，他们觉得机会来了，于是更加猛烈地攻击，冲过了缺口。没过多久，波兰人就重创了条顿骑士的主力，掌握了主动权。

眼看大难临头，按道理说，骑士团的大团长容金根应当命令大家撤退，但是他这个时候已经杀红了眼。他把身边的骑士集合起来，从一个地势较高的地点出发，企图冲击波兰国王所在的位置。

容金根的做法是一次豪赌，他把全部希望都寄托在这次冲锋上。他也知道，如果进攻失败，他们的战马会过于疲劳，没有办法载着大家离开战场。也许，他是希望直接杀死波兰国王，打对方一个措手不及，击垮波兰人。

可惜，他的算计都没有实现。容金根的冲锋打到距离波兰国王卫队咫尺之遥的地方，就被挡住了。这个时候，他才徒劳地呼喊:"撤退！"但他们已经被敌人团团围住。筋疲力尽的容金根和手下最优秀的骑士一起阵亡了。剩余的条顿骑士看见他战死，自然也就溃不成军。

条顿骑士团大团长容金根

歼灭条顿骑士的主力之后，波兰人又逐个消灭了剩余的敌人。先前追着立陶宛人跑的条顿骑士刚刚带着战利品回来，就落入了已经控制战场的波兰人手里。

这是波兰历史学家德乌戈什对战役过程的描述。过去，这个版本是大家普遍接受的版本。就连德意志人也同意这个说法，也许是因为波兰人认可条顿骑士团至少取得了一部分的胜利吧。

波兰历史学家喜欢强调本国国王的英明领导，着重描写国王的坚定、勇敢和身先士卒。简单地说，在波兰人看来，这场坦能堡战役是靠着他们的智慧、英勇和自我牺牲精神才赢下来的。波兰历史学家叙述这段历史的主要思路就是歌颂波兰人的贡献，贬低立陶宛人。

立陶宛历史学家坚决不同意上面这个版本。他们坚持说，立陶宛部队没有被条顿骑士打败，他们是假装撤退，故意诱敌深入，这是草原上很常见的战术。立陶宛历史学家说，正是靠着立陶宛人的计谋，条顿骑士才破坏了自己的队形，给波兰人提供了进攻的缺口。他们的依据是，在战役的关键时刻，立陶宛大公就在胜利者的队伍当中，这可以证明立陶宛主力部队没有逃跑。胜利的桂冠应当属于立陶宛大公，是他启发大家想出了这个诱敌深入的战术，是他不知疲倦地来回奔波，也是他带来援兵打退了骑士团的冲锋。反观波兰国王，在整个战役期间几乎没有发挥任何作用，既不能发布命令，也不能以身作则地激励官兵，所以他根本没有立下什么功劳。

就这样，波兰和立陶宛的历史学家为坦能堡战役的细节而针锋相对，吵个不停。

现代学者虽然掌握了一些新的资料，但还是无法就战役的经过完全达成一致。不过，有几件事，大家是达成共识的。

首先，大家都同意，条顿骑士团的大团长容金根和立陶宛大公都是勇敢的武士，在最绝望的时刻还在奋不顾身地作战。其次，几乎所有人也都同意，波兰国王出于各种原因，确实停留在所有人都看得见他的地方，也就是山顶上他的营帐那里；战役的决定性时刻，确实也是条顿骑士团对波兰国王所在的地方冲锋失败。

最后，人们也都同意，条顿骑士团失败的根本原因是盲目追击立陶宛军队，破坏了纪律。

不过，立陶宛军队撤退的原因就是一个很难让所有人都满意的谜题了。除了立陶宛历史学家，大部分人都认为，当时让一整支军队采取假装失败、诱敌深入的策略是非常困难的，风险太大；况且，如果立陶宛军队果真是故意撤退，那么他们为什么没有设好埋伏打击追兵呢？因此，立陶宛人的逃跑，很可能并不是预先筹划的计谋。

隔了差不多六个世纪，从我们的角度观察，重要的事实是：骑士团的战线出现了缺口，立陶宛大公领导下的波兰和立陶宛军队充分利用了这个局面。在战役初期，立陶宛人承担了大部分作战任务，他们的伤亡也更多；随后，条顿骑士的左翼被打乱，波兰军队在中路取得了胜利；当条顿骑士开始崩溃的时候，立陶宛人也做出了贡献，他们对敌人施加了相当大的压力。

坦能堡战役的真相究竟是什么，我们恐怕永远也无法知道了。不过，我想用这个故事来提醒你，历史不是一门精确的实验科学；很多时候，要找到真相，是极其困难的，甚至几乎是不可能的。对于历史的真相，往往也存在很多种解读。我们不必执着于某一种说法，而是应当多观察，多理解，保持开阔的眼界。

46

宗教改革家胡斯

　　19世纪的英国历史学家阿克顿勋爵说过一句名言："权力导致腐败，绝对权力一定导致腐败。"我们在"卡诺莎之行"的故事中说过，在中世纪的欧洲，天主教会的权力是非常大的，因此也滋生了很多腐败问题。教会的很多领导人，比如主教和修道院长，不但不给信徒做榜样，反倒过着奢侈放纵的生活，还虚伪地教导大家要谦卑、要勤俭。所以，很多人都对天主教会和罗马教皇产生了不满和愤怒情绪。其中，有一个非常重要的捷克神父。虽然这位神父也属于教会成员，但他是罗马教廷的激烈批评者。他就是扬·胡斯。

　　大约在1372年，胡斯出生于波希米亚王国的一个贫苦农民家庭。波希米亚王国大致相当于今天的捷克和斯洛伐克，当时属于神圣罗马帝国的框架之内。在那个年代，一个穷孩子要想受教育，基本只有一个途径，那就是加入教会。

　　为了摆脱贫困，胡斯少年时代就开始接受神学教育，准备将来当神父。他特别勤奋好学，最后在布拉格大学获得了硕士学位，并且成为了一名神父。靠着博学和聪

胡斯

明的头脑，胡斯赢得了大家的尊重，先是当上布拉格大学的哲学系主任，后来更成了校长。

一个穷孩子完全凭借个人的奋斗，成为欧洲著名大学的校长，这一路走来，肯定付出了无比的艰辛。但功成名就的胡斯并不满足，他开始著书立说、发表言论，抨击罗马教廷。

在胡斯眼里，天主教会的问题实在太多了。首先，教士原本应当是老百姓的精神导师，应当品德高尚，以身作则；但很多教士——包括教会的高级领导人，却道德败坏、腐化堕落。其次，天主教会把宗教权力垄断在自己手里。老百姓生活中的很多事情，比如婴儿洗礼、成年人结婚等，都需要经过教会的"中介"，很多教士就趁机欺压和盘剥百姓。

教士从老百姓手中捞钱的手段层出不穷，当时最流行的做法是兜售所谓的"赎罪券"。什么叫赎罪券呢？如果一个人有什么罪过，只要交钱给教会购买一种羊皮纸做的证明，教会就能代表上帝赦免他的罪行。当然了，罪行越严重，需要交的钱就越多。很多目不识丁的百姓为了自己或者家人能够升天堂，往往会把辛辛苦苦积攒起来的钱都花在购买赎罪券上。教会的领导人就用这些骗来的钱过着花天酒地的生活，完全不像教士应当有的模样。

胡斯言辞激烈地批评教会，认为教皇等人已经偏离了耶稣基督的道路，贪图钱财，滥用权力。他还认为，罗马教皇并不是宗教和道德问题的最高权威，因为在耶稣基督的时代，根本没有教皇。

在胡斯眼里，《圣经》才是至高无上的权威，《圣经》里记载的耶稣基督的话才是信徒应当遵循的纲领，教皇或其他神职人员订下的法规并不是绝对正确、完美无缺的。应当一切以《圣经》为准。

但这里存在一个问题：中世纪欧洲的《圣经》是用拉丁文写的，不要说普通老百姓了，就连很多神父也看不懂拉丁文。既然这样，大家怎么读《圣经》呢？如果大家都看不懂《圣经》，那岂不是一切都由教皇和教廷说了算吗？

胡斯提出的解决方法是，把拉丁文《圣经》翻译成捷克文，这样一来，即便不是人人都能阅读，也能大大推进《圣经》的普及。拉丁文是当时的学术语言，胡斯作为学者和教士原本应当用拉丁文写作。现在，他为了宣传自己的观点，用捷克文撰写了大量作品，传播到波希米亚王国各地。

在今天看来，胡斯的言论、做法和翻译《圣经》的主张好像也没有多特别，但在中世纪，这些都是惊世骇俗的革命性思想，引起了天主教会的激烈反对。不过，在捷克的普通民众当中，胡斯得到了许多人的爱戴和拥护。这些捷克人就被称为"胡斯派"。

胡斯发起的运动掀起了轩然大波，天主教会对他恨之入骨。

1414年，德意志国王西吉斯蒙德为了解决教会争端，在德意志南部的一座城市召开宗教会议，邀请胡斯来阐明自己的立场。国王向胡斯发放了安全通行证，承诺会保障他的人身安全。

但是，大家都清楚，胡斯如果去了，就是踏进了龙潭虎穴。因为天主教会在那里的势力特别强大，国王的保证也未必算数。胡斯心里肯定也知道这一去凶多吉少，但是为了向全世界宣告他的立场，他还是勇敢地去了。

果然，胡斯抵达没多久，就被天主教会的势力扣押了。德意志国王很愤怒，因为他已经担保了胡斯的安全。天主教会的人却告诉国王，胡斯只不过是个异端分子，而不是正人君子，所以国王对他的承诺是无效的。于是，国王也放弃了胡斯。

被囚禁了几个月之后，胡斯被天主教会送上了法庭。法官多次诱惑他，说只要他放弃自己的立场，承认错误，就可以饶他性命。结果胡斯回答说："如果你们能够根据《圣经》的内容，明明白白地证明我的观点是错误的，我就认错。"当然了，没人能做到这一点，胡斯自然也不会低头。

1415年7月6日，胡斯被判处火刑。刽子手把他带到广场上，那里已经堆起了柴堆。胡斯被捆在了火刑柱上。点火之前，德意志国王又派人来问胡斯，死到临头了是否愿意认错，而且再一次向他承诺，只要认错，他就能得到赦免。

胡斯仍然拒绝认错，他坦然地说："我写的、教授的、宣讲的，都是《圣经》传授的真理，为了这个真理，我死而无憾。"

于是，火刑开始了。

传说，柴堆的火势一开始不够旺，刽子手一时之间也没有办法把火烧旺。这时候，有一个老婆婆走到柴堆前，开始往里面添柴。正在火中痛苦挣扎的胡斯看到这一幕，大喊道："神圣的愚蠢啊！"后来，这句话就成了西方文化里面的一句成语，意思是说，英雄为了人民而牺牲，人民却愚蠢地去攻击英雄。

　　天主教会烧死胡斯，是想要震慑那些反对自己的人。但事实证明，教会搬起石头砸了自己的脚。胡斯的死激起了广大捷克人的愤怒，他们更加踊跃地加入胡斯派运动，以至于当时波希米亚王国的捷克人几乎全都加入了胡斯派。胡斯派迅速崛起，成为欧洲的一股强大势力。德意志国王西吉斯蒙德后来虽然得到了波希米亚的王位，但始终无法真正地控制波希米亚。

　　1419年至1434年，天主教会与德意志国王联手向胡斯派连续发动了多次战争，这就是历史上的"胡斯战争"。因为天主教会把胡斯派看作异端，所以他们也把这场战争称为"十字军东征"，就好像胡斯派不是和他们一样的基督徒，而是异教徒。

　　在这场战争当中，胡斯派表现得很出色。他们虽然失去了领袖，但是也涌现出了好几位杰出的将领，其中最有名的一位叫扬·杰式卡，他也是世界历史上最优秀的军事家之一。波希米亚拥有发达的兵器制造业，所以胡斯派屡战屡胜，多次打败天主教军队。

可惜，坚固的堡垒总是从内部被攻破的。胡斯派出现了分裂，分成了圣杯派和塔博尔派两个派别。圣杯派的成员主要来自捷克的富裕阶层，在政治上比较温和；而塔博尔派成员以贫苦老百姓为主，更加激进。所以，这两个派别也被称作温和派和激进派。

圣杯派为什么温和呢？因为他们经过长期斗争，已经掌握了波希米亚的社会与经济，基本实现了其主张；而塔博尔派主要代表了社会下层，所以对改革的诉求更加强烈。圣杯派不能容忍激进的塔博尔派继续发展，威胁自己的既得利益，后来干脆和天主教阵营勾结，转过头去镇压塔博尔派。胡斯战争最终就以天主教会和圣杯派的胜利而告终了。

说到这里，我想问问你，教会赢了战争，但是那些让民众不满的问题，尤其是教会的腐败问题，有没有解决呢？

基本上没有解决。几乎可以说，扬·胡斯的改革和这场胡斯战争是一次预演。一百多年后，这些问题将会迎来一次更加剧烈的总爆发，欧洲也将发生更宏大的宗教改革运动和更残酷的宗教战争。

1999年，罗马教皇约翰·保罗二世代表罗马教廷正式道歉。教皇表示为胡斯遭遇的惨死感到非常抱歉，并且赞扬他的"道德勇气"。

今天，扬·胡斯的教派基本已经不复存在，但他强烈的正义感、使命感，以及为了真理甘愿牺牲生命的精神，一直激励着许多人。直到今天，他仍然被誉为捷克的民族英雄。

47

摩尔人的最后叹息：

西班牙收复失地运动结束

这一站的世界历史之旅，我们来说说西班牙。与西欧其他国家相比，西班牙的历史有一个与众不同的地方，那就是在相当长的一段时间内，西班牙——或者说西班牙的一部分，曾经处在穆斯林的统治之下。

公元8世纪以前，西班牙所在的这块地方被西哥特人统治着。西哥特人属于日耳曼民族的一个分支，也是当时一个重要的"蛮族"，后来皈依了基督教。公元7世纪，阿拉伯帝国倭马亚王朝渐渐征服了北非。很快，他们就把目光转向了北边隔海相望的西班牙。

在阿拉伯的穆斯林看来，西班牙是"一个富饶国度，那里尽是美丽的山谷、肥沃的土地，丰产各式各样的农产品，得到许多大河的浇灌，遍布甜美的甘泉"。更让他们惊讶的是，这片富饶的土地距离南边的北非只有咫尺之遥。"两地相隔的不是大洋，而仅仅是一条狭窄海峡。"

公元711年，阿拉伯人的军队从北非出发，很快就消灭了西哥特王国，征服了西班牙。领头的穆斯林将军名叫塔里克。他最早是在西班牙最南端的一块巨大岩石上登陆的，这个地方后来就被称为"塔里克山"，再后来，它的名字又变成了"直布罗陀"。这里是通往地中海的入口，今天，它属于英国的海外领土。

塔里克将军登陆之后，带着手下的士兵发动了一次又一次进攻，征服了一座又一座城市。不过，他们毕竟是一群外来者，人手没有那么多，打下来的地盘管理不过来怎么办呢？他们的办法是，每占领一座城镇，就把它交给西班牙本地的犹太人来管理，只留下少量人手，大部队继续向前，展开新的征服。如果犹太人太少，则会留下比较多的穆斯林来掌管城市。西班牙当地的犹太人为侵略者办事，这是他们遭到基督徒仇恨的原因之一。

随着塔里克将军征服的土地越来越多，北非人和阿拉伯人如潮水一般涌过直布罗陀海峡，去西班牙的土地上生活。胜利的好消息传遍伊斯兰世界，叙利亚和其他遥远地区的人们也渴望去西班牙安居乐业。

征服者并没有就此停步，而是以西班牙为基地，继续向北进攻，一直打到了今天的法国境内。公元732年，当时法兰克人的统治者"铁锤"查理，也就是查理曼的爷爷，击败了他们。阿拉伯穆斯林向西欧的进军最终就止步于比利牛斯山脉，也就是法兰西与西班牙之间那道重峦叠嶂的边境。

尽管在西欧遭遇了挫折，但短短几十年里，阿拉伯人似乎已经征服了整个伊比利亚半岛。不过，并不是所有基督徒都放弃了抵抗，在西班牙最北端的阿斯图里亚斯地区，有一小股基督教势力仍然活跃着。那里有一位西哥特贵族，名字叫佩拉约，他一边为国土沦丧悲伤叹息，一边激励同胞起来复仇，把入侵者赶出去。佩拉约带着一些西哥特人打起了游击战，抵抗穆斯林征服者。

这些残余的西哥特人在寒风刺骨的西班牙北部顽强地生存了下来。从公元718年开始，西哥特人及其后裔一点点地往南推进，收复伊比利亚半岛的土地。他们的进展很慢，大部分时间都是缓慢地蚕食，但是他们很有耐心，始终没有放弃。这场漫长的战争后来被称为"收复失地运动"，你可能很难想象，它一共持续了将近八百年。

那么，在伊比利亚半岛上，那些已经被穆斯林征服的地方情况如何呢？大量的基督徒和犹太人开始适应在穆斯林的统治下生活，他们管穆斯林叫"摩尔人"。只要接受现状，这些基督徒和犹太人的日子就不算特别难过，很多人甚至过得很舒服。穆斯林也不要求他们改变信仰，只要缴一点钱，他们就可以继续保持自己原来的宗教信仰。

不过，当时还是有很多西班牙人皈依了伊斯兰教。其中有些人是真诚的，也有人是假装皈依，他们真正的目的是从统治阶级那里得到好处。

这里要重点说一说犹太人。在穆斯林征服西班牙之前，西班牙犹太人作为少数族裔是受到基督徒歧视的，日子很不好过。所以，阿拉伯人来了之后，犹太人往往愿意和他们合作。事实上，如果没有犹太人的帮助，阿拉伯人不可能如此彻底、如此迅速地打败西哥特人。

西班牙被征服后，犹太人的生活状态得到了极大的改善，后来甚至还发展出一个文学、科学、医学和诗歌的黄金时代。

但是，对基督徒来说，犹太人帮助穆斯林打败西哥特人这件事是绝对不可以原谅的，再加上两边本来就有宿怨，新仇旧恨加起来，这一切就演变成了黑暗和痛苦的回忆。随后的七百年里，尽管伊斯兰教、基督教和犹太教三种信仰在西班牙同时存在，也相互欣赏对方的艺术、文学与美食，但是，愤怒和痛苦仍然埋藏在他们的心里。

在伊比利亚半岛上，穆斯林势力与基督教势力对峙的局面一直持续到15世纪末。经过一代又一代基督徒"收复失地"的努力，半岛的局势已经有了很大的变化。

15世纪末，卡斯蒂利亚王国占据着今天西班牙的北部和中部；葡萄牙人占据着半岛西侧边缘的土地，面向大西洋；阿拉贡王国在今天西班牙的东部，面向东方，朝着地中海；穆斯林的格拉纳达王国横跨西班牙南部。另外，还有一个很小的基督教王国纳瓦拉，这里我们暂且忽略不计。

卡斯蒂利亚人和阿拉贡人都是西班牙人，两国的王室还是近亲，但是他们在历史上经常发生冲突，自相残杀。正是因为几个基督教国家的不团结，阿拉伯的穆斯林才能在西班牙南部维持这么久的统治。不过，穆斯林也不团结，所以基督教国家才能不断地南下，蚕食穆斯林的土地。

15世纪70年代，西班牙最强大的两个基督教国家卡斯蒂利亚和阿拉贡，终于团结起来了。卡斯蒂利亚的女王伊莎贝拉与阿拉贡国王斐迪南结为夫妻，两个国家也

天主教双王斐迪南二世与伊莎贝拉一世

就随之合并，成为共主邦联。这两位君主因为积极捍卫天主教、反对穆斯林，所以被罗马教皇赐称号为"天主教双王"。

两位君主结婚之后，很快就把注意力转向南面的格拉纳达王国，这是伊比利亚半岛上的最后一个穆斯林国家。那里的人民战斗力很强，地形也非常复杂，要征服它可不是一件容易的事情。事实上，北边的西班牙军队要想从自家大本营开赴南方的战场，都要冒很大的风险，他们需要穿越极度干旱的平原，将士兵、物资和火炮运过崇山峻岭。为了达成目标，两位君主艰难地进行动员，也投入了大量财力，全国上下几乎所有资源都被集中起来，用于这场战争。

为了完成这项宏大的事业，斐迪南国王和伊莎贝拉女王分工明确，互相配合。国王负责带兵作战，女王负责后勤补给和管理战地医院。国王常常身先士卒，在前线赢得胜利；女王则总是在战场附近一边等候，一边仔细地观察，看军队的表现是不是足够好，能不能符合她的期望。

最后，这对统治者花了十多年时间，终于征服了格拉纳达。一位学者总结说，他们的成功，"部分通过武力，部分依靠招降纳叛，部分借助审慎，部分通过金银收买"。

1492年初，伊莎贝拉和斐迪南占领了格拉纳达的首都。1月2日，在庆典上，格拉纳达的末代君主巴布狄尔交出了城门的钥匙，表示投降。就这样，穆斯林在西班牙长达数百年的统治结束了。

亡国之君巴布狄尔和他的母亲一起开始了流亡生活。据说，他离开时曾经路过一座山峰，他在山前勒住马，转身最后看了一眼昔日的宫殿、肥沃的土地和已经终结的荣耀……叹了口气，忍不住泪流满面。

巴布狄尔的母亲见他如此悲伤，却大发嘲笑，说："你既然不能像个男人一样捍卫这些东西，那么就像女人一样哭泣吧。"

后来，这个故事演变成了一个典故，叫作"摩尔人的最后叹息"。今天，西班牙的内华达山脉的一个山口，就是以这个故事来命名的。据说，那就是巴布狄尔回首哭泣的地方。

　　持续将近八百年的"收复失地运动"终于宣告结束，西班牙统一了。不过，要使格拉纳达彻底融入西班牙可没那么简单。虽然巴布狄尔离开了，但还是有很多穆斯林留在西班牙生活，再加上还有大量的犹太人，天主教双王对此很不放心。不少穆斯林和犹太人皈依了基督教，但是这些新基督徒对西班牙的忠诚也很可疑。

　　天主教双王已经在政治上统一了西班牙，接下来，他们还要在思想上统一西班牙。

48

宗教裁判所

伊莎贝拉女王和斐迪南国王通过婚姻和战争统一西班牙之后，面临一个严峻的问题，那就是在西班牙仍然生活着大量的穆斯林和犹太人。女王和国王觉得，这些人对信仰天主教的西班牙王国的忠诚度非常值得怀疑。

为了解决这个问题、消除不安定因素，伊莎贝拉女王建立了一个教会与政府合作的机构"异端裁判所"，也叫宗教裁判所。尽管异端裁判所并不是西班牙人首创，早在13世纪，天主教会就已经设立了这种机构；但是在历史上，还要数西班牙的异端裁判所最激进，存在感也最强，所以今天很多人说到异端裁判所，都会拿西班牙这段历史作为代表。

顾名思义，异端裁判所的任务是对"异端"进行审判和镇压。它要揭露不诚心的伪基督徒，对他们进行矫正；如果对方不思悔改，就把他们烧死，这就是历史上臭名昭著的"火刑"。

那么，什么人算伪基督徒呢？这在当时是一个比较主观的问题，一般来说，一个人如果已经加入了基督教，但在行为举止上并不完全符合基督徒的规范，那么别人

宗教裁判所对犯人执行火刑

就有可能怀疑他的信仰不真诚，认定他是一个伪基督徒。

起初，异端裁判所的主要迫害对象是改宗犹太人，也就是加入基督教、自称为基督徒的犹太人，他们当中的很多人仍然遵守着犹太教的一些传统习俗。普通穆斯林和没有皈依基督教的犹太人起初并不是异端裁判所的目标。

但是到了后来，伊莎贝拉女王和斐迪南国王觉得西班牙境内的犹太人会影响和诱惑那些改信基督教的犹太人，让他们变得不虔诚。于是，他们决定强迫西班牙的所有犹太人改信基督教。如果犹太人不接受，就要被驱逐出境。再往后，穆斯林也遭到了同样的迫害。要知道，天主教双王先前在接受格拉纳达王国投降的时候专门承诺过，允许穆斯林保留自己的信仰。所以，他们这样做实际上背弃了自己的诺言。

对后来的历任西班牙国王来说，异端裁判所是压迫与控制人民的有效工具，它实在太好用了，所以一直存在了三百多年。有了它，西班牙的历代君主就拥有一种镇压敌人的便利手段，并惩罚主流社会不认可的行为。正如前面所说，异端裁判所的第一批牺牲者是改信基督教的犹太人。但是到了后来，异端裁判所的镇压范围变得越来越大，穆斯林、新教徒、离婚的人、同性恋者等全都受到同样的审查。反对政府的人以及被指控有各种不合常规思想的人，也都成了异端裁判所的猎物。

那么，对于这么大规模的迫害，西班牙的民众是怎么看的呢？

答案可能出乎你的意料。当时，异端裁判所受到了西班牙人民的广泛欢迎。他们相信，这种机构是很有必要存在的。在他们看来，西班牙经历了多年动荡之后，总算出现了一个强有力的政府，而且这个政府很有作为，在努力消灭社会上的不和谐现象，这是一件值得高兴的事情。而那些被镇压的对象，还有那些不那么"规矩"的潜在牺牲品，对异端裁判所则是既恨又怕。

那么，异端裁判所是如何寻找猎物的呢？其实，它没有花费大量人力去主动搜查，而是鼓励人们互相检举揭发。告密者可以匿名揭发那些看起来可疑的人。但糟糕的是，普通人的一些看上去很平常的行为，都有可能被别人揪住不放。比如，犹太人是不吃猪肉的。所以，如果一个基督徒不吃猪肉，他可能就会被人检举，说他是一个伪基督徒。根据这些检举，很多人就被投进了监狱。其中不少人都遭到了毒刑拷打，直到认罪为止。

这些被揭发的人如果能真心实意地认罪，那么就有可能逃过死刑，接受有限的惩罚。但是，如果他们后来的言行举止又出了差错，或者，如果他们的异端思想被判定是冥顽不灵的，那么教会官员就会将他们交给政府官员，由世俗法庭判处死刑。

1480年9月，天主教双王任命了两位高级宗教法官去领导异端裁判所，他们的名字是门多萨和托尔克马达。

两位法官派了一些人在塞维利亚建立了一个大本营，这是西班牙的第一个宗教法庭。之所以选择塞维利亚，是因为当时有人抱怨塞维利亚最不太平。很快，西班牙各地都出现了宗教法庭。

每一个新的宗教法庭启动的时候，都会发布"恩典赦令"，呼吁信徒们前来悔罪。老百姓被告知，如果他们真诚地悔改，就会得到宽恕；但如果冥顽不灵，他们的罪孽迟早会被揭露，到那个时候，受到的惩罚会更加严酷。于是，很多人主动来寻求赦免，忏悔自己的异端罪行。

结果，受到指控的人就更多了。为什么呢？因为光嘴上忏悔还不够，法庭要求这些人用行动证明自己是真心悔过。证明的方法是，他们必须告发其他人。如果不这么做，那他们的忏悔就会被认为是不真诚的。这个要求让很多无辜的人被卷了进来。

异端裁判所为了证明自己的做法没有错，还给出了很多滑稽可笑的理由。比如，中世纪有一个流传很广的民间传说，说犹太人会绑架并杀死基督徒婴儿。这当然是胡说八道，但是很多人就是深信不疑。

当时，西班牙还发生过这样一件事情。据说，有一个婴儿在犹太教的一次祭祀仪式中被杀害了。这起"谋杀案"受到调查。最后，有六名改宗犹太人和五名犹太人被判处死刑。这些犯人当中，有一些确实认了罪。但你可能想不到，其实从头到尾根本没有小孩失踪的报告。换句话说，因为一句谣言，就有11个人被处死了。

除了帮助控制百姓，异端裁判所还给政府带来了大量的金钱。钱从哪里来呢？宗教法官的工资和监禁犯人的费用都出自犯人的家产。

就这样，在严酷的迫害之下，成千上万犹太人皈依了基督教。不过，也有很多犹太人不愿意放弃祖先的信仰，选择离开西班牙。他们知道这条路非常危险，很可能因此丧命，但是他们宁可失去生命和财产也在所不惜。很多犹太人逃到了意大利，还有一些逃去了葡萄牙和欧洲其他地区、奥斯曼帝国、北非等地。

根据历史记载，犹太人逃离西班牙的景象非常凄惨。在西班牙王室法令规定的期限内，犹太人不得不廉价出售自己的财产，他们到处哀求基督徒买下自己的东西，却找不到买家。很多豪门大宅被主人忍痛贱卖，买家只需要付出一点点微不足道的价钱，甚至用一头驴就能换来一座房子，一小块布或亚麻就能换得一座葡萄园。

逃走的犹太人中，有不少是很有才能的社会成员，比如商人、手工艺人、医生、学者等。可以说，这些人才的外流对西班牙来说是巨大的损失。

西班牙的异端裁判所是一场闹剧和悲剧。但是，从伊莎贝拉女王的角度来看，这就成了一种积极的行动：异端裁判所把西班牙团结了起来，消除了国内的宗教纷争，让全体西班牙人可以一致对外。

现在，西班牙王国做好了准备，它有强烈的决心，也有足够的手段，成为人类有史以来最强大的世界霸权。

胭砚计划（按出版时间顺序）:

《给年轻读者的日本亚文化论》, [日]宇野常宽著, 刘凯译

《皮扎尼克: 最后的天真》, [阿根廷]塞萨尔·艾拉著, 汪天艾、李佳钟译

《科塔萨尔: 我们共同的国度》, [乌拉圭]克里斯蒂娜·佩里·罗西著, 黄韵颐译

《巴罗哈: 命运岔口的抉择》, [西]爱德华多·门多萨著, 卜珊译

《少年世界史·近代》, 陆大鹏著

《少年世界史·古代》, 陆大鹏著

《男孩的心与身 —— 13岁之前你要知道的事情》, [日]山形照惠著, 张传宇译

《噢, 孩子们 —— 千禧一代家庭史》, 王洪喆主编

《同盟的真相: 美国如何秘密统治日本》, [日]矢部宏治著, 沙青青译

《回放》, 叶三著

《大欢喜: 论语章句评唱》, 李永晶著

《多情的不安》, [智利]特蕾莎·威尔姆斯·蒙特著, 李佳钟译

《在大理石的沉默中》, [智利]特蕾莎·威尔姆斯·蒙特著, 李佳钟译

《〈李白〉及其他诗歌》, [墨]何塞·胡安·塔布拉达著, 张礼骏译

《珠唾集》, [西]拉蒙·戈麦斯·德拉·塞尔纳著, 范晔译

《雪岭逐鹿: 爱尔兰传奇》, 邱方哲著

《青春燃烧: 日本动漫与战后左翼运动》, 徐靖著

《自我的幻觉术》, 汪天艾著

《阿尔塔索尔》, [智利]比森特·维多夫罗著, 李佳钟译

《海东五百年: 朝鲜王朝（1392—1910）兴衰史》, 丁晨楠著

《昭和风, 平成雨: 当代日本的过去与现在》, 沙青青著

《送你一颗子弹》, 刘瑜著

《平成史讲义》, [日]吉见俊哉编著, 奚伶译

《平成史》, [日]保阪正康著, 黄立俊译

《看得见的与看不见的》, [法]弗雷德里克·巴斯夏著, 于海燕译

《群山自黄金》, [阿根廷]莱奥波尔多·卢贡内斯著, 张礼骏译

《诗人的迟缓》, 范晔著

《亲爱的老爱尔兰》, 邱方哲著

《故事新编》, 刘以鬯著

《国家根本与皇帝世仆 —— 清代旗人的法律地位》, 鹿智钧著

《父母等恩：〈孝慈录〉与明代母服的理念及其实践》，萧琪著
《说吧，医生1》，吕洛衿著
《说吧，医生2》，吕洛衿著
《摩登中华：从帝国到民国》，贾葭著
《一茶，猫与四季》，[日]小林一茶著，吴菲译
《暴走军国：近代日本的战争记忆》，沙青青著
《天命与剑：帝制时代的合法性焦虑》，张明扬著
《古寺巡礼》，[日]和辻哲郎著，谭仁岸译
《造物》，[日]平凡社编，何晓毅译

胭+砚
project

图书在版编目（CIP）数据

少年世界史. 古代 / 陆大鹏著. -- 桂林 : 漓江出
版社, 2023.3
ISBN 978-7-5407-9376-0

Ⅰ. ①少… Ⅱ. ①陆… Ⅲ. ①世界史－古代－少年读
物 Ⅳ. ①K109

中国国家版本馆CIP数据核字(2023)第018323号

少年世界史·古代
SHAONIAN SHIJIESHI · GUDAI

作 者	陆大鹏	
出 版 人	刘迪才	
品牌监制	彭毅文	
责任编辑	彭毅文	
特约编辑	张伊	
助理编辑	张心宇	
插画绘制	张兴	
排版设计	七月合作社	
责任校对	甘智洪	
责任监印	陈娅妮	
出 版	漓江出版社有限公司	
社 址	广西桂林市南环路22号	
邮 编	541002	
微信公众号	lijiangpress	
发 行	北京联合天畅文化传播有限公司	
发行电话	010-64258472	
印 制	北京盛通印刷股份有限公司	
开 本	787 mm×1092 mm　1 / 32	
印 张	14.25	
字 数	219 千字	
版 次	2023 年 7 月第 1 版	
印 次	2023 年 7 月第 1 次印刷	
书 号	ISBN 978-7-5407-9376-0	
定 价	68.00 元